国家社会科学基金重点项目"社会治理背景下的心理建设研究"
（项目号 16AZD057）成果

社会治理心理学与
社会心理服务

辛自强⊙著

北京师范大学出版集团
BEIJING NORMAL UNIVERSITY PUBLISHING GROUP
北京师范大学出版社

序　言

　　本书的书名沿用了我之前一次学术报告的题目。2018 年 11 月 3—4 日，第 21 届全国心理学学术会议在北京国际会议中心隆重召开，这次会议总共安排了 6 场大会特邀主题报告，报告人中 2 位来自国外高校，4 位来自国内高校和研究机构。其中，我以"社会治理心理学与社会心理服务"为题在这次学术大会上做了特邀主题报告，系统介绍了自己过去几年的理论思考和研究成果。作为一名心理学家，能在我国最高级别的学术会议上获得作大会特邀主题报告的机会，是莫大的荣幸和荣耀。

　　我向这次会议提交的报告摘要是这样写的：心理学的优长是实验室里"尽精微"的实证研究，然而，近年来的一个新趋势是心理学界在不断探索如何让本学科"致广大"——理解并改变社会现实。其中，社会治理中的心理学问题成为关注焦点。要正确识别这方面的学术问题，我们必须从社会治理的心理内涵出发，认识到社会治理的核心是"人"：社会治理的主体是人，治理的对象是以人为中心的社会事务，治理的过程是多元主体的群体决策过程，治理的路径之一是面向人的心理建设或社会心理服务。由此，心理学家应该着力研究社会治理"内生"的各种心理学问题，包括各类主体的治理能力，作为治理对象的现实社会心理问题(尤其是社会心态问题),群体决策心理,以及心理建设的战略和实践方案。对这些问题的深入研究,有望建立"社会治理心理学"的本土理论体系,有效响应国家在社会治理和社会心理服务体系建设方面的重大需求,为相关政策和实践提供学理思路和科学依据。社会心理服务体系建设是国家治理体系和社会治理体系现代化的重要组成部分,其目的在于解决宏观社会心理问题,建设强大的国民心理,运用心理学规律和方法实现社会的"善治"。简言之,社会心理服务旨在"由心而治",尊重并依循"心之理"而实现社会治理。社会心理服务并非为了"治病救人",在本质上不同于面向个体的心理健康服务。"加强社会心理服务体系建设"这一新时代背景,构建社会治理心理学的崭新学科愿景,均吁请心理学同人继续"尽精微而致广大"。

这段话正好是本书要表达的基本理论观点,写在序言中恰如其分。我关于社会治理心理学的思考在更早时就开始了。这部专著实际上是我2016年11月获批的国家社会科学基金重点项目(项目号16AZD057)"社会治理背景下的心理建设研究"的核心成果。我在2016年暑假完成的长达十几万字的项目申报书里,已经详细阐述了建立社会治理心理学的理论构想和研究计划。此后的这几年,我以极大的热情投入该项目研究中,发表了一批学术论文,阐发自己的理论思路。在我看来,社会治理心理学是介于心理学(尤其是社会心理学)与公共管理学之间的新学科,它是用于理解和改善社会治理实践的心理学分支学科。当前正在轰轰烈烈地开展的社会心理服务体系建设是我国推进国家治理和社会治理现代化的一个重要举措,社会治理心理学正是要面向社会心理服务体系建设这一重要应用场景:前者为后者提供学理支撑;后者的实践需求推动前者的理论创新。这就是本书书名中"社会治理心理学"与"社会心理服务"两个概念之间的关系。

我对心理学和社会治理关系的关注,最早是从社区治理的实践工作开始的。2013年9月至2014年9月,我曾在北京市海淀区甘家口街道办事处挂职任副主任,分管街道的网格化管理工作。这一年的挂职经历,促使我这样一名心理学工作者开始深入反思我国的基层社会治理实践，思考如何将心理学与社区治理或社区管理结合起来。传统的心理学研究提供的往往是关于"抽象人"的、去背景化的心理与行为规律知识，在面对现实应用场景时，满脑子这些知识的我们反而感到"很无力"。于是我开始调整自己的研究方向，着手开展以社区和社会治理为应用场景的心理学研究，所研究的问题更多出自理解和改善现实的需要，而非只是为了弥补已有文献的不足。2014年7月，挂职尚未结束时，我获批了北京市社会科学基金重点项目（项目号14SHA002）"北京市社区心理建设研究"。项目名称中的"社区心理建设"一词就是我提出的创新社区治理的理念，即社区要建设居民的共同心理，这是将社区真正打造成"社会生活共同体"的基础。本书第四章的内容，正是在该项目研究的基础上提炼出来的。

如上已经大致说明了本书理论观点和研究主题的基本由来。概括来说，本书基于我国社会治理和社会心理服务体系建设的伟大实践，建构了原创性的"社会治理心理学"理论体系，将其用于解释社会心理服务体系建设的内涵和定位，从社会心态培育、社区心理建设、群体决策质量提升等方面提供了具体的解决方案，并在实践方法方面提出了"由心而治"的思路，推动社会治理遵循心理规律以实现社会"善治"。

本书定位的读者对象既包括心理学、公共管理学、政治学、社会学等学科领域的研究者，学习者以及爱好者，也包括各级政府的干部和工作人员，社会组织、社会企业的员工，以及所有相关领域的实践者。在写作过程中，我适当减少了晦涩难懂的学术术语和统计符号的使用，而尽量增加了应用案例、实践方案和政策建议的内容，这样做是为了让本书的内容更接地气一些，更便于不同领域的读者阅读。本书写作语言的另一个特点是并不回避"我"和"我们"这类第一人称代词的使用，就如同序言一样，全书中多次讲述了个人进行思想探索的心路历程和调研经历。虽然科学是要制造公共知识，但切身体验往往是激活学术思考的动因，最初的思想火花大多源自对个体经验的反思与提炼。说得更"高大上"一些，"我"自身就是开展科学研究的首要工具。第一人称的叙述看似略微有损学术语言的客观性，但多少能增加一些阅读的趣味性，毕竟现身说法的故事比冷冰冰的学术语言更鲜活生动。这些语言风格的特点只是调料，并不改变菜品的本质：本书总体上是一部学术专著，全书是从不同层面阐述社会治理心理学的理论观点，力图体现理论原创性和表述严谨性的特点。总之，我希望将本书写成一部可以"流行开来"，最好还能"流传下去"的专著。不过，本人才识有限，无法预知这个目标能否实现。无论如何，都恳请广大读者和学界同人批评赐教吧。

辛自强

2019 年 10 月 1 日

目 录

第一章　社会治理心理学概述

　　自 2013 年，"治理""国家治理""社会治理"成为我们国家治国理政的新理念。社会治理是多元治理主体（公务员、公民、政府机构、社会组织等）通过相互沟通协商、共同决策，来处理社会公共事务，特别是与人有关的各种问题的过程。无论是治理主体还是客体都涉及人的心理问题；无论是治理内容还是治理过程都有其心理学本质。以往虽有各种分散的相关研究，但鲜有学者从各层面系统探讨社会治理中的心理学问题，这些问题正是社会治理心理学这一新兴学科的关注对象。

第一节　社会治理及其理论视角

　　社会治理心理学是面向社会治理实践这一应用场景的心理学分支，因此，本节从社会治理概念讲起，然后重点介绍观察我国社会治理实践的已有理论视角，探讨超越这些视角并引入心理学视角的必要性。

一、社会治理的概念

(一)"治理"概念的由来

与"治理"有关的思想在人类文明史中早就存在。在汉语中，"治""理"二字可以独立使用。"治"是个形声字，"三点水"的偏旁表示从水的初始处、细小处开始做治理工作，这是治河、治水之道，后引申为各种治理行为。"理"的本义是物体上的纹路和层次，后引申为事物的规律，以及按照规律办事。"治理"也可作为一个词使用。《荀子·君道》有言："明分职，序事业，材技官能，莫不治理，则公道达而私门塞矣，公义明而私事息矣。"这句话直接讨论了君王的国家治理之道。

在西方，"治理"(governance)一词的拉丁文词根有"操舵、引导和领路"之意，有史可考的第一次使用"治理"概念是在14世纪，用于指代治理的方式、引导的行为(夏建中，2012，p. 33)。但后来这个词逐渐被"政府"或"统治"(government)取代。

20世纪90年代，"治理"思想开始重新复兴。"治理"作为专门的术语，在现代正式被重新使用可以追溯到1989年，世界银行在讨论非洲的发展时首次提出了"治理危机"(crisis in governance)这一概念(孙晓莉，2005)，用以指代非洲国家不良的治理状况。而在发达国家也存在治理危机，主要表现为政府机构庞杂且效能低下、过度福利带来的财政困难以及公民依赖等。除了国家治理危机外，全球治理也面临新的课题，如经济的全球化发展、各种政治社会问题(如核武器扩散、人口与疾病、国际恐怖主义、南北发展差距)的全球应对(Rosenau & Czempiel，1992)。大致在这一时期，蓬勃兴起的全球公民运动、各种社会组织的出现，也促使人们开始思考如何应对政府失灵、市场失灵带来的广泛的社会问题，公民和社会组织都迫切要求共同参与国家和社会的治理(Dingwerth & Pattberg, 2006)。

正是在这些重大现实需求的推动下，一些研究机构和学者开始不断阐发、宣传自己的治理思想，"治理"迅速成为国际社会科学领域的热词，政治学、社会学、管理学、经济学、国际关系学等不同学科都在以不同方式和视角使用"治理"的概念。全球治理委员会(Commission on Global Governance)于1995年发表的《我们的全球伙伴关系》一文中，将"治理"定义为：多种公共的或私人的个人和机构管理其共同事务的诸多方式的总和，它主要通过合作协商、伙伴关系、确定认同和目标共定等方式实施对公共事务的管理，其实质是建立在市场原则、公共利益和认同基础之上的合作(转引自俞可平，2000)。这一界定得到了广泛的认可和使用。

虽然"治理"和"统治"在词源和字面意义上有颇多类似之处，然而，现代"治理"思想的兴起恰恰是针对"统治"概念的局限性而来的。"治理"和"统治"概念存在如下区别。

第一，就主体而言，统治的主体是单一的，然而，治理的主体应该是多元的。传统理论认为，政府是社会公共事务的唯一管理主体，它拥有绝对的权威和权力，垄断了公共事务的管理权，包括使用暴力来管理。然而，治理理论强调主体的多元性，政府毫无疑问还是最重要的主体之一，此外，治理主体还包括非政府组织(或者说社会组织)、企业、公民个人等部门或力量(张康之，2014)。具体到社会治理来说，应该"由国家力量和社会力量，公共部门与私人部门，政府、社会组织与公民，共同来治理和管理一个社会"(郑杭生，2014，p. 4)。

第二，就权力运行过程而言，统治过程中只存在自上而下的权力运行，而治理过程中权力是多中心的，是相互影响的。有学者(Stoker，1998)曾指出，治理是人类活动的一部分，其目的是为秩序和集体行动创造条件，它与统治在结果方面或许并无不同，关键的差异是过程方面的。统治过程中政府是权力来源，政府以强力或命令方式指令其他治理主体和客体服从其意志。而"治理是由共同的目标所支持的，这个目标未必出自合法的以及正式规定的职责，而且它也不一定需要依靠强制力使别人服从"（Rosenau & Czempiel，1992）。在治理过程中，不同主体都有其权力来源，自上而下和自下而上的过程同时存在，不同主体的协商合作是主要的权力表达方式。

第三，就运行机制而言，统治主要依赖于政府行政体系，而治理综合使用行政、市场、民主决策等多种方式。统治主要以自上而下的政府行政体系来推动问题解决，然而这一过程中可能存在"权力寻租""信息不对称"等风险，也就是存在"政府失灵"。实际上，市场也存在失灵的问题，如成本的"外部化"，但市场仍是资源配置最有力的手段之一。治理过程中要综合发挥政府和市场这"两只手"的作用。有学者认为，治理的机制"既包括政府机制，同时也包含非正式、非政府的机制，随着治理范围的扩大，各色人等和各类组织得以借助这些机制满足各自的需要、并实现各自的愿望（Rosenau & Czempiel，1992）"。各类人群和组织实现共同治理，就离不开协商民主。因此，民主决策是治理最不同于统治的常用机制。公民及其组织是治理的主体，也是治理的客体，治理必须采用协商民主的方式，凝聚共识，达成多数人的民主。

第四，就对主体能力的假定而言，"统治"思想的预设为政府是具有无限理性的，而"治理"理论承认治理主体的有限理性（夏建中，2012）。"统治"思想假定政府、官员具有无限理性，也就是可以掌握治理对象的所有信息，能做出最优决策。通俗地讲，就是假定存在"圣君"，可以做出"圣断"。然而，西蒙（其中文名司马贺，H. A. Simon，1956）等决策研究大师认识到，人类只拥有有限的理性（bounded rationality）。决策者自身认知能力的有限性与任务环境结构的约束，使得决策只能达到满意而不能达到最优。他曾说:"当我们放弃了关于人类行为的先入为主的古典和新古典(注:这里指的是经济学)的假设,观察实际决策和解决问题的过程时,我们看到的是具有有限理性的人,他利用启发式技巧寻求令人满意的——足够好的——行动方针(西蒙,2002,pp.370-371)。"正因如此,治理不能只依赖于政府和官员的意志,更要发挥所有利益相关者的作用,多方参与决策,最终找到令各方满意的决策方案。

综上所述,治理是为达成共同目标,由多元主体通过协商、合作等方式,凝聚共识、共同决策,管理公共事务的过程。

(二)从"治理"到社会治理

如果根据上述治理的概念推演,社会治理(social governance)就是对社会事务的治理。要理解社会治理的概念,还应把它放在相关的概念体系中来理解。

有学者根据治理层面(或者治理空间)的不同,区分了全球治理、国家治理、组织治理、社区治理(Graham, Amos, & Plumptre, 2003)。全球治理是在没有国际政府的情况下,协调不同国家主体和国际组织处理国际事务的过程(Wang & Rosenau, 2009)。国家治理,笼统讲是在国家范围内,对国家事务的管理。组织治理主要涉及对各类企业组织、政府与非政府组织本身的治理。社区治理,也有学者将其列入地方治理的范畴。地方治理是对国家之下的某一地理区域或行政区域内公共事务的管理,而社区治理是其最重要的内容或原型。

国家治理,顾名思义就是国家层面的治理。在这一笼统含义下,还可以区分为三个方面:狭义的国家治理、政府治理与社会治理。王浦劬(2014)曾仔细辨析过这三个概念的含义。从狭义上讲,国家治理通常是指统治者的"治国理政",即治理国家和处理政务。在我国，国家治理的总体战略是党的领导、人民当家做主和依法治国有机结合，简单地说，就是"党领导人民有效治理国家"。政府治理，则有多个层面的含义：一是政府对自身的内部管理，如优化政府组织结构，改进政府运行方式和流程，强化政府的治理能力；二是政府作为市场经济中"有形之手"，通过宏观调控进行经济和市场治理活动；三是政府作为主体之一，对社会公共事务进行的管理活动。

所谓"社会治理"，就是特定的治理主体对于社会公共事务实施的管理。由此可见，如果从治理主体的角度来看，政府可以作为社会治理的主体之一，这时社会治理可以作为政府治理的一部分。然而，社会治理的主体，不仅包括政府，尤其要强调政府之外的部门和个人的参与。因此，我们通常把"社会治理"作为一个与政府治理并列的相对独立的概念来使用。

社会治理和地方治理概念有很大的交叉重叠。地方治理是就治理的空间层面来界定的，社会治理是就治理的内容领域来确定的，二者有明显不同，但也存在交叉。地方社会，特别是社区，是社会治理最重要的内容和舞台。社区是国家（政府）和公民交互的界面，是公共空间和私人空间并存的世界(Totikidis, Armstrong, & Francis, 2005；李远行，2013)，社区中的政府力量、社会组织、社会工作者、公民个人等社会治理的主体都完整存在，因此研究者往往在社区层面考察社会治理问题，这时既可以将研究内容命名为社区治理，也可以界定为地方社会治理。在本书中，我们以社会治理中的心理学问题为研究内容，社会治理是切入问题的核心背景，但也会把社区治理作为地方社会治理的一部分或样例。

(三)我国的社会治理实践

2013 年 11 月 12 日，中共十八届三中全会审议通过的《中共中央关于全面深化改革若干重大问题的决定》中，首次明确将"治理""国家治理""社会治理"作为治国理政的新理念。在该文件中,从国家治理、政府治理、社会治理,到事业单位法人治理、公司法人治理、学校内部治理、社区治理,各类"治理"概念被直接明确地提及24次之多(王浦劬,2014)。与此同时,国家治理现代化被确定为全面深化改革的总目标,而政府治理和社会治理则成为该文件所确定和阐发的重要改革内容。在我国,强调"国家治理"而非"国家统治",强调"社会治理"而非"社会管理",不是简单的词语变化,而是深层的思想观念变化(俞可平,2014)。

要充分理解这种思想的变化,必须把它放到历史的背景中。虽然党和国家以"治理""社会治理"为明确的治国理政的思想始自十八届三中全会,但是与"社会治理"相关的概念和实践,如"社会管理""社会建设",更早时候就出现了(唐均,2015)。在2003年"非典"这次公共卫生事件之后,党和政府就充分意识到社会管理的重要性,因为公众舆论引导、社会恐慌应对、流动人员管理、医疗资源动员等是疫病流行期间棘手的社会问题。2004年9月,十六届四中全会的决定中,"社会管理"一词首次亮相,当时的提法是"加强社会建设与管理,推进社会管理体制创新"。在2007年的十七大上,进一步将"社会建设"与"社会管理"区分成两个独立的概念,"社会建设"与此前提出的"建设社会主义和谐社会"合二为一,并与"经济建设""政治建设""文化建设"一起,并列为"四大建设",而对"社会管理"的新提法则是"完善社会管理,维护社会安定团结"。十八届三中全会《中共中央关于全面深化改革若干重大问题的决定》中,则明确列出了"创新社会治理体制"的小标题,大篇幅阐述了"社会治理"这一新的执政理念。具体的提法是:"创新社会治理,必须着眼于维护最广大人民根本利益,最大限度增加和谐因素,增强社会发展活力,提高社会治理水平,全面推进平安中国建设,维护国家安全,确保人民安居乐业、社会安定有序。"

十八届三中全会对社会治理的关注，不仅对社会治理实践，而且对有关学术研究产生了重大推动作用。从 2014 年开始，我国社会治理(也包括其他各种"治理")研究真正进入"黄金时代"。在中国知网检索篇名中包含"社会治理"一词的中文文献可以发现，2001 年这类文献数量为 4 篇，2010 年之前每年都在 100 篇以下，2013 年为 311 篇，2014 年暴增至 2160 篇，2015 年、2016 年均维持在 2000 篇以上。2014 年后社会治理研究的剧增，正是因为 2013 年 11 月 12 日十八届三中全会审议通过《中共中央关于全面深化改革若干重大问题的决定》，其中明确指出"全面深化改革的总目标是完善和发展中国特色社会主义制度，推进国家治理体系和治理能力现代化"。由此，"治理""社会治理"等概念成为治国理政的新理念。在接下来的 2014 年，大量有关国家治理、社会治理的文章发表，这些文章多以解读中央文件为出发点，并对各个领域的治理问题进行探讨。

虽然从 2014 年至今"社会治理"一跃成为社会科学各领域的"热点话题"，然而，文献数量的迅速增加并不意味着我们在社会治理的理论研究层面也有那么多的突破。要深入观察中国的社会治理实践离不开合理的理论视角，我们综述了目前常用的三种理论视角(辛自强，2018a)。

二、观察我国社会治理的三个理论视角

(一)政社关系的变化：从国家统合到适度的政社分离

社会治理是对社会公共事务的治理。传统上，政府是代表国家对社会公共事务进行管理的核心(甚至唯一)主体，它拥有绝对的权力和权威，垄断了公共事务的管理权。今天的社会治理概念则强调政府、社会组织与公民等多元主体共同来治理和管理一个社会(郑杭

生，2014）。理解我国的社会治理实践，面临的首要问题是国家（或者政府）和社会的关系问题。针对这一问题，国家统合主义（state corporatism）被认为是一种解释改革开放后中国的"党政合一国家"与社会之间关系的重要理论视角（Unger & Chan，1995；黄毅，文军，2014）。有人（Schmitter，1974）曾将国家统合主义界定为：作为一种得到国家认可和控制的、由一些组织化的功能单位构成的、并被赋予特定代表地位而组合进特定结构安排之中的利益代表系统，它的作用是将社会中组织化的利益联合到国家的决策结构中去。

这种国家统合主义思想在中国当前的社会治理现实中依然占据支配作用。例如，有研究者（姚远，任羽中，2013）观察到我国的社会治理存在一种双向互动：公共社会的新力量通过国家提供的政治参与的法理基础和制度空间，不断"激活"既有制度设计，从而有效参与治理；同时，国家通过各种渠道对新社会力量进行"吸纳"，达成有序治理。"激活"与"吸纳"的互动，本质是通过人民群众的政治参与，通过日常的协商实现"善治"，即良好的社会治理。具体来说，既有制度设计中本来就有的群众来信来访、政协委员提案、舆论监督、内参等民意采集机制今天依然在发挥作用；而随着社会变迁，新的社会诉求表达渠道被不断确立，如政府信息公开制度，政风行风热线及网络问政，各种论证会、听证会、座谈会、行政复议和行政诉讼制度等。一方面，国家通过制度创新不断"吸纳"社会力量参与到社会治理中。这类似于金耀基（1997）的看法，他在解释我国香港地区的治理时曾提出"行政吸纳政治"的模式，在这一模式中，政府把社会中精英或精英集团所代表的政治力量，吸收进行政决策结构，从而达成某一层次的"精英整合"并赋予统治权力以合法性。另一方面，新兴社会力量也在不断激活国家的制度创新。例如，在社区治理中，有威望的社区工作者、退休干部、社会知名人士，都被纳入社区议事机制，使其发挥类似传统社会中"乡绅"的作用，成为国家和社会之间的中间层，从而有助于解决社会治理中的突出问题。由此，姚远、任羽中（2013）乐观地认为，这种"激活"与"吸纳"的互动代表了走向协商民主的中国社会治理模式。

然而也有很多学者认识到了这种"国家-社会"一体化的政治模式对社会治理的潜在限制（Hsu & Hasmath，2014；黄毅，文军，2014；韩朝华，2007）。在国家强大的主导权力和权威的控制下，社会组织的自主性不足，其发育面临各种制度困境，很多新兴的社会组织和社会力量很快被吸入了国家庞大的权力体系中。例如，研究者（Hsu & Hasmath，2014）采用统合主义的视角考察了政府对上海地区社会组织发展的影响，发现不仅是中央政府，连地方政府对社会组织发展都有决定性影响。

"政府治理不等于社会治理，现代市场经济中，仅靠政府（社会行政管理系统）本身不足以构成完备、有效的社会治理体系（韩朝华，2007，p.52）。"这种"强国家-弱社会"的状态及其背后的国家统合主义思想，已经在阻碍政府之外的社会治理主体的发育，也让政府难以走出行政管制的套路。例如，目前一些地方政府仍然习惯于对社会组织和社会成员采取自上而下任务下达与政治动员的刚性工作方式，对社会事务大包大揽，忽略了各种社会组织和公众在社会治理中的主体地位和主力作用，甚至把社会治理片面理解为"对社会的管制"或"管理社会组织"，主张对社会组织的防控要横向到边纵向到底，将社会组织和社会成员视为社会治理的对象而不是合作的伙伴（姜晓萍，2014）。由此，一定程度上的"政社分离"（唐钧，2015），摆脱国家和政府的"总体性支配"（黄毅，文军，2014），可能是中国社会治理创新的关键一步。

（二）社会治理模式的转换：总体支配型到技术治理型

对于改革开放以来我国社会结构的变迁，社会学家曾经提出了

"从总体支配到技术治理"转换的分析思路，认为改革开放前的总体性支配权力正在为一种技术化的治理权力所替代（渠敬东，周飞舟，应星，2009；孙立平，王汉生，王思斌，林彬，杨善华，1994）。"总体性支配"主要是指中国改革开放前社会结构的一个基本特征，即国家几乎垄断着全部重要资源，这种资源不仅包括物质财富，也包括人们生存和发展的机会及信息资源，以及通过群众性的规训、动员和运动来调动政治和社会经济诸领域的各种力量。而改革开放之后，总体性支配权力逐步被打破，国家赋予各领域一定程度的自主权，来释放基层社会的活力。

这一社会结构变迁的分析思路被黄毅、文军（2014）两位学者进一步推广到社会治理领域，认为当前中国社会治理，特别是地方社会治理也在经历"总体支配型"管控向"技术治理型"模式转换的过程。这种转换在社会领域中的出现相对滞后，当前很多地方政府依然有浓重的"总体支配型"管控思维，由此带来了社会治理的行动困境。具体包括：(1)地方政府更多地停留在"以公众需求为本"（尤其是民生需求）的传统服务思维中，工作包袱沉重，效率低下，而缺乏"与民服务"和"与民共治"的公共服务理念；(2)运动式治理传统使得地方政府在"刚性稳定"的思维中不断寻求单一的社会治理方式，如增设政府机构、新设专项整治项目；(3)"条块"关系的矛盾使得社会治理机制难以真正实现有效的整合与优化；(4)现实的制度性困境导致社会组织的培育和发展面临重重困难；(5)政府治理效能的评估体系和购买公共服务项目的评估机制没有充分建立，使得地方政府的社会治理处于无序状态。

未来地方政府社会治理创新的方向是转向"技术治理型"的共享共治模式。也就是，政府要切实树立以公共服务为本的治理理念，不断地改进社会治理的程序与技术，提升治理效能和服务效果。具体的策略包括：(1)实现"为民服务"思维向"与民服务"理念的转变，即发挥各治理主体，特别是居民自身的参与热情，共享共治；（2）寻求社会治理方式的柔性化转变，由完全依赖法律法规、政策制度、执纪问责的刚性治理，转向柔性治理，借助社会心理学方法（如感情投入、认同建构、激励沟通），把治理者的心愿与组织的目标变为民众的自觉行动；（3）以"协同政府论"为指导，消除治理体系的内在矛盾，做到各部门协同配合，促进社会治理体制的优化；（4）做好基层服务型社会组织的培育和发展工作；（5）努力提高居民社区参与的投入度；（6）积极建立健全专业社会工作的规范机制；（7）加快建立社会治理效能评估的指标体系；（8）设立政府购买公共服务的项目评估机制（黄毅，文军，2014）。

上述理论观点（黄毅，文军，2014）基本反映了中国的社会治理现实，指出了社会治理创新的方向。然而，对于"技术治理型"的共享共治模式，在理论上还有待深化认识。例如，有哪些技术可以用于社会治理，以及如何使用这些技术呢？心理学技术显然是重要的方面。他们所提出的8条策略，包括改变官员治理思维，调动公众参与热情，使用心理学技术做柔性治理，开展治理效能评估等，大多与心理学技术有关。这些技术和策略都是当前各个社会治理主体所匮乏的，其干预实践以及理论研究都需要加强。但这种"技术治理型"模式代表了未来社会治理的方向，体现了对社会的软治理思路。

（三）社会治理思路的变换：从硬治理到软治理

治理能力包括硬治理能力和软治理能力（约瑟夫·奈，2005，pp. 5-10）。其中硬治理能力主要指以军事、经济、法律等硬性命令方式呈现的强制力；软治理能力主要指文化、意识形态、制度规训等软性同化方式呈现的柔性。在中国社会秩序的维护过程中，硬治理一直是各级政府决策中习惯的路径，然而硬治理的局限正在日益凸显，学术界在不断呼吁加强软治理思路的研究和策略的使用。

例如，于建嵘(2009)认为，我国的社会治理应该逐渐从基于硬治理的"刚性稳定"转向基于软治理的"韧性稳定"。他在对我国不断增加的群体性事件进行长期观察后提出，这些社会冲突事件虽然不能破坏中国社会秩序总体上的稳定性，但是，中国目前的社会稳定是"刚性稳定"，这种稳定以国家强大的政治权力为制度特征，以绝对的秩序保障为表象，以司法强力为基础，以社会意识和社会组织的严格管理为手段。它缺乏制度弹性和韧度，忽视了内在的整合和发展转型的适应性要求。在政治压力型体制下的各级政府追求短期利益的最大化，而忽视经济发展的社会成本和社会公平，忽视社会基本规则的建设和维护，从而导致政治合法性的快速流失。政治软权力的匮乏迫使当权者在面对社会力量的冲击时越来越依赖国家的强制力。其结果是，政治体制用来维护自身生存和运行的成本越来越高，而支付成本的能力并不一定同步提高。从长远来看，一旦政治体制的维护成本超过其支付能力，就可能出现社会无序和冲突失控，"刚性稳定"就可能演变为"社会动荡"。他认为，未来一个时期内，中国将进入社会问题的多发期，中国要有效地防范可能出现的社会动荡，需要进行一系列的社会改革，使"刚性稳定"转变为分权开放的、动态的、和平而有序的、具有强大自我修复功能的"韧性稳定"。而最重要也最具有现实可行性的措施就是建立公平公正的社会分配体制；改变目前的压力体制，建立县级政治分权体制，并通过司法改革，树立国家的法治权威。总体而言，虽然于建嵘(2009)提出的实现"韧性稳定"的策略(如县级分权体制)是否具有可行性，依然可以讨论，但是他关于从刚性稳定向韧性稳定转换的社会治理思路，无疑很有启发性。

类似于这种"韧性维稳"的思想，在整个社会治理中，都应该更多考虑"柔性治理"或"软治理"的思路。周根才(2014)指出，以往各级政府所运用的硬治理工具和技术已经不能有效地解决社会治理实践中涌现出的诸多新问题，进而会阻碍政府治理能力的发展。在各级政府硬治理日渐受阻和治理能力弱化的情境下，以社会文化价值共识的形塑能力、社会心理的干预疏导能力和社会合作共治的沟通协调能力为主要内容的软治理应该成为政府治理能力重构的主要路径。

综上所述，学者们从不同研究角度出发，但最终都认识到一点："刚性稳定"是不可持续的，政府需要考虑"韧性稳定"的策略；"硬治理"的手段已经不能适应当前社会发展的现实，"柔性治理"或"软治理"的思路应该作为优选路径。

三、对社会治理理论视角的反思与超越

(一)超越二元思维

上述三个关于社会治理的理论，分别从治理主体(政府与社会)、治理模式、治理思路三个视角，分析了我国不同历史时期的社会治理特点并指出了未来的方向。虽名为三个理论视角，但我们认为其背后的内容有共同的指向性：国家统合思想，必然意味着政府对社会的总体性控制和支配，这种控制的基础是政府强大的硬治理能力；而政社分离，意味着政府权力的适当让渡和自我限制，政府转而诉诸软治理能力和技术手段，与其他主体对社会进行共治。不仅在内容上类似，三个理论背后都是同样的"二元思维"逻辑：找出两个相对的概念刻画不同历史时期社会治理的特点，并指出社会治理要从一种状态转型到另一种状态，即从国家统合转向适度的政社分离，从"总体支配型"管控转向"技术治理型"模式，从硬治理转向软治理(辛自强，2018a)。

上述基于二元思维逻辑的三个理论虽然提供了观察中国社会治

理的基本分析框架和视角，但也存在一些问题，或者至少容易被误解(辛自强，2018a)。一方面，我们不宜采用从"A"到"非A"这种简单的转换式思维理解复杂的社会治理现实。中国社会治理的变迁是一个复杂的历史过程，未必如这类简化的理论模型所刻画的那样。在不同历史时期的社会治理实践中，更多是某种成分"多少"这类量的问题，而非简单的阶段式转换或质的差异，而且这种变迁也并非单调前行的，可能存在反复和波折。例如，在我国的政治结构中，可以强调适当的政社分离和共享共治，但国家的统合能力、支配性是不能也不宜根本撼动的；可以强调更多诉诸软治理策略，但硬治理依然是必要的、最有效的后盾。另一方面，社会治理的变迁也存在地域差异，各地的进程未必同步。鉴于此，我们应该基于上述理论视角，更深入地观察中国社会治理的现实本身，而非以理论视角简单化地描述或裁定现实。也就是说，我们要在特定的时空框架下，以更完备的思维逻辑，精确地描述社会治理的变迁历程，从而提出切实可行的建议。

　　社会治理变迁的实际过程往往更复杂。从治理主体的角度来看，不能仅仅限于分析"政府"和"社会"二者及其关系，因为这种简化的二元论分析框架，可能遮蔽了政府、社会以及其他治理主体之间复杂的纠缠关系和动态的形塑过程(肖瑛，2014)。实际上，在20世纪90年代及之后的一个时期，随着社会主义市场经济的确立和发展，资本和市场作为新兴力量在不断调节国家和社会的关系，部分地削弱了国家对社会的管制和总体性支配。在山东省桓台县的观察研究表明，尽管国家统合主义依然存在，但是商业组织并非国家和社会沟通的工具，商业组织中经理人员的异质性也阻碍了其作为一个整体和国家进行集体利益交换的可能性，他们更主张"自身的"利益(Yep，2000)。对2001年至2004年"中国社会组织调查"的数据分析表明，社会组织建立的时间越靠后，其自主性越强，有更强的寻求发展自由的动机，也更能代表其出资人的利益（Kojima et al.，2012）。这似乎也暗示在2000年前后，社会组织发展获得了相对宽松的环境，这可能要归结为市场和资本的力量。有学者（Howell，2012）曾提出，只采用国家统合主义的理论观察中国社会，特别是非政府组织的发展，可能并不那么充分，因为资本和市场的塑造力量也在逐渐显现，很多非政府的劳动组织和社会福利组织的增加就是得益于资本和市场的力量。在中国，中央和地方政府对市民社会的控制策略出于两个相互关联的动机，一是维持政治稳定，二是促进资本发展（Howell，2012）。由此，资本的力量可以部分地调和国家与社会的紧张关系。

然而，国家、社会和资本三者的关系，也存在反复和变化。有的学者（如Howell，2012）可能过分高估了资本和市场的力量，因为自2008年前后以来，在"反恐""维持政治稳定"等强大的需求下，国家管控社会的动机和强度明显提高了。2013年后，随着"国家治理"和"社会治理"上升为治国理政的新理念，也因应社会治理的困境，国家和社会的关系本应显得相对舒缓一些，但实际情况并没有朝这个方向走下去。相反，伴随着强力"反腐"以及国际贸易摩擦等内外压力，政治紧张度和社会管控程度均明显提升，这或许是国家崛起之前不得不面临的阵痛。然而，有学者曾乐观地认为这期间的社会力量仍在发育，并出现社会力量组织化的特点。例如，2016年的一项研究甚至提出了"社会统合主义"（social corporatism）概念，认为像"公益组织孵化器"和中国"基金会中心网"这类介于政府和社会之间的中间组织或枢纽组织，正试图整合并代表各种非政府组织、私人基金会的利益（Han，2016）。简单地说，社会层面也在以新的方式统合。若真是如此，可能意味着社会组织可以获得好的发展契机。据我们观察，实际情况却并非如此，政府和社会之间出现的中间组织或枢纽组织，主要是出自国家管控的需要，试图采用自上而下的方式通过枢纽组织来管理分散的社会组织，而非代表自下而上的利益或力量。

　　总之，观察我国社会治理的变迁过程，必须看到国家、市场、社会三种力量复杂的、而又不断变动的动态关系。如果必须做出总体的(也是过于简化的)判断的话，我们依然认为，当前"国家统合主义"依然占据支配地位，"市民社会"尚未充分发育，市场和资本虽然表现出一定的力量，但它总体上更倾向于、也更容易与国家权力结合，而不是作为完全独立的调和国家与社会关系的力量。

　　上述结合最新调研文献的分析是要说明，我们理解中国社会治理实践时，不宜采用过于简化的二元思维，而应该采取更为现实主义的态度，在特定时空背景下观察和调查真实的社会治理实践过程，做出更符合实际的理论概括，从而提出更接地气的、可行的行动建议。这里以社区治理研究为例对这一方法学的提议稍作阐释。有学者(徐林，吴咨桦，2015)采用"国家-社会"互补与镶嵌的视角，深入观察了杭州市某社区中各种社会治理主体或行动者依据自身的优势或者劣势进行合作与互补，同时跨越边界相互嵌入的过程。观察结果表明，这种互补与镶嵌在社区治理层面有多种表现：首先，是组织的拓展与相互嵌入，即政府、社会组织、准市场组织的适当融通和互补；其次，各种组织在社区管理和服务等方面的功能互补，社区管理类事务主要依赖于社区党组织、居委会和业主委员会，社区服务类事务主要依赖于社区服务站、社区组织(如志愿者协会、居民文体组织、社区准市场组织、民办非企业单位等)；最后是资源的整合，包括国家财政资源、志愿者资源等多种资源的综合利用。只有通过这种深入的观察和经验描述，才能看到社会治理的实践过程，提炼出符合实际的理论模型。若只是站在远处或者所谓"理论的高度"，找一对概念来标定社会治理的当前特点及其转换方向，或者只是在逻辑层面推演国家、社会、市场三者如何互构，并不利于理解社会治理实践的复杂性与生动性。

(二)重视以"人"为中心的社会治理

在十八届三中全会上，党中央以巨大的理论勇气将治国理政的理念推进到新的高度，将"推进国家治理体系和治理能力现代化"作为"全面深化改革的总目标"。这一改革目标要求社会治理更加重视"技术治理型"的共享共治模式，更多采用软治理策略，更多依赖柔性治理方法。上述三个理论所指出的社会治理的改革方向大致是合理的，但是我们必须意识到，要达成这一改革目标，必须重视以"人"为中心的社会治理，而这是当前理论视角中未充分关注的。

一方面，就社会治理的主体而言，我们必须把这种主体当作"人"来看。当作人（而不是"神"）来看，就是要承认治理主体的有限理性（Simon，1956；夏建中，2012）。西蒙的"有限理性"理论回归到常识层面，指出了人类理性的不足。有人这样评价该理论："'有限理性'本身与其说是深奥的学理发现，不如说是回到了生活常识（景怀斌，2016，p.14）。"这么评论丝毫不是要贬低西蒙，而是要强调必须回到真实的生活经验，客观地标定人性特点，不能停留在经济学关于人性简化的经济人假定中。有限理性理论用到政府管理方面，就意味着不存在一个全知全能的主宰者来负责统治国家与社会。社会治理必须由利益有别的、理性有限的、多元化的真实主体通过协商博弈来寻求令各方相对满意的共识和解决方案。

另一方面，就社会治理对象或客体而言，我们要重视社会事务中的"人因"问题。社会是由人组成的，社会事务总是关乎各种利益群体，关乎人们的心理需求，关乎民意民情。因此，我们要学会分析社会事务中人的作用，重视人因问题，这样才能让社会治理更有柔性、韧性和温度。有学者指出，以往各级政府所运用的硬治理工具和技术已经不能有效地解决社会治理实践中涌现出的诸多新问题（周根才，2014）。这或许是因为硬治理过程中没有顾及人们的心理感受，存在将人的问题"物化"或"非人化"的倾向，这是在另一个极端上把治理对象"不当人来看"。例如，有的官员存在花钱买稳定的想法，就是试图把人们对公平、正义的诉求物化为货币来做交易。要建立"技术治理型"的共享共治模式，就要尊重人性，善于使用心理学的策略和技术，根据心理规律处理社会事务，进行社会和社区治理（辛自强，2015，2016），从而实现"由心而治"，体现社会治理的"柔性"与"韧性"。

综上，将人"物化"或"神化"都是有问题的。我们既要避免统治思维中将主体"神化"的假定，也要避免统治思维中将客体"物化"的假定。只有将社会治理的主体和客体都视作"人"，不做"非人化"（神化或物化）的假定，才能摆脱传统的统治思维，树立真正的现代治理理念。我们认为，社会治理是由作为治理主体的人（公务员、公民）及其组织（政府机构、社会组织）实现的对以人为中心的社会事务的治理，而治理本质上是多元主体群体决策的过程（辛自强，2018b）。由此可见，社会治理的核心是"人"的问题。要推进社会治理体系和治理能力的现代化，就必须重视"人"的问题。例如，要改进政府、社会组织及其构成人员的治理理念和治理能力，要提高公民的社会参与意识，要科学认知各种社会事务中人的因素，要探讨如何改进人们的群体决策质量。

如欲正确理解社会治理中人的问题，就离不开心理学的视角，因为心理学是研究人性与人心的科学。然而，遗憾的是，社会治理并非心理学的传统选题。虽然2014年以后的几年中，每年发表的篇名带有"社会治理"字样的中文文献有2000余篇，但几乎没有心理学家的声音。目前，情况正在迅速改变，心理学家已经点燃对社会治理中心理学问题的热情。2018年，中国心理学会筹建了心理学与社会治理专业委员会，同年，中国社会心理学会筹建了社会心理服务专业委员会，这些专业组织的建立标志着心理学家开始"有组织地"探讨本学科如何介入社会治理实践。

第二节 社会治理中的心理学问题

开展社会治理的心理学研究，要从研究问题的辨识开始，即提炼出适合心理学研究的社会治理问题。要正确识别这些问题，我们必须从社会治理的心理内涵出发，认识到社会治理的核心是"人"：社会治理的主体是人，治理的对象是以人为中心的社会事务，治理的过程是多元主体的群体决策过程，治理的路径之一是面向人的心理建设。由此，我们提出，心理学家应该着力研究社会治理内生的各种心理学问题(辛自强，2018b)，包括各种主体的治理能力，作为治理对象的现实社会心理问题(尤其是社会心态问题)，群体决策心理，以及心理建设的战略和实践方案。对这些问题的深入研究，有望建立社会治理心理学的原创理论体系，实现"由心而治"。

一、引言：问题何在

近年来我国心理学研究发展的一个突出趋势是日益关注重大社会现实问题。例如，一些心理学家号召走出实验室思考社会治理中的心理学问题(如傅小兰，蔡华俭，2016；杨玉芳，郭永玉，2017)，展示出学科发展新的价值取向。然而，究竟如何辨识社会治理中的心理学问题呢？目前常见的做法是，把现有的心理学研究，特别是社会心理学研究，尽量放在"社会治理"的标题下或背景下来思考研究的政策意义和实际价值。其逻辑是先做一般的心理学研究，后考虑其对社会治理的意义，希望将现有或原有心理学研究成果引申到社会治理层面，引起政府和社会的关注，体现心理学研究者的社会担当和社会价值。诚然，这一做法已经比传统上闷在实验室里做研究而不问时事的做法向前迈进了一大步，但这可能还不够，因为这种做法并没有真正站在社会治理的内在需求角度去识别其中的心理学问题并加以研究。

我们主张采用另一种研究逻辑——探讨社会治理的"内生"心理学问题(辛自强，2018b)。要想真正让心理学服务于社会治理的宏大课题，我们需要识别出社会治理过程本身"内在"或"内生"的心理学问题并加以研究。通常所说的各种一般的心理学问题，如民族心理问题、弱势群体心理问题、心理健康问题、网络心理问题，这些现实社会心理问题都很重要，都属于社会治理客体的一部分；然而，社会治理中的"心理学问题"并不限于此，还要涉及社会治理主体心理、群体决策心理和心理建设等重要方面。要准确界定社会治理的"内生"心理学问题，必须从社会治理的心理内涵说起。

二、社会治理的心理内涵

从字面上理解，社会治理就是对社会事务的治理。问题是谁来治理，治理谁，如何治理？把这三个问题说清楚，才能明确社会治理的本质，并阐释其中可能的心理内涵。本章第一节已经系统梳理过"治理"和"社会治理"的含义，这里简要重申社会治理的本质特征。

第一，社会治理有赖于多元主体。传统的统治思想认为，政府是社会公共事务的唯一管理主体，但是治理理论强调主体的多元性，政府当然还是社会治理主要的，甚至最重要的主体，此外，治理主体还包括非政府组织(或者说社会组织)、企业、公民个人等部门或力量。社会治理是由各类主体共同参与的过程，而非一家包揽或乾纲独断。

第二，社会治理的对象是以人为中心的社会公共事务。就字面而言，社会治理的对象当然是"社会"，要回答社会在哪里或社会是什么，却是个很难描述的问题。当前，建设中国特色社会主义事业的总体布局是"五位一体"，即经济建设、政治建设、文化建设、社会建设、生态文明建设，这五大建设形成一个整体。在这个整体中，除去其他四大建设的内容，就是社会建设了。无论说社会建设还是社会治理，核心内容是处理以人为中心的社会公共事务。社会公共事务是指为了满足社会全体或大多数成员的需要，体现其共同利益，让他们共同受益的那类"事物"和"事务"，如公共物品与公共服务。每个人作为社会成员构成了社会整体，社会治理就是要满足他们的公共需求和共同利益。

第三，社会治理需要综合使用行政、市场、民主决策等多种方式。"统治"主要以自上而下的政府行政体系来推动问题解决，治理过程中要综合发挥政府和市场这"两只手"的作用。此外，尤为重要的是，社会治理是多主体的，由各类人群和组织共同治理，为此就离不开协商民主，民主决策是治理最不同于统治的常用机制。

综上所述，社会治理是由多元主体通过包括民主协商、共同决策在内的多种方式管理社会公共事务的过程。我们可以从对社会治理本质特征的界定中推演出其四个方面的心理内涵。其一，社会治理的主体包括公务员和公民个人以及政府和社会组织，这就要研究这些作为治理主体的个人和组织机构的治理能力问题。其二，社会治理的对象是社会，社会是由人组成的，人们的社会心理，特别是社会心态本身就是社会治理要面对的内容；若从社会公共事务的角度来看，所谓"公共"是要满足社会大多数甚至全体成员的需要和利益，这就涉及人们的社会心理需求分析。其三，社会治理是多元主体协商、博弈的过程，其典型形式是多元主体就某一社会公共事务通过协商沟通进行群体决策的过程，而群体决策是心理学的研究内容。其四，要系统性地、有计划地解决社会治理主体，客体以及治理过程中各种心理方面的问题，国家和社会的各个层面都要开展必要的心理建设。

三、社会治理主体的治理能力

(一)社会治理的多元主体及其治理能力

我国的国家治理现代化包含治理体系的现代化和治理能力的现代化两个方面，二者相辅相成。国家治理体系是指国家的法律和制度，只有提高国家治理能力，才能充分发挥国家治理体系的效能，影响国家治理能力的重要因素就是治理主体的素质能力，如官员的素质能力(俞可平，2014)。

然而，我们必须看到，决定治理效能的不仅是政府公务员，还包括其他组织、部门以及个体。也就是要认识到社会治理的"多主体性"。从个体层面来看，社会治理的主体包括公务员、公民等，不同类型个体的治理能力的内涵和要素可能不同。对于公务员来说，他们是社会治理的必然责任人，应该成为社会治理的"专业人员"，具备"专业的"治理能力；对于公民而言，核心问题不是治理能力的高低，而是是否有参与社会事务的意愿和动机。从组织层面来看，政府机构、社会组织、非营利机构、居民自治组织都是治理主体，组织的治理能力通常称为"组织治理效能"或"组织效能"。下文主要综述心理学以及相关学科(如社会学、公共管理学)视角下关于各类主体治理能力的研究进展。

(二)公务员的社会治理能力研究现状与问题

理论上讲，公务员在社会治理过程中作用的大小，与其治理能力密切相关。在治理理论的指导下，如何对这种能力做出专门的界定和测量，是一项很有挑战的工作。目前，学术界尚没有专门针对公务员社会治理能力的操作化定义和实证研究，但是有一些针对一般行政能力、领导能力、工作价值观等方面的研究，我们可以从这些文献中寻找启示。通过归纳文献，公务员能力大体应该包括两个层面，一方面是"智力因素"，包括专门的知识技能与一般的行为能力。前者是岗位所需要的专业知识与技能，后者指一般的组织协调能力、学习能力、沟通能力等。另一方面是"非智力因素"，主要指公务员的工作动机和职业价值观等。

例如，国家公务员录用考试中的行政职业能力倾向测验，基本上是在测量一般的行为能力。心理学者（陈社育，余嘉元，2002）对某年度该测验的 140 道题目得分进行因子分析，抽取出三个因子：抽象关系能力（包括数字推理、数学运算、演绎推理、图形推理）、资料分析能力（包括图形分析、表式分析）、言语理解能力（包括定义理解、短文理解、阅读理解），这是国家公务员素质结构中最基本的三个能力因素。公务员的一项重要工作是组织协调，然而，该测验中并没有涉及"组织协调能力"。另一项专门针对处级干部领导能力的研究，则强调了组织协调能力等，这项实证研究通过因素分析方法提取出领导者应具有的 7 种能力，包括沟通能力、创新能力、组织协调能力、自律能力、选才用才能力、综合决策能力、应变能力等（赵国祥，申淑丽，高冬东，2003），这一因素模型体现了对领导干部（相比普通公务员）在能力上的更高要求。

上述这些能力因素都是各级公务员应该具有的一般的能力素质。此外，特定岗位的公务员还应具有相应的专业知识和专业技能。例如，司法系统的公务员要掌握完备的法律知识，教育系统的公务员则要熟悉教育规律，甚至应该有实际的教育教学和学校管理经验。

在公务员的非智力因素方面，研究最多的是工作价值观。例如，有研究者(郭靖，2009)以罗克奇的理论为框架，把公务员工作价值观分为终极价值观和工具价值观，编制了公务员工作价值观量表。统计结果表明，公务员的终极价值观包括5个方面：获得人际支持、工作的意义、收入与待遇、个人职业发展、工作的稳定性；工具价值观涉及3个方面：工作进取心、稳妥的工作策略、消极的工作态度。还有研究探讨了其他非智力因素，如公务员对组织的心理契约、心理承诺、人际信任、领导风格等(黄耀杰，刘喆，王蕾，2012；卫琳，焦妍，赵定涛，梁樑，2007)。

综上所述，对于公务员心理研究的现状和研究问题可以形成如下几点认识：第一，现有研究主要涉及一般行政能力、领导能力、工作价值观等内容，并无研究专门考察其社会治理能力。第二，公务员的社会治理能力，或者简称为"治理能力"，应该理解为公务员在社会治理领域的特殊能力，它不同于一般的行政能力和一般的领导能力，这类似于智力研究中对"特殊智力"与"一般智力"两个因素的区分。第三，公务员治理能力应该体现为其对治理理念的认同以及相应的治理技能和策略。这只是大致的思路，要在今后的研究中充分论证"公务员治理能力"的理论构想，确定合适的评定方法和工具。实际上，管理学中常用的"胜任特征"或"胜任力"概念很有启发，我们应该考察社会治理绩效优秀的公务员，将其和一般的公务员对比，确定有哪些关键的行为、能力、认识方面的特征决定了其社会治理绩效，以此来界定公务员社会治理能力的本质。

(三)公民的社会治理参与意识研究现状与问题

公民对公共事务的积极参与是落实治理理念，实现有效社会治理的前提。然而，我国的公民参与(或者准确地讲，是"群众参与")是在强大的国家动员模式下群众的被动参与。国家对社会资源的总体性垄断是实现群众动员的基本前提。正是在这种社会背景下，党和政府创建了参与式动员、运动式动员、组织化动员等丰富多样的动员模式(孙立平,晋军,何江穗,毕向阳,1999)。目前,这种国家动员下的群众参与依然在社会治理、社区治理等层面广泛存在。然而,随着国家垄断权力的下降与市场经济对社会生活的渗透,这种动员的难度也在加大,群众的参与热情已不像从前(梁莹,2012;周义程,梁莹,2009)。更重要的是,这种国家动员下的被动参与难以培养真正的公民意识和主动参与意识,不利于社会治理。梁莹(2012,p.36)在分析了对长三角地区大约1000名居民的调查结果后感慨道:"本次调查则在某种程度上表明,公民治理意识与公民精神成长之现状距离公民治理所要求的现代公民治理意识与公民精神似乎还有很遥远的距离。"因此,有必要深入研究公民参与意识的结构、特点及其影响因素,探寻培育公民参与意识的路径与方法。

仔细梳理相关文献可以发现,目前对公民参与意识的研究表现出如下特点:第一,大部分文献都是理论思辨性文章,而实证研究较少。第二,对公民参与意识的概念缺乏清晰的、统一的界定。目前使用的类似概念包括"公民参与态度""公民政治参与行为"等,然而,仔细分析这些概念的操作定义方式,却能发现一些共性。"公民参与态度"调查问卷被抽取出的两个因子是"志愿参与因子"和"政治参与因子"(周义程,梁莹,2009);而"公民政治参与行为"调查问卷被抽取出的因子是三个,分别是"参与公共事务因子""参与投票因子""参与竞选因子"(万斌,章秀英,2010),实际上,后两个因子在理论上可以合并为"政治参与"。若如此,我们可以根据这些研究的思路,将公民参与意识区分为一般公共事务的参与和政治事务的参与两个因子。第三,与前述变量的操作化有关,目前主要采用了问卷法收集数据,问卷项目的编制相对随意,这造成了工具的不统一以及调查结果比较的困难。因此,借鉴心理测量学关于量表编制的思想,提出明确的理论构想,编制严格的"公民参与意识量表",将有助于今后该领域实证研究的深化。

(四)政府和社会组织的治理能力研究现状与问题

公民、公务员在社会治理中属于个人主体，而各级政府及其下属部门和各类社会组织(也称"非政府组织")是社会治理的重要"组织"主体。每一项社会治理活动的效果，都受到这些政府和社会组织治理能力(或效能)的影响。

目前，尚没有专门评估政府社会治理能力的指标体系，但有针对政府整体治理能力的评估方法。政府的治理能力指政府治理行为的水平和质量，是对政府治理模式稳定性、有效性与合法性的直观度量。较高的治理能力意味着政府对经济社会运行具有较强的调节能力，能够较好地规避市场失灵，提高社会成员的总体福利水平(胡鞍钢，魏星，2009)。目前对政府治理能力的衡量主要采用世界银行开发的治理指标体系，包括反馈与问责、政治稳定与减少暴力、政府效力、规制质量、法律规则和腐败控制六个维度，世界银行采用该指标体系衡量了全世界 200 多个国家和地区的治理水平。然而，这六种指标是对政府总体效能的评价，与社会治理的相关度不高。

有学者(楼苏萍，2010)对政府社会治理能力的构成做了一些理论分析，认为在治理背景下如下几种能力非常关键：第一，目标识别与整合能力，它指辨识并统整各治理主体(各种组织与公民群体)的需求和行为目标。第二，资源整合能力，它用于汇总并有效使用分散在不同治理主体那里的权力、财物、人力、社会资本等方面的资源。第三，沟通协调能力，它体现在不同治理主体之间的互动协调、讨价还价等方面。第四，责任控制能力，即各治理主体在治理活动中的责任分配和调控。若这四种能力的划分是完备的，则可以设计具体指标，从这四个维度考察政府的社会治理能力。

社会组织(或非政府组织)的范围非常庞杂，主要包括各类社会团体、基金会和社会服务机构；也可以将社会组织区分为行业协会商会类、科技类、公益慈善类、城乡社区服务类四大类。在我国，社会组织的发育尚不充分，其社会治理能力尤其值得研究。根据民政部《2012年社会服务发展统计公报》，到2012年年底，我国各类社会组织的总数为49.9万个，从业人员总数为613.3万人，每个社会组织平均为12.3人；所有这些社会组织形成的固定资产为1425.4亿元，平均每个社会组织的固定资产仅为28.6万元。总体而言，我国社会组织的规模小、经济实力弱，这严重制约了其运行效率、自主性和创新性。社会组织总体上只能处于社会服务体系的边缘位置，只能发挥一些"拾遗补阙"的作用（关信平，2014）。在这种情况下，准确评估社会组织的效能，存优汰劣，将有助于引导社会组织健康发展，充分发挥其作为社会治理主体的作用。

社会组织的治理能力体现为它在社会治理过程中提供服务产品的能力，以及由此而对社会做出贡献和形成社会影响力的程度（关信平，2014）。由于缺乏客观的测量和评价指标，目前还很难对我国社会组织的治理能力和运行效率做出精确的测量和评价。大致来说，提供服务产品的能力，可以从一个社会组织在单位时间内向社会提供服务产品的数量和质量来衡量；而社会贡献和影响力可以采用治理过程中利益相关者主观评定的方法来确定。

四、现实社会心理问题作为治理对象

（一）社会心态研究现状与问题

心理学介入宏观的社会治理研究和实践的首要任务（也是本来最擅长的任务）是清晰把握我国的宏观社会心理状况及其变迁规律，辨识各种现实的社会心理问题。社会心理问题涉及个体的社会心理和群体的社会心理两个层面。

个体社会心理的内容，包括个体社会态度（如歧视、偏见）、社会认知（如刻板印象、污名知觉）、社会行为（如亲社会行为、反社会行为）等。个体社会心理的治理并不是社会治理的重点，但也应在社会治理的具体实践中予以必要的关注。社会是由一个一个的个体组成的，在具体实践中我们总是要面对这些个体。因此如何调整个体的社会心理，也是社会治理不可或缺的内容。举例来说，居民的社区认同直接影响其社区参与行为和社区助人行为，决定社区治理的状况（Yang & Xin，2016；辛自强，2015），因此，如何改善每个居民的社区认同，就是社区治理的重要课题。我们发现，激活居民的"互依的"自我构念可以提升其社区认同（Xin，Yang，& Ling，2017）。

群体社会心理的集中体现就是社会心态，当前我们面临的各种现实社会心理问题，首先是社会心态问题。诸如失落的社会情绪、失调的社会认知、失衡的社会价值观、失范的社会行为，所有这些社会心理问题都属于社会心态的范畴。随着我国社会的急剧变迁，社会心态变化快且复杂，它对个体、组织、社会和制度都有很大的影响。而且，作为社会变迁的表达和展现，社会心态折射了社会转型过程中整个社会的价值取向和社会共识性的变化。鉴于社会心态的巨大影响，党和政府已经明确提出要重视社会心态的调整和培育。在2011年，"社会心态"被首次写入"十二五"规划，强调要"培育奋发进取、理性平和、开放包容的社会心态"。自此，社会心态培育已经成为党和政府的重要工作内容。

面对改革开放后中国社会剧烈的变迁，社会心态成为社会心理学研究的核心内容之一，一批学者对社会心态的理论、研究方法做了深入探讨（马广海，2008；王俊秀，2014；杨宜音，2006；周晓虹，2014）。在实证研究方面，也取得了一些成果，如中国社会科学院社会学研究所发布的《社会心态蓝皮书》(王俊秀，杨宜音，2013)以及一批相关的论文报告。除了对社会心态的系统调查外，还有较多的研究者考察了社会心态的某个维度或内容，如社会情绪(马广海，2008；蓝刚，蒲瑶，2016)、社会价值观等(Podoshen, Li, & Zhang, 2011; Zeng & Greenfield, 2015；金盛华，郑建君，辛志勇，2009)。

总结我国社会心态的研究，主要有三个方面的学术贡献。一是确定了相对被大家认可的社会心态的理论构想，即将社会心态区分为四个成分：社会情绪、社会认知、社会价值观和社会行为意向(马广海，2008；王俊秀，2014；杨宜音，2006；周晓虹，2014)。二是形成了社会心态测量的基本方法和工具(王俊秀，杨宜音，2013)。三是对我国国民社会心态的现状有了基本的描述和认识。所有这些工作都为今后的研究奠定了扎实的基础。然而，社会心态研究仍有待继续深入。社会心态作为社会变迁的动态反映，需要不断追踪监测，也只有基于纵向数据对比才能确定其变化趋势。例如，2013年发布的《社会心态蓝皮书》调查了北京、上海等城市居民的信任度，得出了"中国城市居民信任不及格"的结论(王俊秀，杨宜音，2013)。要判断"及格"与否，只能根据某个外在的绝对尺度去判断，然而这种尺度并不能被普遍认可。更必要的做法是做纵向比较，说明我国社会信任的变迁趋势，然而以往这种横断面数据无法推论变迁趋势。因此，今后需要开展社会心态的持续监测，描述其变迁趋势，为社会治理决策提供依据。

(二)国民心理变迁研究现状与问题

大部分学者当前对宏观社会心理的关注，只是限于社会心态的调查和分析，而相对忽略了对国民心理变迁趋势的考察。这种忽视主要是因为缺乏大型的追踪调查数据库，但随着"横断历史元分析"

方法的引入，这一问题部分得到研究。

横断历史的元分析（cross-temporal meta-analysis）适于考察某个心理变量历年研究结果的连续变化过程。它通过搜集某一历史时期大量的实证研究，将历年的研究结果和年代变量建立联系，可以描绘出心理逐年变化的趋势，并以此为基础考察心理变迁与社会变迁的关系（辛自强，池丽萍，2008a，2008b）。这种方法最早由美国圣地亚哥州立大学的顿芝（J. W. Twenge，1997）提出并使用；在国内，我们课题组是这一方法最早和最系统的使用者，目前已经用该方法进行了近20项研究（如Liu & Xin，2014；Xin，Niu，& Chi，2012；Xin & Xin，2016，2017；Xin，Zhang，& Liu，2010；辛自强，张梅，2009；辛自强，张梅，何琳，2012）。例如，我们（辛自强，周正，2012）对采用Rotter人际信任量表调查大学生人际信任水平的53篇研究报告（共包括24233名大学生）的横断历史的元分析表明，我国大学生人际信任水平在过去的10余年间显著下降：相比1998年，2009年时大学生的人际信任得分从82降低至72，下降了1.19个标准差（即效果量$d=1.19$，这是一个令人震惊的下降）。信任反映的是信任者和被信任者双方的人际关系状况，大学生信任水平的下降不仅反映了信任者的心理改变，更表明他人和社会变得不那么值得信任了。信任的下降有很多原因，我们认为其中的核心因素之一是我国的市场化进程：在过去几十年的市场经济发展中，我们过度消耗了信任这一支撑经济发展的重要资源（Xin & Xin，2017），然而，对信任起着保护作用的市场规则和社会规则却发育不足，从而造成了对信任者的损害（Zhang & Xin，2019）。

不仅信任在衰落，其他学者的研究揭示了老年人、职业人群等群体的心理变迁也有"恶化"趋势。两项横断历史的元分析研究表明，老年人心理健康变迁趋势并不乐观。1995年至2011年间我国老年人孤独感水平随年代的变迁呈上升趋势（闫志民等，2014）；1998年至

2008 年我国城市老年人抑郁症状检出率增加了 21%，社会文化经济的不断发展并没有改善老年人的抑郁情绪问题（李晓敏，韩布新，2012）。一些职业人群的心理健康、工作满意度也在下降。1994 年至 2011 年，中国教师的心理健康水平有所下降，尤其是焦虑症状、强迫症状突出（衣新发，赵倩，胡卫平，李骏，2014）。2003 年至 2013 年，我国农民工的工作满意度整体水平呈下降趋势，尤其是在内陆省份工作的农民工、新生代农民工的工作满意度下降更为明显（李超，吴宇恒，覃飙，2016）。

横断历史元分析研究，对心理变迁的描述不是针对个体被试的，而是以"出生组"（birth cohort）这样的群体为单位做描述的，它反映的恰好是"社会群体"层面的心理，是"一代人"的心理特点，而非个体心理。就像上面关于大学生信任的例子，它反映的是每一代大学生对他人和社会可信性的总体判断，属于社会心态的范畴。这种关于心理变迁趋势的结果，难以通过少数几次的追踪调查加以确定，横断历史的元分析方法恰好解决了这个问题。不仅如此，这种元分析研究可以使用"滞后相关"的统计技术，揭示心理变量与社会变量之间的动态相互关系（Xin & Xin，2016）。例如，我们的研究揭示了中学生焦虑情绪与社会联结强度、社会威胁程度等社会变量的关系（Xin et al.，2010），从而说明社会变迁如何预测心理变迁，或者是否存在反过来的预测模式；此外，我们还揭示了我国的市场化进程对信任衰落的负向预测作用（Xin & Xin，2017）。可见，今后有必要更多地借助横断历史元分析方法考察各国民群体的心理变迁问题，并且需要加强不同元分析结果的整合。

这种宏观的心理变迁趋势分析有助于社会心理的预测和预警，可以为社会治理指明方向。举例来说，我们在《中国社会科学》发表的对 1980 年至 2011 年中国人生育意愿的横断历史元分析研究（侯佳伟，黄四林，辛自强，孙铃，张红川，窦东徽，2014），有效刻画了中国人意愿生育数量 30 多年的曲线下降趋势，以及农村居民高生育意愿正在向城市居民低生育意愿趋近的现象，这为国家"单独二孩"政策和全面放开"二孩"政策提供了科学依据。因为方法的限制，人口学界之前并未获得这样的纵向变迁结果，我们首次将横断历史元分析方法引入人口学研究，带来了新的发现（侯佳伟，辛自强，黄四林，张梅，窦东徽，2015）。

(三)社会心理问题研究的其他内容和思路

对社会心态开展大规模的、系统调查可以迅速了解整体状况。相互补的另一条思路是，就专门内容开展深入研究。例如，可以针对社会情绪、物质主义价值观开展专题研究。

这种研究可以采取社会调查法，也可以基于文献或档案资料的分析，或采用网络数据挖掘技术开展研究。由乐国安教授带领的团队，通过构建微博基本情绪词库，结合在线文本词汇匹配技术对数百万用户的情绪进行分析，得到了快乐、悲伤、愤怒、恐惧和厌恶五种基本社会情绪，并考察了它在一周内以及关键社会事件前后的变化过程（董颖红，陈浩，赖凯声，乐国安，2015）。这一研究展示了网络数据挖掘对社会心态研究的重要价值。实际上，网络世界的各种集群行为，都是社会心态的指示器（乐国安，薛婷，陈浩，2010），值得进一步关注。

对不同历史时期特定语汇（如反映个体主义或集体主义价值观的代词）使用频率的分析，也可以揭示价值观或其他方面社会心态的变迁（Twenge，Campbell，& Gentile，2012；Zeng & Greenfield，2015）。例如，顿芝等（Twenge et al.，2012）对 1960 年至 2008 年 70 多万本美国图书中人称代词的使用特点进行了分析，发现这期间第一人称复数代词（we，us）的使用减少了 10%，而第一人称单数代词（I，me）的使用增加了 42%。她们认为这可以说明美国个人主义在上升，而集体主义在下降。

综上所述，今后对宏观社会心理的研究，一方面可以对社会心态现状开展大规模的调查；另一方面可以采用横断历史元分析、网络数据挖掘、语词分析等新兴技术，对社会心态特定方面的变迁，或国民心理变迁过程进行深入研究。简言之，我们既要关注当下的社会心态，也要关注纵向心理变迁，基于这方面的大量实证研究，才能准确把握并辨识各种现实的社会心理问题，为社会治理和心理建设找到准确的方向。

五、社会治理的群体决策本质

(一)从群体决策心理学的视角理解社会治理

笼统地讲，社会治理就是一个围绕社会事务制定决策并执行决策的过程。加拿大渥太华治理研究所的三位学者(Graham，Amos，& Plumptre，2003)认为，社会治理是政府、社团或组织、公民相互协调做出重要决策的过程，包括决定谁来参与这一过程以及要承担的责任。具体地说，社会治理是这样一个过程：针对社会事务，各行为主体或利益相关方(政府、社会组织、公民、公务员等)为达成某一目标，而按照某种规则(如法律与行政规范)进行沟通、协调并做出决策的过程。从这个角度而言，社会治理实践过程实际是一种心理活动——群体决策(group decision making)。这里之所以强调"群体"，是因为社会治理通常是由多主体相互协调而做出的决策，是集体活动，而非单个人完成的个体决策。群体决策有可能集中群体成员的智慧，做出更优化的决策。正所谓"三个臭皮匠，赛过诸葛亮"。群体决策普遍被认为优于个体决策，就在于决策时群体成员都期望能考虑不同来源的各种信息，并把这些信息结合后做出更好的决策(于泳红，汪航，2008)。

"群体决策"的概念首先由法国数学家波达(J.-C. de Borda，1733—1799)在研究群体方案排序问题时(如对多名候选人的投票选举)提出，此后一段时间内主要是数学家和经济学家在开展群体决策研究，研究围绕着虚拟稳定环境下的决策最优解和决策绩效问题进行。数学、经济学等学科的研究假设极大地限定了人的因素，仅将研究聚焦在个体偏好如何集结为群体决策，忽略了决策中人们的社会互动过程及群体成员间的相互影响(孙冬青，辛自强，2017)。

20世纪70年代后，社会心理学家加入了群体决策的研究队伍，以小群体和组织中的团队为对象，通过实验方法重点观察分析群体决策中的相互作用及其对决策结果产生的影响。从此，群体决策研究不仅仅停留在如何集结决策个体的偏好问题上，而是进一步从人的心理特征和互动行为等方面去探讨群体决策的心理机制及影响因素(Rosema，Jost，& Stapel，2008)。我们可以从群体决策心理学的角度出发，探讨社会治理的群体决策本质。

目前，心理学界对群体决策的研究主要包括两个方面。一方面，对典型的群体决策心理现象的研究。例如，美国心理学家贾尼斯(Janis，1982)对美国政府高层决策的失败案例进行了分析，这些案例包括1941年"珍珠港事件"时的美方决策、1950年发动朝鲜战争的决策、1960年入侵古巴的决策、1964—1967年发动越南战争的决策。通过将这些失败决策案例和两个成功决策案例(战后欧洲马歇尔计划和1962年古巴导弹危机)进行比较后，归纳总结了群体思维(group think)的症状、前提条件和后果。所谓群体思维，指一种群体决策时的倾向性思维方式。贾尼斯研究发现，高凝聚力的群体进行决策时，成员努力获得一致意见的动机使得人们高度倾向于寻求一致，以至于其他变通的行动路线提议受到压制，随之而来的是群体的思维能力、分辨能力以及判断能力的下降，最终导致决策错误。

在决策过程中，即使成员有不同意见，他们也会自动说服自己，不再提议新的方案，以求得与群体的一致。此外，决策中的群体极化、冒险转移现象等也得到广泛研究。另一方面，研究者提出了各种群体决策过程模型，如社会决策图式模型、信息取样模型、多层次团队决策理论等(可参考有关综述，蒋丽，于广涛，李永娟，2007；孙冬青，辛自强，2017)。

国外已经对群体决策进行了大量研究，然而国内针对社会治理的群体决策过程的实证研究几近空白。在我国的社会治理实践中，每天都在进行着这类群体决策活动。公共管理专家景怀斌(2011，p.49)指出，"中国政府群体决策有突出的群体思维可能性"。很显然，学界对群体思维发生机制、前提条件、发生背景的研究，能够帮助决策群体有效地避免群体思维的不良作用，减少决策失误。当然，不只是群体思维，群体决策涉及复杂的心理活动，心理是决策活动的天然动因和必然伴随物(景怀斌，2011)。我们应该从群体决策心理学的视角关注我国社会治理决策可能存在的风险、发生的机制、影响因素等问题，并寻求解决之道。

(二)社会治理的群体决策研究方向

基于对文献的反思和对当前社会治理实践的思考，我们认为对社会治理的群体决策研究可以从如下方向展开。

第一，需要开发社会治理背景下群体决策研究的专用范式、任务和理论模型。目前对群体决策的研究，主要集中于工业与组织领域，所采用的任务多是企业或商业任务。对于社会治理中的群体决策关注甚少。现有的理论模型，如社会决策图式模型、信息取样模型、多层次团队决策理论虽然对我们很有启发，但其在社会治理领域的适用性有待考察。更为重要的是，社会治理是具有很强的现实性和文化特异性的问题，这要求基于我国的社会治理实践，选择提炼合适的任务，开发专门的研究范式，来考察社会治理中的群体决策。通过对各种社会治理任务背景下群体决策的深度研究，有望建立更有现实解释力的群体决策模型。

第二，要加强对社会治理中群体决策过程及影响因素的实证研究。在有关社会治理的文献中，学者们虽然时常提到"决策""群体决策""科学决策"这类概念，但几乎都是一些理论思辨，并没有真正将群体决策的实证研究思路与社会治理背景结合起来。社会治理是由多元主体进行的群体决策活动，主体之间的人际和群际关系，如信任关系必然影响决策质量；这种人际互动和决策行为还会受到各种明确的规则（如行政规范、制度条例）和潜在的规则（如组织惯例）的影响。现实的群体决策过程必然是各种因素综合作用的结果，个体的认知偏差以及各种因素的干扰都可能导致群体决策偏差的出现。因此，应该探讨各种因素作用下的群体决策过程特点。

第三，应该关注基层社会治理，特别是社区治理中真实的群体决策活动。西方对群体决策的研究，虽然探讨了政府高层决策的一些成败案例，但是很少有研究考察基层社会治理背景下的群体决策。无论国内，还是国外，社区都是各种社会治理主体最完备的地方，也是最需要体现多元共治特色的场域。我们应该更多地深入社区中，考察各主体如何围绕社区公共事务互动并做出决策，科学评价群体决策质量（孙冬青，辛自强，2017）。

六、心理建设作为社会治理的路径

（一）心理建设的研究现状

如果说社会治理要以"人"为中心，就必然涉及人的"心理问题"和"心理学问题"，这些问题的实际或实践解答自然要采取"心理建设"的路径。目前，国内能搜索到的关于"心理建设"这一主题的文献并不多，绝大部分文献都是综述或思辨类文章。这些文献大致可以分为如下几类。

第一，宽泛的理论思辨性文章。作者往往从社会建设、社会治理、社会心理问题解决等现实背景出发，发出加强心理建设的号召，并简单提出一些可能的思路。这方面的代表性文章如《论和谐社会的社会心理建设》（柳媛，2008）、《论社会管理创新进程中的和谐心理建设》（宋晓明，2012）。虽然这些文章的作者未必是心理学的专业人员，但是他们对社会现实有良好的敏感性，较早认识到了心理建设的必要性。

第二，针对特定群体心理建设的讨论性文章。作者从自己的学科背景出发（未必是心理学），针对特定群体的需求，提出心理建设的思路。这方面的代表性文章如《论加强中国共产党的心理建设》（张静如，张世飞，2007）、《中国当代公务员的心理建设问题》（陈漱渝，2008）、《新时期女性的心理成长与心理建设》（葛鲁嘉，陈若莉，2005）。这些文章指出了特定群体的心理建设需求与大致思路，有一定启发意义，特别是为思考社会治理主体的心理建设问题提供了可能的方向。

第三，从心理健康服务的角度探讨心理建设。这里所说的心理建设，特指心理健康服务体系的建设这一特定内容。例如，黄希庭等学者的论文《关于中国心理健康服务体系建设的若干问题》（黄希庭，郑涌，毕重增，陈幼贞，2007）、《我国未成年人社区心理建设的模式探索》（林敏，王冬榕，黄燕腾，2010）。这些论文对于如何建设面向公众、社区人群以及学生的心理健康服务体系提出了有价值的建议。

第四，对于社会心理建设的理论探讨。这方面的文章是由心理学者撰写的，旨在对"社会心理建设""社区心理建设"等概念进行学术思辨，并试图推动这些概念上升为社会治理理念或进入社会治理实践。这方面的代表性文章如《从社会心态培育到社会心理建设》（王俊秀，2015）、《社区心理现状与建设思路》（辛自强，2015）、《心理建设：社区治理新方向》（辛自强，2016）、《心理建设或可上升为国家战略》（辛自强，2017a）。这些文章反映了心理学界对于如何运用社会心理学方法和成果服务我国社会治理的一些严肃的理论思考。

综观上述有关心理建设的文献，大致具有如下问题或特点：首先，概念的内涵并不统一，具有多义性。心理建设可以指宏观社会心理建设、心理健康服务体系建设、特定人群心理能力建设等，因此，我们要注意概念的辨析。其次，研究者的背景是多样的。除了心理学者外，还包括来自政治学、党史学、社会学、公共管理学等领域的学者，这说明心理建设得到了不同学科的关注，然而目前尚缺乏真正的学科交叉，不同学科的研究者没有真正的观点交流，并不相互引用。最后，对心理建设的探讨尚处于起步阶段。这些有关心理建设的文章，基本都是在 2005 年后发表的，尚未形成前后引证有序的知识体系，在理论深度、概念的严密使用等方面都有不足。然而，这些零散的文献，有良好的启发性，为"心理建设"这一概念的专业化、学术化奠定了初步的基础，更重要的是若能将心理建设上升为国家战略（辛自强，2017a），必将大大拓展心理学的发展空间，更好地用心理学的学科知识服务于国家重大现实需求。

(二)心理建设的宏观战略与微观实践问题

"心理建设"曾被孙中山作为"建国方略"之一提出。进入 21 世纪后，我们党和政府的一些重要文件，也反复提到社会心态培育、心理干预、心理疏导、心理健康服务、社会心理服务等概念，这些都可以作为心理建设的一部分。然而，目前在官方文件中，尚没有直接使用"心理建设"的概念，但它确实有必要上升为国家战略。学术界对心理建设的研究尚在起步阶段，只有一些零散的关于心理建设的理论论述，或对特定群体开展心理建设的建议，又或从心理健康服务的角度对心理建设的思考。目前，只有极少数学者开始严肃地思考是否可能将心理建设上升为一种国家战略或落实为系统的社会实践（如王俊秀，2015；辛自强，2015，2016，2017a）。

鉴于"心理建设"思想的重要性，特别是它潜在的对政策的引导价值和对实践的指导意义，心理学家应该加强这方面的研究。

第一，对"心理建设"的基础理论研究。这包括对心理建设的重要性、内涵、目标、可行性、策略与路径等方面的理论论证。例如，可否这样定位我国的心理建设？即把我国的一般心理建设定位为通过相关部门的引导、制度的创新以及个体的努力，促进个体心理、社会心理的和谐发展，尤其是要培育客观、理性、积极、稳定、开放、包容的社会心态。如果把心理建设上升到国家层面，那么它与社会建设、文化建设等其他方面的建设是什么关系？这需要在理论上厘定清楚。

第二，对特定领域心理建设思路的研究。心理建设可以作为国家宏观的治国方略，然而，国家层面的心理建设，必须落实到社会生活的各个特定领域，因此，应该提出在特定领域的心理建设思路。例如，社会治理领域的心理建设，这一领域又可进一步细分，如政府机关的心理建设、基层社区心理建设；又如企业中的心理建设，可通过员工帮助计划提升员工心理健康水平和工作能力，通过领导力训练改善企业领导工作效能。

第三，对特定人群心理建设的研究。社会是由各种各样的群体构成的。例如，根据我国特殊的户籍制度，可以区分为城市居民、农村居民，以及游走于城乡二元结构之间的农民工群体；根据职业类型，区分为公务员、医生、工人、农民等不同群体；根据社会阶层、民族等都可以区分定义人群。在社会治理的背景下，我们可以探讨治理主体、治理客体的心理建设问题。作为治理主体的公务员的社会治理能力、公民的参与意识应该作为心理建设的内容；同时，更为艰巨的任务是各种现实社会心理问题（如群际矛盾、留守儿童心理健康）的解决，特别是社会心态的培育，这都属于对社会治理客体层面的心理建设。

第四，心理建设的实践与评估研究。心理建设本质上是一种"心理干预"实践，只不过我们不能仅仅从狭义个体的、病理层面理解"干预"。十八届三中全会审议通过的《中共中央关于全面深化改革若干重大问题的决定》是将"心理干预"作为社会治理的手段提出的，这种干预既包括传统的心理健康意义上的干预，也应该包括更广义的对社会心理问题的一般性干预，也就是从积极意义上开展的心理建设。对个体层面的心理干预研究，不仅要开展干预实践，还要对实践效果做评估。而心理建设往往是由多项心理干预组成的系统项目，对项目的实施效果也需要做评估研究。例如，我们认为社区心理建设是社区治理的重要内容（辛自强，2016），若在某一社区开展为期一年的社区心理建设，为此要设计系统的建设方案，投入一定的人力物力，通过各种举措落实建设方案。社区之所以愿意"投入"，愿意购买一个社区心理建设项目，必然要评估建设实践本身的有效性，确定其"投入产出比"，评估项目的经济和社会效益。

七、总结：社会治理心理学展望

十八届三中全会将"推进国家治理体系和治理能力现代化"作为"全面深化改革的总目标"。"国家治理体系"和"治理能力"的关系就是"制度"与"人"的关系。传统上，政治学、公共管理学、社会学等学科对于社会治理的关注往往只限定在制度、结构等宏观层面，即治理体系问题。然而，制度不是万能的。制度再好，不能"落地"就会"悬空"，不能"运转"就会"僵滞"。让制度"落地"和"运转"需要人，需要有能力的人(徐勇，吕楠，2014)。人的作用不仅体现在治理主体方面，还体现在治理对象、过程、方法等多个层面。

我们认为，社会治理是由作为治理主体的人(公务员、公民)及其组织(政府机构、社会组织)实现的对以人为中心的社会事务的治理，而社会治理本质上是多元主体的群体决策过程，面向人的心理建设是社会治理的重要路径之一。由此可见，社会治理的核心是"人"的问题；心理学是研究人的科学，社会治理的各个层面都"内生出"大量心理学问题(辛自强，2018b)。本书第一章就是从总体层面阐述这一理论观点，其后各章则对这一观点进行分述(可参考图1-1)。

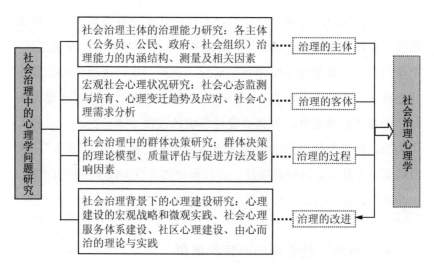

图1-1　社会治理心理学的研究问题框架

首先，治理的主体是人，包括个体及其代表的组织。个体的治理能力、组织的治理效能决定了社会治理的质量。俞可平(2014)在论述国家治理能力时曾强调，官员的素质能力是直接的影响因素。对于公民而言，积极参与社会治理的意识和行为最为重要，因为在我国，人们普遍缺乏公民治理意识与公民精神，缺乏参与公共事务的动机，缺乏维护公共利益的意识(梁莹，2012)。组织的治理效能既取决于其中的个体素质，如政府组织中的官员、社会组织中的社会工作者，也取决于良好的制度设计。这方面值得研究的心理学问题是政府官员的社会治理能力，公民社会参与意识，政府和社会组织的治理效能的内涵、结构、测量工具或方法及其相关因素问题。这方面的问题，我们课题组目前很少涉及，故本书不做专门探讨。

其次，治理的客体是以人为中心的社会事务。社会治理的对象是社会，社会是由人组成的，人们的社会心理问题，特别是社会心态问题本身就是社会治理要面对的内容；不仅是社会心态，各国民群体在关键心理指标上的恶化趋势尤其值得关注。另一方面，若从社会公共事务的角度来看，所谓"公共"是要满足社会大多数甚至全体成员的需要和利益，这就涉及人们的心理需求分析。只有弄清楚社会成员的需求，才能通过社会治理过程提供合适的公共物品与公共服务。由此，作为心理学工作者，在社会心态、国民心理变迁、社会心理需求分析等方面都有大量研究工作可做。本书第二章从理论和政策层面分析社会心理服务体系建设的内涵与实践，社会心理服务体系建设的目的就是培育良好社会心态；第三章则专门介绍我们在社会心态现状及培育思路、心理变迁趋势及应对策略方面的研究成果。

再次，治理的过程是多元主体的群体决策过程。如前所述，社会治理实践过程实际是一种心理活动——群体决策。目前心理学的决策研究主要涉及个体决策和相互决策两类(辛自强，2014a，2014b)。前者指个体直接面对某种客观的任务情境进行决策；后者指两人之间进行的类似游戏的决策，这时一方的选择要以另一方的选择为条件或受其影响，这种决策被称为"博弈"或"对策"。在这些决策和博弈任务中(如囚徒困境、最后通牒博弈、独裁者博弈、公共物品博弈)，任务情境都是极为简化的，信息往往是给定的，通常也不涉及特别复杂的人际互动或制度背景。这完全不同于真实社会治理过程中的群体决策。在社会治理的群体决策中，面对的任务情境往往是结构不良的，信息条件是不确定的，决策主体是多元的，决策主体的心理状态是不断改变的，存在复杂的人际互动过程，决策过程往往持续很长时间。因此，今后的研究需要开发针对社会治理中群体决策过程的理论模型、实验范式以及群体决策质量评估方法，探讨群体决策的影响因素和改善方案。本书第五章介绍我们开发的群体决策质量评估模型及评估方法。

最后，治理的路径之一是心理建设，要"由心而治"。若社会治理的核心是"人"的问题，那么问题解决之道就是开展面向人的心理建设，实现"由心而治"：把现实社会心理问题作为社会治理的对象；把提升治理主体的社会治理能力作为改进社会治理的前提条件；把改善群体决策质量作为社会治理干预的核心内容；依循心理学规律开展各项社会治理实践；把心理学方法和技术作为社会治理的工具选项。对于心理建设，可能要从国家战略的高度来认识，并提出切实可行的、总体的或专项的心理建设实践方案。这些都是心理学家要解决的问题。在本书中，除了第二章介绍社会心理服务体系建设的实践问题、第三章涉及社会心态培育这一心理建设的主要内容，第四章将专门探讨社区心理建设问题，第六章阐述"由心而治"理论及其应用。

综上，要推进社会治理体系和治理能力的现代化，就必须重视"人"的问题，这里面涉及大量"内生的"心理学问题，心理学家大有可为之处。自从十八届三中全会将"推进国家治理体系和治理能力现代化"作为"全面深化改革的总目标"之后，每年发表的篇名带有"社会治理"字样的中文文献暴增，2013 年只有 300 余篇，2014 年及此后的每年都超过 2000 篇，但其中心理学家的声音非常微弱。我们寄望本书及今后的研究弥补这一不足。就如同杨玉芳和郭永玉（2017，

p.109)指出的,"我们应该有勇气去探索,并在这些重大的社会进程中发出心理学的声音"。

《中庸》有语曰:"君子尊德行而道问学,致广大而尽精微,极高明而道中庸。"心理学的优长是实验室里"尽精微"的实证研究,然而,近年来的一个新趋势是心理学界在不断探索如何让本学科"致广大"——理解并改变社会现实。其中,社会治理中的心理学问题成为关注焦点。心理学家传统上多习惯于实验室的微观研究,很少思考如何将心理学与宏观的社会治理联系起来,这大大限制了心理学的现实价值。当前心理学的发展,必须做出"更加现实的转向",通过参与社会重大现实问题的解决,确立学科自身的价值,而我国的社会治理改革恰好是心理学可以大有作为的领域。实际上,反观目前绝大多数心理学学术论文"问题提出"的逻辑就可以明白这一点:我们总是试图在前人文献中寻找一点不足和纰漏,然后小心翼翼地进行实验改进,由此来论证研究的必要性与价值。我们所忽略的是:比研究的累积式改进更重要的是我们应该直接研究社会现实中的重大问题,服务于国家和社会发展。当然,这两种问题提出的逻辑并不矛盾,但面向现实问题的研究更能产生根本的知识进步,更有利于建立本土知识传统,并发挥心理学在"理解"与"改变"现实方面的作用(辛自强,2017b)。心理科学在历经百余年发展后所积累的强大理论体系、方法技术知识,完全可以服务于当前中国的社会治理实践,并在对这一实践的心理学研究中产生我们自己的原创性成果。

我国实现国家治理体系与治理能力现代化的改革总目标已经确定,创新社会治理的方向也已经明确。然而,现实的社会治理水平离真正的治理理念,离"善治"的目标还有很大的距离,心理学的介入将有助于更快速地跨越这段差距,尽快实现改革的目标。我们认为,突破社会治理的现实困境,需要"心理转向":从心理学视角出发,提升主体的社会治理能力或心理素质,做出合理的群体决策,解决现实中的社会心理问题，通过心理建设的路径实现社会治理。心理学家在这方面的努力，有望建立"社会治理心理学"的本土原创理论体系(辛自强，2018b)，有效响应国家在社会治理和社会心理服务体系建设方面的重大需求，为相关政策和实践提供学理思路和科学依据。"加强社会心理服务体系建设"这一新时代背景，构建社会治理心理学的崭新学科愿景，均吁请心理学同人继续"尽精微而致广大"。本书就是我们在这一研究导向下的一种尝试。

第二章　社会心理服务体系建设

　　如今，"加强社会心理服务体系建设"已经成为国家层面的战略部署。然而，学界、公众乃至各级政府对社会心理服务体系的内涵并没有形成一致的认识，争论和误解颇多。认识的偏差，必然造成实践的偏差，对各地社会心理服务体系建设实践的调研印证了这一点。然而，若从社会治理心理学的角度来审视社会心理服务体系建设，则可拨云见日，洞察其本质。

第一节　社会心理服务体系建设的定位

　　当前人们对"社会心理服务体系"的内涵和外延争议颇多。严格来讲，"社会心理服务体系"是"社会心理的服务体系"，它与心理健康服务体系截然不同。社会心理服务体系建设应该从国家和社会治理体系现代化的高度出发，突破旧有的"心理健康服务"观念，着重解决宏观社会心理问题；为此，需要建立专责的行政主体，加强工作的科学性，建设专业人才队伍，协调发挥市场和政府的作用。

一、社会心理服务体系内涵之争

中共十九大报告(2017年)已经明确指出要"加强社会心理服务体系建设，培育自尊自信、理性平和、积极向上的社会心态"。社会心理服务体系是新生事物，也是一个新概念，人们如何认知它，即拥有什么样的内隐观念或理论认识，将决定政策设计的走向和可行性。然而，究竟何谓"社会心理服务"，如何建设相应的体系，学术界并没有明确的界定，学者和公众并没有达成共识。中央目前尚无专门的指导性文件，在这个背景下，学术界对社会心理服务体系内涵的认识出现了明显的分歧，存在观点之争。2018年5月我在《心理技术与应用》杂志发表了《社会心理服务体系建设的定位与思路》的文章，总结了人们对社会心理服务是"心理健康服务"还是"社会心理的服务"(社会治理观点)的争论，并旗帜鲜明地阐发了个人主张(辛自强，2018c)。后来，祝卓宏(2019)进一步挖掘了有关的学术争论状况，指出学术界对社会心理服务体系建设的定位存在五种观点。本节在详细阐述我的观点之前，先介绍这五种观点，以描述学术争鸣的现状。

第一种观点认为，虽然社会心理服务体系建设和心理健康服务体系建设不同，但是社会心理服务体系建设的首要或核心内容是心理健康服务。中国科学院心理研究所的傅小兰(2017)、陈雪峰(2018a)两位学者都认为，当前社会心理服务体系建设的核心内容是通过心理健康服务来提升人民心理健康水平、促进社会和谐稳定发展。

第二种观点则明显不同，认为社会心理服务体系建设与心理健康服务体系建设应该清晰区分开来，不能混淆两个概念。中央财经大学辛自强(2018b，2018c，2018d)提出社会心理服务体系建设的内涵是在制度和人的层面开展心理建设，尊重、理解并依循心理行为规律开展社会治理，社会心理服务体系建设不是心理健康服务体系建设，社会心理服务不等同于"治病救人"，要防止当前的社会心理服务体系建设滑入心理健康服务的旧思维中。虽然在实际工作和政策设计中，我们可以将心理健康服务作为广义社会心理服务的一块重要内容，但在理论上，我们不能混淆这两个概念。

第三种观点虽然同意社会心理服务体系建设与心理健康服务体系建设不同，但是认为，心理健康服务体系是社会心理服务体系最重要的基础，是社会心理服务体系的最后一关，是社会心理服务体系的守门员。北京师范大学乔志宏在一篇网络文章中认为"社会心理服务体系的建设应当涵盖从治国到治人到治病，从预防普遍性心理问题发生到干预已发生心理问题的全过程"（转引自祝卓宏，2019，p.12）。这一观点明显以"治国治人治病"为隐喻，来自古语"上医治国，中医治人，下医治病"（"上医治国"或许是医生"天然而真诚"的理想主义吧），是围绕心理问题的预防与干预而展开的，明显是临床心理学语境下的话语描述，这与第一种观点基本一致。

第四种观点认为社会心理服务体系不仅仅是心理健康服务体系，而且是一种社会治理体系，是心理学在社会治理中的应用，是心理学应用体系和社会治理体系的双向契合。这一观点是中国社会科学院社会学研究所王俊秀（2018）的看法。他认为，社会心理服务体系建设是要满足人民美好生活需要和追求社会整体幸福的发展目标，培育社会心态，培育个体心理健康、人际关系、群体和群际和谐。

第五种观点认为社会心理服务体系应是公共心理服务体系，其主要内容包括心理健康服务、社会心态培育、共同体认同建构这三大模块，其主要功能分别为预防和治疗心理疾病、提升全民族的心理健康水平，培育自尊自信、理性平和、积极向上的社会心态，以及塑造中华民族的统一文化认同和人类命运共同体认同。这是南开大学的吕小康和汪新建（2018）的观点，他们还认为必须紧紧围绕"加强和创新社会治理"这一根本出发点来理解社会心理服务体系建设的功能定位,而不能仅仅将社会心理服务等同于心理健康服务;他们着重强调"社会心理服务体系"应该理解并翻译为"公共心理服务体系"。

上述五种观点看起来纷繁复杂,但大致可归为两类观点:第一和第三种观点,基本上将社会心理服务视同心理健康服务,或者认为心理健康服务是其核心或基础;第二、第四、第五种观点,更侧重从社会治理和社会心理学层面来定位社会心理服务体系,略有区别的是第二种观点认为社会心理服务在理论上不是也不应包括心理健康服务,而第四和第五种观点并不排斥心理健康服务。换言之,目前的争论依然是我之前所描述的那样:社会心理服务究竟是"心理健康服务"还是"社会心理的服务"。

我在2018年5月发表的《社会心理服务体系建设的定位与思路》中曾指出,当时对社会心理服务体系建设大致有三种不同的看法:看法一是"社会的心理健康服务体系",看法二是"社会心理的服务体系",看法三是"社会的心理服务体系"。看法一主要来自一些卫生系统的官员和学者,是过去"心理健康服务体系"这一习惯提法的延续,认为"加强社会心理服务体系建设"就是要在社会层面建设心理健康服务体系;看法二是一种狭义的理解,认为既然十九大报告中这样表述——"加强社会心理服务体系建设,培育自尊自信、理性平和、积极向上的社会心态",那么社会心理服务体系建设就是为了解决社会心态和社会心理问题;看法三是一种广义的理解,它既包括狭义的"社会心理的服务体系",也包括先前所说的"心理健康服务体系"。

我认为在这三种看法中,第三种只是一种权宜性看法,真正的争论存在于第一种和第二种观点之间,即社会心理服务体系是否等同于心理健康服务体系的问题(辛自强,2018c)。我至今始终坚持,在理论上必须严格区分二者,社会心理服务体系不是心理健康服务体系,二者不能混为一谈,否则会带来政策和实践的偏差及不良后果。之所以有这种笃定的看法，是因为我在撰写这篇文章之前和之后，采用下述各种方法进行了仔细的研究。

二、社会心理服务体系建设调研

（一）文献研究

首先，我们仔细研究了中央和有关部委文件对"社会心理服务"及相关概念的表述。这些文件主要包括：2015 年 10 月 29 日通过的《中共中央关于制定国民经济和社会发展第十三个五年规划的建议》；2016 年 12 月 30 日国家卫计委等 22 个部委联合印发的《关于加强心理健康服务的指导意见》；2017 年 10 月 18 日习近平在中国共产党第十九次全国代表大会上作的《决胜全面建成小康社会　夺取新时代中国特色社会主义伟大胜利》报告；2018 年 11 月 16 日国家卫健委等 10 个部门颁布的《全国社会心理服务体系建设试点工作方案》。

其次，我们还对一些地方政府的文件进行了研读。例如，2018 年，北京市起草的《关于加强北京市社会心理服务体系建设的意见（征求意见稿）》（由于各种原因，该文件截至本书成稿时并未发布），由于我多次参加该文件讨论，故详细做了文件研读。此外，我们还搜集、分析了中央综治办在 2016 年确定的全国 12 个社会心理服务联系点（如北京市丰台区、山东省胶州市、河南省西平县等）的文件资料、媒体报道等（本章下一节专门阐述）。

最后，我们查阅了目前能找到的各类与社会心理服务有关的学术文献近百种，进行了仔细梳理。

（二）实地调研

我利用参加各种座谈会、学术会议、议政会等的机会，通过个体访谈、集体座谈、私下交流等方式重点在北京市等地开展调研，力图了解政策制定者、政策执行者、专家等人群对社会心理服务的看法。

首先，是对政策制定者的调研。2018 年上半年，我作为特邀专家，4 次参加《关于加强北京市社会心理服务体系建设的意见（征求意见稿）》这一文件制定的座谈会、议政会等，并借这些机会了解北京市相关部门领导、文件制定者、政协委员以及社会各界的思路，并作为专家作了主题报告、政策咨询、建言献策。

2018 年 4 月 4 日上午，我参加了由北京市社工委举办的《关于加强北京市社会心理服务体系建设的意见》征求意见座谈会。这次座谈会上，北京市社工委领导和文件起草组成员 5 人，高校专家 2 人，社工和心理健康服务机构等各类社会组织负责人 7 人出席，并发言和讨论。

2018 年 4 月 17 日，我作为特邀专家，出席北京市政协委员调研社会心理服务体系建设座谈会，并为与会政协委员作专题报告。这次活动中，一名市政协副主席及近 20 名政协委员、市社工委领导参加，他们先后实地考察了一些社会心理服务机构和基地，并就如何加强北京市社会心理服务体系建设进行了座谈交流。在座谈会上，我作了半个小时的报告，比较系统地阐述了自己对社会心理服务体系建设的看法。

2018 年 4 月 27 日下午，我作为特邀专家，在北京市政协机关第四会议室，出席北京市政协"加强社会心理服务体系建设'大家谈'"活动。出席会议人员包括市政协社法委主任等 10 余名政协委员和 2 位特邀专家。

2018 年 5 月 31 日下午，在北京市政协机关港澳厅，政协主席吉林主持召开"加强社会心理服务体系建设"协商恳谈会，我作为专家做引导性发言。会议听取了市委社工委领导《关于加强北京市社会心理服务体系建设的意见》起草情况及相关工作情况、市卫计委负责人关于医疗卫生领域心理健康服务工作开展情况的介绍，与会领导、政协委员、专家学者对进一步加强北京市社会心理服务体系建设提出了许多宝贵意见。市政协多位副主席、市政府有关领导等参加。

其次，对政策执行者的调研。我利用参加北京市海淀区社会办、有关街道办事处座谈会的机会，了解基层干部（政策执行者）对"社会心理服务体系建设"内涵与思路的认识。

2018年4月23日下午，我赴海淀区政府社会办调研。参加人员包括海淀区社会办干部、海淀区羊坊店街道铁西社区居委会主任、社会组织负责人等4人。

2018年6月4日下午，我参加海淀区政协委员调研组，赴清河街道调研基层社会治理，重点是"街道吹哨，部门报到"工作模式落实问题。与会人员包括市、区两级政协委员，区社会办、卫生局等部门干部，以及街道干部共20余人。

2018年3月14日上午，我参加北京市海淀区北下关街道办事处的街道、社区干部培训会，为200余人作《社区心理建设的理念与思路》报告，并与部分基层干部讨论社会心理服务问题，了解其想法；此外，我还曾带领学生在2018年2月深入该街道的皂南社区进行考察和走访，了解实际情况。

最后，对专家的调研。我们举办专家座谈会，邀请来自心理学、社会学等学科领域以及来自社会组织的专家一起研讨"社会心理服务体系建设"问题，记录并分析专家的看法；此外，我参加了在多地举行的有关研讨会或论坛。

2018年7月7日，由我组织在中央财经大学举办"社会心理服务的实践与研究"专题研讨会，来自学界（主要是社会心理学领域）、政府和社会组织的20余位专家汇聚一堂，围绕社会心理服务的内涵外延和性质定位、政策设计和实践模式、研究方向和方法思路、组织建设和工作形式等问题进行了研讨。

2018 年 7 月 16—17 日，我赴河南省驻马店市西平县参加全国社会心理服务高峰论坛，并作《社会心理服务体系的定位与建设思路》主题报告，调研当地社会心理服务体系建设现状（西平县是全国综治办确定的 12 个社会心理服务试点地区之一），同与会专家和听众进行讨论。参会人员有 300 多人。

此外，2019 年，我还多次参加在青岛、南京、成都等地举办的各类学术会议并做报告，其间了解了心理学、社会工作等不同学科专家的看法。

概括来说，基于个人的理论思考，通过调研可以综合分析、比较政策制定者、政策执行者、专家对"社会心理服务体系建设"内涵与思路的看法，从而提出更为准确的理论观点，用于引导政策设计与落实。另外，基于对北京市以及其他地区的政府部门（如北京市社工委、海淀区社会办；河南省西平县委、政法委；四川省宜宾市政法委）、社工事务所、街道办事处和社区居委会的调研，可以大致了解社会心理服务体系建设的实际状况。

三、文件解读以及认识和实践问题分析

(一)官方文件解读

近年来，在党和政府的文件中使用过两个貌似而实则不同的概念：社会心理服务体系与心理健康服务体系。通过分析，我们发现如下四个文件的概念使用并不一致。

文件 1：2015 年 10 月 29 日通过的《中共中央关于制定国民经济和社会发展第十三个五年规划的建议》。该文件在"推进健康中国建设"的标题下提出"倡导健康生活方式，加强心理健康服务"；在"加强和创新社会治理"的标题下提出"健全社会心理服务体系和疏导机

制、危机干预机制"。显然，在该文件里明确地将"心理健康服务"限定在身心健康的背景下论述，而将"社会心理服务（体系）"限定在社会治理背景下来论述，用之解决社会心理问题，实现良好的社会治理。

文件2：2016年12月30日国家卫计委等22个部门联合印发的《关于加强心理健康服务的指导意见》。文件指出："加强心理健康服务、健全社会心理服务体系是改善公众心理健康水平、促进社会心态稳定和人际和谐、提升公众幸福感的关键措施，是培养良好道德风尚、促进经济社会协调发展、培育和践行社会主义核心价值观的基本要求，是实现国家长治久安的一项源头性、基础性工作。"这句话实际上已经表明，心理健康服务重在解决公众心理健康问题，而更广泛的社会层面的社会心态、人际和谐、幸福感、道德风尚以及核心价值观等方面的问题，并不能通过微观的心理健康服务来解决，而要依赖社会心理服务体系。在该文件中，十余次地将"心理健康服务（体系）"与"社会心理服务体系"并列使用，但没有作明确的概念界定。该文件虽然反复提到社会心理服务体系，但其核心是在谈心理健康服务问题，与社会心理服务体系关系不是太大，而且基本上局限在心理健康的角度来认识社会心理服务体系。例如，文件提到"个体心理行为问题及其引发的社会问题日益凸显"，"心理行为异常和常见精神障碍人数逐年增多，个人极端情绪引发的恶性案（事）件时有发生，成为影响社会稳定和公共安全的危险因素"。

文件3：2017年10月18日习近平在中国共产党第十九次全国代表大会上作的《决胜全面建成小康社会 夺取新时代中国特色社会主义伟大胜利》报告。报告在"提高保障和改善民生水平，加强和创新社会治理"的大标题下提出"加强社会心理服务体系建设，培育自尊自信、理性平和、积极向上的社会心态"；然而，报告中并未提及心理健康服务体系。该报告实际上明确了社会心理服务体系建设的目的是培育良好社会心态，而且将其视作加强和创新社会治理的重要举措。

文件 4：2018 年 11 月 16 日国家卫健委等 10 部门颁布的《全国社会心理服务体系建设试点工作方案》。该文件题目中打出了"社会心理服务体系建设"的名义，但实际上只是落实文件 2 的具体工作思路，全文讨论的几乎都是"心理健康服务"的事情。表 2-1 列出了该文件提出的 2021 年要达成的所有 4 项具体工作指标，无一例外，都是心理健康服务方面的内容，即建设心理咨询室、心理辅导室、心理门诊等，以提供心理健康服务。不仅如此，所列的这些以数据表达的刚性指标是否能如期实现，令人非常担心。我在表 2-1 右侧一列提供了相应的单位和机构数量。例如，目前全国大约有村和社区共 68 万个，如果按照文件要求的 80% 的建成率来算，就要建立至少 54 万个心理咨询室或社会工作室，即便每个机构设 1 名专业人员，就要 54 万人，这比起每年我国能够培养的心理学、精神病学、社会工作等相关专业人员数量来说，几乎是天文数字。其他一些指标实现起来也很困难。虽然教育部要求在中小学设立心理辅导室的文件已经颁布多年，目前在很多地区，尤其是中西部偏远地区、农村地区，根本无法落实，主要原因是没有专业师资，全国 27 万中小学在心理辅导和心理健康教育方面的专业师资存在巨大缺口。2015 年，我曾到西部某省的一个地级市开展调研，得知该地区所有中小学里专业的心理辅导教师只有 2 人。一方面是专业的心理健康服务人员严重不足的问题，另一方面即便有专业人员，他们是否愿意到农村和社区工作，尤其是到一些偏远地区工作，这是个更大的问题。总之，该文件名为社会心理服务，实则只是心理健康服务；而且针对心理健康服务所设定的三年工作目标是否能如期实现，足以让人疑虑。

表 2-1　工作目标与现实的差距

2021 年要达成的 4 项具体工作指标	全国相关机构或单位数量
依托村(社区)综治中心等场所,普遍设立心理咨询室或社会工作室,为村(社区)群众提供心理健康服务。以村(社区)为单位,心理咨询室或社会工作室建成率达 80% 以上。	村 58 万个;社区 10 万个。
高等院校普遍设立心理健康教育与咨询中心(室),健全心理健康教育教师队伍。中小学设立心理辅导室,并配备专职或兼职教师,有条件的学校创建心理健康教育特色学校。	高校 2560 所;中小学 27 万所。
各党政机关和厂矿、企事业单位、新经济组织等通过设立心理健康辅导室或购买服务等形式,为员工提供方便、可及的心理健康服务。	数量不详。
100% 精神专科医院设立心理门诊,40% 二级以上综合医院开设心理门诊。培育发展一批社会心理服务专业机构,为大众提供专业化、规范化的心理健康服务。利用各种资源,建立 24 小时公益心理援助平台,组建心理危机干预队伍。	精神专科医院 1 千个;综合医院 1.8 万个。

　　上述四个文件是与社会心理服务或心理健康服务相关度最高的文件。文件 1 和文件 3 都将"社会心理服务体系"定位于社会治理层面,即社会心理服务体系是国家治理体系,尤其是社会治理体系的一部分,这些来自中央的文件对社会心理服务体系的定位是清楚的、科学合理的。例如,十九大报告指出"加强社会心理服务体系建设"是手段,目的是"培育自尊自信、理性平和、积极向上的社会心态",可见社会心理服务体系建设是为了解决社会心态和社会心理问题,而非心理健康问题。

　　然而,由国家卫健委(卫计委)牵头发布的文件 2 和文件 4 却存在概念混乱,要么是"社会心理服务"与"心理健康服务"混用,要么名实不符。糟糕的是,在中央没有关于"社会心理服务"专门文件的情况下,文件 2 和文件 4 就成了各级政府用于社会心理服务体系建设的指南,从而造成了自上而下的错误认识。例如,我 2018 年 3、4

月份看到的《关于加强北京市社会心理服务体系建设的意见（征求意见稿）》，同样没有摆脱国家卫计委等 22 个部门《关于加强心理健康服务的指导意见》的窠臼。

（二）理论认识问题

无论是地方政府部门干部还是专家学者，在 2018 年前后这段时间，对社会心理服务的理论认识的现状可以用这样一句话概括：一方面，对社会心理服务及其体系建设的重要性高度认同，但另一方面，对其本质、性质和定位的认识不够清楚。

自 2015 年以来，各级政府部门的干部对"社会心理服务"这个概念有了逐步了解，特别是十九大报告指出要"加强社会心理服务体系建设"以后，政府部门已经认识到中央这一战略部署的重要意义。例如，北京市以及全国其他地方政府，尤其是 12 个社会心理服务联系点，都对社会心理服务体系建设的重要性有较高认知。

然而，当前最突出的问题是对"社会心理服务"的内涵和定位认识不清：误将"社会心理服务"等同于"心理健康服务"（甚至精神或心理疾病防治），曲解了社会心理服务的性质，窄化了其外延，矮化了其定位。例如，我在 4 次参加《关于加强北京市社会心理服务体系建设的意见》的征求意见会、政协议政会等活动的过程中感受十分深切：每次，我都向与会人员阐述我对社会心理服务的看法，说明社会心理服务如何不同于心理健康服务，指出这份文件有待完善之处；然而，大部分参会者还是在心理健康服务的层面发言和讨论问题。我同样感受深刻的是：4 次讨论活动下来，越来越多的人理解并认同了我的看法（后 3 次活动中，都有同一批人员参加，且很多人来自医疗卫生系统）。

为什么会造成这种认识的偏差呢？首先，就是上述文件 2 存在的问题。十九大报告对加强社会心理服务体系建设做出了重要的战略部署，却没有提及心理健康服务体系的概念，在这一背景下，一些卫生系统的官员和学者于是认为社会心理服务体系就是他们习惯说的"心理健康服务体系"。这种认识偏差后来又延续至文件4，该文件在内容上只涉及心理健康服务，却冠以"社会心理服务体系"的名称，实则是一种误解和误导。

其次，学术界本身对"社会心理服务"概念缺乏正确的理论认识。"社会心理服务"概念不是在学术界首先提出并达成共识的，而是官方文件率先使用的（但没有给出明确界定）。这方面的学术研究和理论认识严重不足，大部分探讨这一问题的专家学者的看法是偏颇的、甚或错误的。学术界的观点曾一度被精神卫生专家、医疗专家、心理健康和咨询专家所左右，社会心理学家（他们本应更能理解何谓"社会心理"和"社会心理服务"）没有及时、正确发声，致使理论认识错误没有被尽快纠正。我在《心理技术与应用》杂志2018年第5期发表《社会心理服务体系建设的定位与思路》一文，当时正是有感而发，试图纠偏。文章发表后，在学术界引起很大反响。该文发表后，引起了中国社会心理学会领导的关注，从而促成了社会心理服务专业委员会的筹建（2018年7月20日在昆明召开的常务理事会上正式讨论了我们提出的筹建申请）。为了推动该专委会的筹建，2018年7月7日，我们在中央财经大学举办"社会心理服务的实践与研究"专题研讨会，基于大家在会上的发言，后来由辛自强、许燕组织"社会心理服务的实践与研究"专题论文（共计14篇），发表于《心理技术与应用》杂志2018年第10期，这次研讨会和专题论文凝聚了学术共识，传递了社会心理学界有关社会心理服务的声音。

最后，公众对"心理"的刻板概念由来已久。心理学既要研究个体心理（心理健康只是个体心理的一个方面），又要研究社会心理（主要是群体心理）。然而，大部分公众都自动将"心理"和"心理健康（心理疾病、心理咨询、心理治疗）"等同起来。政府部门的干部真正受过心理学科班训练的人并不多，他们在做政策咨询时限于现有行政体系，首先想到的是找卫生部门，找医卫专家，进一步加强了这种将"社会心理服务"作"医疗化"认识的倾向，而未能充分理解"社会心理服务"中的"社会""社会心理"这些概念的内涵，及其对社会治理、社会建设的重要意义。

总之，由于上述原因，政府部门、专家学者、公众都对社会心理服务及其体系建设存在一定的误解，认识的偏差必然会带来实践方向的迷茫。名不正，则言不顺，实亦难符。

(三)各地实践中的问题

总体而言，"社会心理服务"属于新生事物，全国各地的社会心理服务体系建设目前都还处在探索和起步阶段。由于理论认识的偏差，在实践中同样出现了"心理健康服务"倾向，这一倾向普遍地存在于社会心理服务体系建设的平台搭建、人才培养、工作模式、效果评估等多个方面，各地多将工作的重点放在了解决个体的心理疾病、促进个体心理健康上，而忽略了其社会治理本质。在我们看来，这种以心理健康教育为重点的服务工作仅仅是社会心理服务体系建设最初阶段的、边缘性的工作，而不应作为其重点与核心内容。关于实践现状这里暂且不表，我们将在本章第二节专门探讨。

四、关于社会心理服务体系建设的政策建议

党的十九大报告提出要"加强社会心理服务体系建设"。然而，"社会心理服务体系"是近年来党和政府的一种新提法，之前学术界并无系统研讨，政府部门也很少有专门的政策和系统的实践，由此人们对其内涵和外延的争议颇多。我们认为，当前的首要问题是正确理解社会心理服务体系的性质与定位，然后设计科学的建设思路。

(一)建立科学的概念认知：社会心理服务不是"治病救人"

基于深入调研和理论思考，我们(辛自强，2018c)提出，"社会

心理服务体系"在严格意义上应该理解为"社会心理的服务体系"，主要针对社会心态培育、社会心理疏导、社会预期管理、社会治理的心理学策略的运用等，其核心目的是解决社会宏观层面的心理建设问题，尤其是要培育自尊自信、理性平和、积极向上的社会心态，为中华民族伟大复兴而凝心聚力。社会心理服务体系建设的目标内涵是社会心态培育及社会心理的建设；与此同时，它还有手段或方法内涵，就是按照心理学规律开展社会治理，实现"由心而治"（图2-1）。

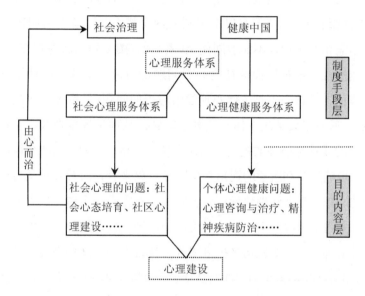

图2-1　社会心理服务体系与心理健康服务体系

　　注：图中的"心理服务体系"涵盖了社会心理服务体系与心理健康服务体系，二者对应的上位概念分别是社会治理和"健康中国"战略，它们都属于制度手段层；这些体系建设的目的是做好"心理建设"，解决各种社会心理问题和个体心理健康问题；心理建设（尤其是社会心理建设）反过来可以促进社会善治，做到"由心而治"，而且，"由心而治"不仅意味着社会治理要从社会心理建设着手，更是要求按照人类心理和行为规律开展社会治理。"心理建设"和"心理服务体系"分别是就目的内容与制度手段而言的，代表一枚硬币之两面，目前的官方文件尚没有直接使用这两个概念，然而值得提倡使用。图中左侧部分正是社会治理心理学（本书）要关注的内容。

心理健康服务体系则是面向个体层面的，包括由政府、社会、社区、企事业单位等提供的精神科门诊、心理咨询和治疗、员工心理援助、心理健康教育、心理健康知识宣传等，它以解决个体的心理疾病、促进心理健康为目标；虽然它可以防止个体心理问题引发社会问题，但也只是在这个意义上与社会心理服务体系有逻辑关联，而并非社会心理服务体系的核心内容。

总之，社会心理服务不是"治病救人"。"社会心理服务体系"与"心理健康服务体系"是有根本区别的两个概念，二者各有明确的含义，不能相互替代，不能混同使用(表2-2、图2-1)。从内容方面看，前者侧重社会宏观层面的社会心态问题的解决，是社会治理体系的一个方面，其核心不是个体心理健康与否的问题(虽然多少与此有点关系)；后者是要解决个体心理健康问题。从理论视角来看，前者采用社会的或社会心理的视角，采用发展的视角；后者则采取个体的视角，采取病理学和医学的视角。从服务对象来看，前者针对社会群体层面的心态培育和心理建设；后者服务于有需求的个体。从服务主体来看，前者是由政府来主导的一项社会治理工作；后者则是由医院精神科、心理咨询室等机构来提供服务。就官方相关文件来说，中央文件(前述文件1和文件3)关注的是社会心理服务体系；卫健(计)委文件(文件2和文件4)关注的是(本应是)心理健康服务体系。

表 2-2 社会心理服务不等于心理健康服务

两种心理服务体系	内容	视角	服务对象	服务主体	官方相关文件
社会心理服务体系	社会心态问题；社会治理问题	社会/社会心理视角；发展视角	社会群体	政府主导	中央文件
心理健康服务体系	心理健康问题	个体视角；病理视角	有需求的个体	咨询室等机构	卫健(计)委文件

本节开篇曾提到关于社会心理服务体系的三种看法，这里回过头来进一步阐释。看法一"社会的心理健康服务体系"的提法似乎是不合适的，心理健康服务是指向个体的，无须在"心理健康服务体系"前冠以"社会的"字样，若如此反而容易引起误解。

看法三是"社会的心理服务体系"，是一种广义的、"中庸"的理解。这时"社会心理服务体系"中的"社会"这一修饰词，修饰的不是"心理"，而是"心理服务体系"。它强调要在社会层面建立一种心理服务体系，其核心是"社会心理的服务体系"，但并不排斥而是兼顾心理健康服务体系的内容。由此，"社会（的）心理服务体系"建设可泛指一切有助于国民心理提升的体制、机制、手段和能力建设。这里的国民心理可以是社会心理，也可以是个体心理及心理健康。

虽然看法三包容性更强，能更好地赢得各方的认可，但我们必须先在内容和视角等方面清晰区分"社会心理（的）服务体系"和心理健康服务体系的差异（即表 2-2）。我们认为看法二是准确的，即在严格意义上（或者理论上）"社会心理服务体系"应解读为"社会心理的服务体系"。本书并不采取看法三这种权宜性考虑，而是在严格意义上使用"社会心理服务体系"这一概念，暂不讨论心理健康服务体系。

（二）正确定位社会心理服务体系建设

社会心理服务体系是社会治理体系的一部分，用于解决社会心理（特别是社会心态）问题，根据心理学规律开展社会治理，实现善治。我们要谨防用心理健康服务的思路理解社会心理服务体系建设，不能从精神病防治、心理咨询和治疗的角度来定位社会心理服务体系建设。在整个人口中，患有精神疾病、心理疾病的只是极少数，社会治理中不能对公民做"有病假定"。社会心理服务体系是要解决社会心态问题，如改善失衡的社会价值观，减少失落的社会情绪，提升社会信任水平，增强获得感和幸福感，这些问题都不是健康与否的问题。解决社会心态问题，要靠利益结构调整、舆论引导、价值观教育等宏观社会方法，而非放在精神科门诊和心理咨询室里来解决。

对社会心理服务体系建设要正确定位，就要充分理解如下三点。

首先，要站在国家治理体系现代化的高度看问题。社会心理服务体系是社会治理体系的一部分，是国家治理体系现代化的重要内容之一。社会治理是由作为治理主体的人（公务员、公民）及其组织（政府机构、社会组织）实现的对以人为中心的社会公共事务的治理，而社会治理本质上是多元主体的群体决策过程。由此可见，社会治理的主体、客体、过程都涉及"人"的问题；心理学是研究人的科学，社会治理的各个层面都"内生出"大量心理学问题（辛自强，2018b）。因此，社会治理体系建设离不开心理学的支撑，离不开社会心理服务体系建设，这是国家治理体系现代化的必然要求。

其次，要突出"社会"和"社会心理"视角，着重解决宏观社会心理问题。社会心理服务体系侧重解决全社会面临的普遍性、群体性、涌现性的社会心理问题，而且不能将这些问题还原成个体心理健康问题。例如，如何促进不同社会群体之间（如城乡之间、民族之间、阶层之间）的相互理解、接触与融合，如何通过共同梦想、共同理想、共同目标凝聚民心以共同实现中华民族伟大复兴的中国梦，如何针对社会变迁对公众心理的影响进行合理疏导，这些都不是心理健康问题，而是社会心理问题。鉴于很多地方（甚至包括一些试点城市）的社会心理服务实践都不同程度地滑入了个体心理健康服务的旧思维中，这里尤其要强调社会视角、社会心理视角的重要性。社会心理问题不能还原到心理咨询室和心理科门诊去解决。

最后，通过"由心而治"的路径实现国家和社会的"善治"。社会心理服务体系建设将引导人们关注公共管理和社会治理的心理规律问题，它提供了"由心而治"——依循心理行为规律和心理学方法实现"善治"的重要路径。当今以人民为中心的发展思想,更是要求社会治理在方式上更多诉诸软治理、巧治理,减少那种简单粗暴的硬治理。为此,要善于遵循并运用心理规律,采用心理学方法和技术来开展社会治理。社会治理若能尊重并遵循人类心理和行为规律,则事半功倍,使治理效果"入脑入心",并赢得人们的理解与支持;相反,那种见物不见人,单纯基于行政强制和利益诱导的治理方式经常会引发新的矛盾并带来巨大的治理成本。

(三)以创新的思路推进社会心理服务体系建设

第一,改变传统观念,形成正确理念。很多官员、学者和公众,在讨论心理学的社会价值时,都一直固守在心理健康或心理疾病治疗的轨道里,以至于今天还有人将社会心理服务体系等同于心理健康服务体系,没有意识到心理学知识和方法对国家治理和社会治理的重要意义。因此,一方面要通过各级党校、行政学院以及政府部门的内部培训平台,加强对公职人员社会心理服务能力的建设,使其掌握社会治理的心理学规律,正确认知社会心理服务体系的含义;另一方面要加强公共宣传,传播正确理念以消除人们的误解。我们应该认识到社会心理服务体系不等于心理健康服务体系,不同于社会风险防控体系,也不是简单抹平社会问题的手段。

第二,明确行政主体,设立分工协调机制。目前与社会心理服务体系建设有关的部门包括政法委、综治办、维稳办、宣传部、社工委、卫健委、民政部等党政部门,各地实际的行政主体及其运行能力也千差万别。例如,北京市曾主要由社工委负责社会心理服务体系建设,然而在很多省份并不存在社工委这样的部门。总体而言,我国的社会心理服务体系建设尚缺乏一套自上而下的、明确的、专责的行政体系和责任主体,这非常不利于工作推进。此外,这一工作需要多部门协调,跨部门协调机制有待建立。随着党和国家机构改革方案的落地，各地政府应该尽快研究确定社会心理服务体系建设的主责部门，出台相应的指导意见。更为重要的是，在中央层面，应该建立由政法委牵头的社会心理服务体系建设的领导和管理体制，而卫健委应该回归到心理健康服务工作中去，不要伸手包揽社会心理服务体系建设的工作。

第三，加强科学研究，提高工作科学性。目前，各地虽然已经开展了一些社会心理服务体系建设的尝试，但是如何界定社会心理服务体系建设，它与社会建设以及"健康中国"建设，究竟是什么关系，它的内涵和外延是什么，建设思路是什么，依然需要系统研究。我们应该组织心理学、社会学、管理学等学科的专家开展跨学科研究，进行深入的理论思考和经验调查，基于科研成果加强对各地社会心理服务体系建设实践的理论指导，增强工作的科学性。

第四，建设专业人才队伍，实现社会心理服务的专业化。开展社会心理服务需要大量的心理学、社会工作等方面的专业人才，然而政府部门有这些专业背景的公务员数量明显不足。因此，在公务员招考中，应该加强相关专业人员招考力度。此外，目前高校在这些专业人才的培养方面，还很少考虑到社会心理服务体系建设的重大现实需求，建议在有条件的高校设立社会心理服务的本科和专业硕士培养方向，并探索建立"社会心理服务师"职业资格和职级认证体系，打通其进入公务员队伍的渠道。总之，要培养更多专业的人，并让专业的人做专业的事。举例来说，在中央财经大学应用心理专硕中，我们2018年就设立了"社会心理服务与管理"这一培养方向，这年秋季学期我为研究生开设了新课"社区与社会治理心理学"，课程内容大致与本书类似，接受这类课程的学生能更好地理解心理学与社会治理的关系，逐渐适应在社会治理的应用场景下思考心理学知识的使用方式。

第五，培育社会心理服务企业，协调发挥市场与政府的作用。

社会心理服务体系建设虽然主要是政府在推动，但是具体的社会心理服务工作可以充分发挥市场机制的作用，通过建立"社会心理服务公司"(或事务所)这样的社会企业来实现"供给侧"改革，以纠正过度依赖医疗机构、心理咨询公司、社工事务所可能造成的偏差。政府要做的是，建立促进这类社会企业发展，特别是购买其社会心理服务的机制和平台，而非让政府自身完全陷入社会心理服务的具体事务中。例如，这些社会心理服务企业可以协助政府开展社会心态监测，对特定群体进行社会心理疏导，开展社会治理的心理学方法培训等。然而，与面向个体的心理健康服务不同，相当一部分社会心理服务工作都要由政府直接承担。

党中央已经指明社会心理服务体系建设的方向，我们应该在建设理念、体制机制、科学研究、人才队伍、市场与政府协同等方面有所创新，扎实推进相关工作，为社会和谐、民族复兴凝心聚力。

第二节　社会心理服务体系建设的应然与实然

社会心理服务体系建设是我国创新社会治理的重要举措，旨在解决社会心态培育和心理建设问题，并按心理规律开展社会治理。然而这一概念的"应然意涵"是否在全国各地的建设实践中得以贯彻，仍有待探讨。我们(池丽萍，辛自强，2019)收集了反映全国12个社会心理服务体系建设试点地区实际工作情况的网络文本资料，按照组织架构、工作模式等6个一级指标以及其下的23个二级指标，对资料进行编码以描述各地建设的"实然状况"。文本分析结果显示：各试点地区社会心理服务体系建设的内容定位"心理健康"倾向严重；社会心理服务整体上仅偏重"风险防控"工作；社会心理服务与社会治理关系错位。总之，全国各地社会心理服务体系建设的"实然状况"与"应然意涵"之间存在较大差距。

一、问题提出：实然与应然的差距

党的十九大报告提出要"加强社会心理服务体系建设"，这一战略部署在心理学界引起热议，激发学者们思考心理学如何服务这一国家重大现实需求(陈雪峰，2018b；傅小兰，2017；吕小康，汪新建，2018；辛自强，2018c，2019a；俞国良，2017)。各级政府及相关部门已经开始积极探索本地区或本部门的社会心理服务体系建设工作，有些地区已经做出一些成绩，试图总结可供参考的经验(池丽萍，2018；史斌，2018)。然而，各地的建设情况是否充分体现了十九大报告中"社会心理服务体系"的内涵，目前还没有系统研究。我们通过网络途径收集能够反映2016年被中央综治办确定为社会心理服务体系建设联系点的12个试点地区建设情况的文本资料，对其进行文本分析以描述各地建设的"实然状况"，并与中央文件要求的"应然意涵"进行比较，以发现问题，校正实践工作方向。

(一)从官方文件解读社会心理服务的内涵

进行社会心理服务体系建设首先要明确"社会心理服务"的内涵。"社会心理服务"一词是近年来党和政府的一种新提法，之前学术界并无系统研讨，政府部门也很少有专门的政策和系统的实践，这导致一些人很自然地套用之前已经在政府文件和实践中出现过的"心理健康服务"去理解社会心理服务，认为社会心理服务主要是指社会层面的心理健康服务(李献云，2018；王洪涛，2018；张伶婵，2018)。但也有学者指出，社会心理服务不是个体层面的心理健康服务，而是要解决社会心态和社会心理问题(吕小康，汪新建，2018；辛自强，2018c；俞国良，2017)。对"社会心理服务"的理解偏差会直接影响政策落实的方向，影响服务体系建设的具体举措和评估。因此，本节将先从政府文件、学者观点两个层面来厘清这一争论，明确社会心理服务的内涵，然后对其建设实践进行分析和评估。

在官方文件中"社会心理服务"与"心理健康服务"曾多次同时出现，也曾被单独使用。仔细研读文件可以发现，在一些最重要的文件中，社会心理服务概念都有清晰的内涵，且大致定位于社会治理层面。如同上一节所述，在 2015 年《中共中央关于制定国民经济和社会发展第十三个五年规划的建议》以及中央政法委、中央综治办 2016 年印发的《关于充分发挥综治中心作用　加强社会心理服务疏导和危机干预工作的若干意见》均明确强调社会心理服务作为社会治理手段的作用。2017 年党的十九大报告没有再提及心理健康服务，而专门强调"加强社会心理服务体系建设，培育自尊自信、理性平和、积极向上的社会心态"，并将其纳入"加强和创新社会治理"的范畴下。可见，社会心理服务体系建设是我国加强和创新社会治理的重要举措。

然而，也有些文件的概念使用方式令人费解。在 2016 年国家卫计委等 22 个部门联合印发的《关于加强心理健康服务的指导意见》中，两个概念"同框"出现并交叉使用，该文件虽十余次提到"社会心理服务"，但主要讨论的是个体心理健康服务问题。2018 年国家卫健委等 10 个部门颁布的《全国社会心理服务体系建设试点工作方案》，更是以"社会心理服务"之名，行"心理健康服务"之实，名实并不相符。然而，这两份文件的社会影响面很大，在一定程度上误导了公众的认识。

从党中央最权威的官方文件来看，"社会心理服务"与"心理健康服务"应该是两个不同的概念，二者不能相互替代，不能混同使用（辛自强，2018c）。前者侧重解决宏观层面的社会心态培养、社会情绪疏导等社会治理问题；后者则主要是从病理学和医学角度解决个人的心理健康问题。若混用，则可能误导公众认识与实践。

(二)学术界对社会心理服务体系建设的看法

近几年，研究社会心理服务体系建设的论文迅速增加。中国知网检索结果显示，有关"社会心理服务"的论文数量在 2016 年仅 10 余篇，而 2018 年则有近百篇。讨论的主题主要包括两点：一是有关"社会心理服务的内涵或本质"的争论，二是对相关建设实践建言献策或做一些工作总结。尤其是在内涵争论上，发表了一些有分量的文章。

在社会心理服务的内涵上，目前形成了两种不同观点：一个是"心理健康服务观"，将社会心理服务看作原有个体心理健康服务概念的延续和扩展，只是在原来的概念基础上强调服务覆盖面的扩大及其对社会治理的贡献。这是很多学者的理解，也是卫健委(原卫计委)等部门文件观念的沿袭。另一个是"社会治理观"，它明确指出社会心理服务不是个体心理健康服务，而是社会治理的内容和方式之一(辛自强，2018c)。在内容层面，社会心理服务应侧重解决社会心态和社会心理问题，如社会心态建设、社会心理疏导、社会预期管理等；而运用心理学策略和规律进行社会治理则主要体现了社会心理服务作为治理方式的功能(辛自强，2018a，2018b)。这是学术界第一次从社会治理角度清楚、明确地阐明"社会心理服务"的本质。

持两种观点的学者给出的社会心理服务体系建设的建议也截然不同。持"心理健康服务观"的学者认为，社会心理服务体系建设的核心内容是通过心理健康服务来提升人们心理建康水平，以此促进社会和谐稳定。具体举措包括加强心理科学知识宣传，推广心理健康服务三级体系，加强医疗机构心理健康服务能力等(陈雪峰，2018a)。而持"社会治理观"的学者认为体系建设重在改善失衡的社会价值观，减少失落的社会情绪，提升社会信任水平，增强公众获得感和幸福感，同时提升各治理部门运用心理学规律开展工作的能力或"由心而治"的能力(辛自强，2019a)。然而，我国当前的心理学研究和应用远未达到服务社会治理的目标(王俊秀，2018)，未来还需在社会心态、社会舆论的监测(俞国良，2017)以及文化认同的建构(吕小康，汪新建，2018)等方面加强研究和应用。

(三)我们的观点和研究思路

基于对十九大报告精神的理解和认识，结合上文对官方文件的解读和对学界两种观点的分析，我们首先提出并继续坚持"社会治理观"(辛自强，2018c)，即社会心理服务是社会治理的内容和方式之一。面向个体的心理健康服务绝非社会心理服务体系的核心内容，它仅在防止个体心理健康问题引发社会问题这方面与社会心理服务体系有一些逻辑关联。

正确理解社会心理服务的本质，服务体系建设的"应然意涵"也就显而易见了，具体包括如下三个方面。首先，在内容定位上，社会心理服务体系建设应突出"社会"和"社会心理"视角。社会视角强调要从社会结构、社会变迁、社会治理等宏观层面看待问题；社会心理视角关注的是全社会面临的普遍性、群体性、涌现性的社会心理问题(辛自强，2018c)。例如，如何促进城乡居民心理融合，这个问题不是个体心理问题，而是两个群体关系的问题，这一问题的根源是城乡二元结构。

其次，在建设思路上，应该兼顾"问题"视角和"发展"视角，兼顾人的因素和制度因素。社会心理服务要解决那些已经出现的、影响和谐社会建设，甚至削弱了经济发展动力的负面社会心态问题(如"仇富""信任缺失"等)、关键心理指标的恶化趋势(辛自强，2017a)，平复社会群体事件，维护社会稳定(杨波，2017；赵刚，2018)，它更要从正面、发展的角度，培育健康、平和、包容、上进的社会心态，提升国民的幸福感、获得感等积极心理指标。我们还要认识到人的问题，不仅是社会心态和社会心理问题，它包括社会治理过程中产生的各种心理或心理学问题，如治理主体能力提升、政府及其他部门决策改进、现实社会心理问题的应对、正面心理建设等（辛自强，2018b）。解决这些心理和心理学问题，不能只就心理而论心理，必须考虑制度因素（景怀斌，2011），注重作为心理基础的社会现实的改善。

最后，在方式方法意义上，注重基于心理科学规律开展社会治理。社会心理服务体系建设是创新社会治理的重大举措，它具有特殊的方法论价值，即我们应该充分尊重并依循人类的心理行为规律，运用心理学方法实现社会治理从"刚性治理"到"柔性治理"的转变。在政法系统的实践中，社会心理服务体系建设最初往往局限在社会风险防控层面，侧重其"维稳"和"平安中国"的职能。今后我们应在社会治理的各个层面，注重心理学规律的使用，做到"善治由心"，以实现"由心而治"（陈泓菲，辛自强，2018；辛自强，2019a）。

明确社会心理服务体系建设在内容定位、建设思路、方法价值三个方面的"应然意涵"后，本研究拟客观、全面描述各地建设的"实然状况"，以比较两者之间的差距。目前学界尚无专门文献对社会心理服务体系建设状况进行评估，也缺乏科学、系统的评价指标（陈雪峰，2018a）。因此，我们拟结合实际情况编制一套全面、可行的评估体系，用来描述各联系点社会心理服务体系建设的"实然状况"。

我们的研究采用网络文本分析的方法进行实然状况评估。以往有关政策实施现状和效果的研究主要采用两种技术路线：一种是通过问卷调查、实地走访相关人员了解政策落实效果（如李涤非，许可纯，2014）；另一种是利用文献法对政策文本、政策实施部门的报告进行分析来判断政策的实施情况。第二种技术路线虽然不像前者那么适合政策实施"效果"评估，但更适合对政策落实的实际过程和具体做法进行评估，如确定政策的执行部门、所采取措施的类型和内容。例如，有学者成功使用该方法分析了高等教育发展政策的落实情况（彭红玉，张应强，2007）。对社会心理服务体系建设实际情况的评估更适合使用第二种技术路线，我们将对能够反映各地建设工作全貌的各类网络文本资料进行编码分析，以描述其"实然状况"。

二、研究方法：文本分析

（一）样本地区选择

本研究选择 2016 年被中央综治办指定为"社会心理服务体系建设"联系点的 12 个地区作为评估样本地区。它们分别是北京市丰台区（下文简称"BFT"）、河北省石家庄市（SJZ）、上海市长宁区（SCN）、浙江省杭州市拱墅区（HGS）、福建省厦门市（FXM）、江西省赣州市（JGZ）、山东省青岛市胶州市（QJZ）、河南省驻马店市西平县（HXP）、湖北省十堰市茅箭区（HMJ）、湖南省长沙市（HCS）、广东省广州市荔湾区（GLW）和宁夏回族自治区石嘴山市大武口区（DWK）。这 12 个联系点的指定最初是为打造全国的示范样板，因此应该能够代表我国现阶段社会心理服务体系建设的最好状况。

（二）资料检索

本研究所使用的分析资料为各种网络文本。资料收集方式有五种：第一，以各联系点（以下称"试点地区"）名称（如北京市丰台区）与"社会心理服务"为关键词在"百度"上进行检索，直到所得信息饱和。第二，通过中央政法委"中国长安网"中的"长安网群"登陆各试点地区的"长安网"，检索其中标明"社会心理服务体系"字样的文本。第三，访问试点地区社会心理服务体系建设专项网站收集资料。第四，在"中国知网"采用上述关键词或主题词检索报刊资料。第五，通过一些试点地区的合作单位(如精神病院、心理服务公司、高校或研究院所)网站，穷尽式地搜索有关新闻资料。以上方式搜索到的文本要求发布时间在 2016 年 7 月 1 日之后，即社会心理服务体系建设试点的通知下发后，截止到 2018 年 7 月 1 日。

为检验上述方法所得资料的饱和度，我们将其中 1 个试点地区(胶州市)的文本资料与当地主管部门所提供的官方介绍资料进行比较，发现我们搜到的网络文本资料内容包括全部并多于官方介绍资料，可见本研究所收集的文本资料能够反映各试点地区的建设现状。

本研究收集到的各试点地区文本资料的数量差异较大，去除不同检索途径获得的重复资料后，资料最丰富的地区其文本字数达到 35819 字，最少的只有 2926 字，12 个地区的资料总字数为 172718 字。文本类型包括三大类：行政文件类、总结综述类和深度报道类。

(三)评估指标与编码方式

本研究所使用的评估指标包括 6 个一级指标和 23 个操作性较强的二级指标(见表 2-3)。6 个一级指标分别为：(1)组织架构，指社会心理服务体系建设项目的行政架构及各类配套保障措施；(2)工作模式，指那些形成常态的工作机制和模式，以及各地创新的各类工作内容和流程；(3)平台建设，指社会心理服务体系建设的实体服务平台的建设情况；(4)服务对象与服务内容；(5)队伍建设，指参与到社会心理服务工作中的人员组成、队伍的专业培训情况；(6)效果评估，包括各试点对建设效果的自评及上级主管部门的评价。该指标体系的确定借鉴了先前一些理论观点(池丽萍，2018；史斌，2018)，但主要采用"扎根理论"研究方法，先从文本中"自下而上"地提炼概念，再通过与文本资料反复对话，不断完善编码方案，直至码号饱和为止，因此该编码体系是足够完备的。

表 2-3　社会心理服务体系建设评估指标体系

一级指标	二级指标
组织架构	(1)主管部门、参与部门；(2)是否出台实施方案；(3)是否建立三级社会心理服务平台(区、街道、社区三级)；(4)是否明确将服务体系建设纳入部门考核范围；(5)是否出台当地平台建设的标准；(6)是否有专项经费保障；(7)是否有针对平台工作人员的培训方案。
工作模式	(1)是否建立社会心态预警机制；(2)是否建立心理疏导机制；(3)是否建立危机干预机制；(4)是否依托网格管理；(5)为实现预警、疏导、危机干预而进行的制度设计和常规化工作安排(如制定突发公共事件心理危机的专业分级、出台精神残疾人员保障制度、民情走访调查、矛盾纠纷排查、心理陪伴计划等)。
平台建设	(1)软件建设；(2)硬件建设，包括硬件设备、空间配置；(3)依托单位。
服务对象与服务内容	(1)重点服务人群；(2)重点人群服务内容；(3)面向公众的服务内容。
队伍建设	(1)队伍人员组成；(2)人员专业资质；(3)队伍培训内容。
效果评估	(1)建设示范点；(2)建设效果的评估指标。

对照表2-3的评估指标体系对文本资料进行分段阅读，依据二级评估指标及其具体表现，在文本资料中做出标记，并在相应的编码表中画"√"(我们对每个一级指标都有详细的编码结果表格，但为控制篇幅，下文只举一个表格为例)。对于同一评估指标在不同文本中多次出现的情况，编码表中只做1次标注，体现该指标的"有/无"或具体内容，不计出现次数。

三、研究结果：各地社会心理服务体系建设的实际状况

（一）组织架构状况

遵循中央综治办 2016 年下发的《关于建立"社会心理服务体系建设"联系点的通知》，在 12 个试点地区中有 11 个由综治办作为此项工作主管部门，同时有卫计、教育、公检法司、民政、妇联等相关部门协助参与建设工作。其中较典型的如西平县，提出"党委领导、政府主导、综治牵头、社会协同、公众参与"的组织架构。有些地区除明确综治办为牵头部门外，还特别提出"卫计为主"（包括杭州市拱墅区等 3 个试点地区），或者"教育主办"（如石家庄市），这说明各地对"社会心理服务"工作内容和工作重点的理解有差异。一些试点地区在建设推进会上，将落实国家卫计委等 22 个部门联合印发的《关于加强心理健康服务的指导意见》与社会心理服务体系建设相提并论，甚至合二为一，把公众心理健康知识知晓率、重点人群和特殊群体心理健康问题的疏导情况作为社会心理服务体系建设的目标。在建设过程中各部门协同，在各自的工作领域中积极配合建设工作，其中卫计、教育、司法、公安、民政等部门参与较多。

建设工作的顺利进行需要有一系列配套保障，如出台建设方案、建立各级社会心理服务平台、拨付专项资金，等等。目前，12 个试点地区中有 8 个地区根据建设目标出台了具体实施方案，10 个地区划拨了专项资金，7 个地区建设了三级社会心理服务平台。有 2 个试点地区还根据自身情况制定了服务平台的建设标准，3 个地区将建设工作纳入部门考核系统中，督促服务体系建设工作顺利开展。在工作队伍的建设方面，各地都开展了一些培训工作，3 个地区甚至出台了专门的培训计划。当然，还有一些地区并未采取上述保障措施。

(二)工作模式

按照中央综治办要求,各试点地区的重要工作内容之一是"健全完善社会心理服务机制"(分解为心理疏导机制和危机干预机制),同时"探索创新社会心理服务模式"。文本分析显示,只有7个试点地区根据文件要求,建立了群众利益表达和社会心态预测预警平台,8个地区有专门的心理疏导机制,8个地区建有危机干预机制以应对突发危机事件。9个地区明确指出其三个机制的建立和运行主要依托网格化管理体系。

针对特殊人群有个别试点地区专门出台了保障性制度和措施。例如,杭州市拱墅区等3个试点地区为保障社区精神疾病患者能得到有针对性的救助和就诊治疗出台了以奖代补、住院押金垫付等多项保障制度;为了更好地了解群众需求,及时发现问题,2个试点地区定期组织"社情民意大调查大走访"等活动。还有些地区结合自己的优势探索个性化的社会心理服务模式,如胶州市整合多部门力量,建立了"生命全程的心理陪伴计划"。

(三)平台建设情况

各试点地区按照中央综治办的工作要求,建立起区(县)、街道(镇)、社区(村)三级社会心理服务平台,这里主要从平台的软件和硬件建设、平台依托单位来评估平台建设情况,平台的工作人员配备情况在下文有专门标题呈现。

第一,平台软件建设。各试点地区平台所使用的软件主要是心理健康测评(2个试点地区使用)、情绪疏导软件(6个地区使用),以及针对特殊群体的风险评估矫正系统和预警系统(共5个地区使用)。不过,大半地区连这些软件也没有。

第二,平台硬件建设。在硬件建设上,大部分试点地区在市级或区级社会心理服务平台（或中心）设置了心理测试、咨询、放松、情绪宣泄等区域和设备（详见表2-4）。然而，当服务平台延伸至街道（镇）、社区（村）时，配置通常比较简单，仅包括心理咨询室，条件好一些的会设置放松室。

表 2-4　各试点地区社会心理服务平台硬件建设情况

	BFT	SJZ	SCN	HGS	FXM	JGZ	QJZ	HXP	HMJ	HCS	GLW	DWK
硬件配置												
沙盘		√	√	√			√	√	√			
宣泄设备			√	√			√	√	√			
治疗设备	√	√	√			√	√					
测试设备			√		√		√					
空间配置												
心理咨询室	√	√	√	√	√	√	√			√		
心理测评区				√	√		√			√		
宣泄放松室	√	√	√	√	√	√				√		
社会工作室	√							√				
团体活动室						√	√	√	√			
催眠减压室						√						

第三，平台依托单位。各试点地区最高一级（包括市级或区级）的社会心理服务平台所依托的单位各有不同。有5个试点地区依托当地精神病专科医院或精神卫生中心，3个地区依托心理教育基础较好的中小学校，2个地区依托综治中心，依托卫计局和婚育服务中心的各有1个地区。虽然服务平台依托什么单位是在综合考量了场地、人员、设备等多重现实因素后做出的决定，但是依托单位性质在很大程度上决定了平台的建设性质和方向。因为依托单位不同，其平台建设的软硬件配置、专业人员组成、工作内容侧重点就会有所不同。并且，最高一级服务平台依托单位会直接影响下一级及基层平台的建设方向。以上海市长宁区为例，它的第三级平台设在区精神

卫生中心，工作侧重精神疾病治疗；第二级平台设在社区卫生服务中心精神科门诊，主要接待有心理问题、需要咨询服务的居民，这一级接受第三级平台的指导，同时也向第三级转介需要心理治疗的居民；各街道通过购买服务设立心理咨询点成为整个系统的第一级平台，负责面向广大居民进行宣教和心理疏导。可见，服务平台所依托的单位很大程度上决定了平台的建设性质和方向。

(四)服务对象与服务内容

首先，是重点服务人群及服务内容。中央综治办文件要求社会心理服务体系针对"高危人群、重点人群开展心理援助服务"，并"帮助特殊人群融入社会"。文本分析结果显示，12个试点地区的重点服务人群与文件要求基本一致，包括对社会治安有潜在威胁的重点人群和生活困难的特殊人群两类。重点人群包括：精神障碍患者(9个试点地区提及，后文括号中只标试点地区数目)、社区矫正或服刑人员(7)、吸毒和戒毒人员(6)、信访重点人群(4)、邪教人员(3)、辍学青少年(5)。特殊人群包括：性格孤僻人员(3)、就业困难人员(3)、流浪乞讨人员(1)、外来务工人员(4)、留守人员(4)、空巢老人(1)、流动儿童(1)和失亲家庭(4)等弱势群体。

各试点地区针对重点人群开展的服务内容包括：心理测评(9)、心理介入(包括心理咨询、辅导、疏导、状态研判、危机干预等，合计11个试点地区提及)和转诊治疗(8)等。有6个试点地区还为重点人群建立了心理档案，4个地区提供了个案管理服务，还有3个地区配有应急处置服务。但是这些服务内容基本是医疗领域的、风险防控性质的，目的是预防和减少由心理问题引发的极端案件。

有7个试点地区将政策资源、经济资源、信息资源等各类"资源链接"(如帮助服务对象申请贫困补助、司法救助、介绍工作等)纳入服务内容中，这些服务项目在"风险防控"之外为重点人群和弱势群体提供了融入正常社会生活的条件，有助于从根本上消除其上访、滋事的深层原因，有效地疏导潜在的安定隐患。一些试点地区的服务内容还包括政策宣讲（4）、法制教育（1）、身体检查（1）、生活准备（2）等。

其次是面向公众的服务内容。除重点服务人群外，社会心理服务体系还担负着面向普通公众的心理健康知识宣传和教育工作。由文本分析可见，多数试点地区的服务内容都涉及心理健康状况测评（7）、心理健康知识宣教（9）、心理咨询（8）、心理放松技巧的传授（2），少数地区将此工作与普法工作（2）、政策宣传（1）、纠纷化解（4）、亲职教育（1）等结合在一起。

（五）队伍建设

社会心理服务体系的建设需要大量具备心理学、社会学、社会工作等专业知识的工作队伍，因此各试点地区都着手组建了至少三支队伍：专职队伍、兼职队伍和志愿者队伍。

其中，专职队伍通过政府购买服务进入社会心理服务平台，专门从事平台建设和运行，他们通常有充足的时间、精力从事服务工作，9个试点地区采用了这种方式将"专业的事情交给专业的人去做"。

兼职队伍包括市、区（县）、街道等各级的民政（3）、教育（7）、公检法（9）、妇联（5）、信访（1）等部门工作人员，如各级政法干部、综治维稳干部、中小学教师、民政登记人员、公安民警等。他们在自己的专职工作中会接触到一些重点人群，通常他们会利用社会心理服务平台的资源为工作对象进行心理咨询、情绪疏导和心理测评。此外，12个试点地区的基层社区干部，如片区民警（或驻村民警）、治安主任、妇联主席、残联委员、社区医生（村医）、网格长等因为熟知社情民意且掌握初步心理学知识而被作为基层社会心理服务人员。这支兼职队伍和前述专职队伍是各地社会心理服务平台的一线工作人员。

兼职队伍中还有一个特殊的组成——专家服务团。有2个试点地区通过成立专业协会将当地高校、研究机构、医疗卫生机构中的心理学、精神科专家整合为一个心理服务团队，进驻各级社会心理服务平台，从事专业培训、会商研判、危机干预等工作。

志愿者队伍可区分为两类：一类是心理、精神卫生专业人员，如心理学专业教师（11）、医生（6）、社会工作者（2）等，他们通常会参与心理健康和精神卫生知识的科普宣传、热线电话的接听等志愿服务；另一类是无心理学知识背景但阅历丰富、热心公益的人群（6），如社区"五老"、热心居民等，他们主要协助网格长、社区干部、综治干部进行社情民意的收集、重点服务人群的走访等工作。

许多试点地区都将服务平台专兼职工作人员拥有心理咨询师（7）、社会工作师（5）证书的比例作为衡量队伍专业性的标准，尽力通过教育培训等方式提高工作人员的持证率。

队伍建设不仅体现在人员构成和资质上，还包括对现有队伍的培训。为提高社会心理服务的专业性，许多试点地区对平台工作人员（包括专、兼职人员和志愿者）进行了培训。从培训内容来看，各地以心理学知识（8）和心理咨询师资格考试辅导与培训（7）为主。因为多数试点地区都缺乏专业人员，希望通过培训补齐专业队伍的短板。有些试点地区的文本资料中提到了"心理学知识"的具体所指，大多为心理咨询、心理疏导的技能技巧（5），也有少数地区涉及心理学理论（1）、心理服务伦理（1）、社会心理学（1）、社会学和社会工作（4）方面的专业知识。此外，还有涉及平台运行具体问题的培训（8），如测评系统使用方法的培训、研判案例培训等。

(六)建设效果评估

目前对社会心理服务体系建设效果，没有形成成熟的第三方机构评估制度，也缺乏被广泛接受的、可靠的建设效果专业评估指标。因此，我们主要从各试点地区的总结自评及突出报道的建设示范点两个方面对建设效果进行编码。

首先来看建设示范点的确定。我们所收集的资料中不乏各试点地区接受上级领导、其他地区同行工作检查时进行成果汇报的新闻报道。这些报道集中展示了各地社会心理服务体系建设的自评亮点。其中，4个试点地区呈现的"示范点"是地区最高一级的心理服务中心，这里通常能够体现服务平台最全面的软硬件配置情况、服务覆盖面和平台建设的导向。7个试点地区展示的是社区心理服务站，各类成功的心理服务案例均来自基层服务点，如西平县黄寨社区土地征迁后形成的社区居民自发成立的两个协会。此外，还有来自教育（6）、精神卫生服务机构（3）、民政（1）、法院（2）等部门的典型服务点，如石嘴山市大武口区法院家事审判法庭，杭州市拱墅区心理体验馆，西平县婚育服务中心以及各地心理健康教育突出的中小学。这些示范点在本部门的常规工作中融入心理援助、心理咨询、情绪疏导等服务内容，被认为取得了理想的工作效果。

然后，来分析各地对建设效果的评估指标。中央综治办文件要求每个试点地区"将社会心理服务体系建设工作纳入综治（平安建设）考评内容"，因此各地进行总结和自评时都会提到一些综治考评指标，如"平安建设先进"（3个试点地区）、"综治考评排名"（3）、"公众安全感"（7）、"治安满意度"（2）及各类案件（8）、安全事件（1）、信访事件（3）的发生率等。除此之外，还有两类评估指标：一是重点人群（如刑释人员、吸毒戒毒人员、精神疾病患者等）涉案、涉事数量（3）；二是客观的工作量总结，如讲座场次（4）、测评人数（3）、心理介入服务的人次（包括咨询、疏导、转介等，11）、咨询室数量（6）、心理健康知识知晓率（2）等。这三类指标折射出各地建设工作的目标——维护社会稳定，减少重点人群引发的极端案件，在公众中普及心理健康知识。

四、讨论：各地社会心理服务体系建设的问题与改进

本研究对 12 个试点地区社会心理服务体系建设的实际情况进行
了评估，结果表明，各地的建设工作参差不齐，有些地区工作做的
"较多"（是否"较好"需另论），但也有个别地区基本没有实质推进（从
表 2-4 可见一斑）。更为重要的是，若对照前文所提到的社会心理服
务体系建设三方面的"应然意涵"——内容定位、建设思路、方法价
值，我们发现当前的体系建设存在内容定位"心理健康"倾向严重、
工作思路局限于"风险防控"、社会心理服务与社会治理关系错位等
突出问题。

（一）内容定位"心理健康"倾向严重

根据十九大报告精神，社会心理服务体系建设定位应突出"社
会"和"社会心理"视角，将其看作实现社会"软治理"的手段，帮助解
决全社会面临的普遍性、群体性、涌现性的社会心理问题（辛自强，
2018c）。然而，绝大部分试点地区在内容定位上都表现出明显的"个
体"视角和"心理健康化"倾向，将宏观的社会治理问题错误地还原成
心理咨询室里的个体心理健康问题。这一错误倾向体现在体系建设
的如下三个方面。

第一，平台软硬件配置和人才队伍建设偏重心理疏导和心理咨
询领域。当下各试点地区服务平台的软硬件配置以心理健康测评、
心理咨询、情绪疏导、压力宣泄为主，所执行的功能主要是心理健
康知识的宣传教育、重点人群的心理健康服务。这一内容定位偏差
似乎部分源自国家卫计委等 22 部委发布的《关于加强心理健康服务
的指导意见》的影响。

社会心理服务体系队伍资质和培训内容也体现出这种倾向。一线工作人员所接受的心理学相关知识、工作内容大都是个体心理健康层面的，主要是为服务对象提供心理健康指导、心理咨询和精神疾病治疗等。而许多地区对工作队伍的培训均以取得心理咨询师资格为目标，这也导致工作人员的知识储备始终停留在心理咨询和心理健康层面，很难直接用在服务社会治理上。这一状况与我国心理学专业人才输出和知识输出的严重缺陷有关。无论是心理咨询师、心理治疗师、精神科医生还是接受了心理学专业培训的各领域工作人员，其知识结构的限制往往只允许其承担心理咨询、心理治疗和心理健康知识的普及工作，离"社会心理服务"的应然意涵仍相去甚远。

第二，工作机制、工作模式设计的"心理治疗"和"心理健康"倾向突出。社会心态预警机制、心理疏导机制、危机干预机制等中央综治办文件要求的"规定动作"及精残人员保障制度显然都是利用系统资源对重点人群、特殊人群进行心理疏导、心理治疗的工作模式。而某些地区服务于普通人的"生命全程心理陪伴计划"、服务于学生的"学生心理疏导工程"也是在心理健康层面对个体进行服务的模式。

第三，建设效果的评估凸显"心理健康"倾向。各试点地区在展示建设成果时提到的优秀示范点大多为配备了各种心理测评、心理咨询、情绪疏导与宣泄及行为矫治设备的心理服务中心，心理健康教育基础较好的中小学，以及专门服务于精神疾患的各级卫生服务机构。而这些服务点无论从资源配置还是服务内容来看都着眼于个体心理健康教育或心理疾病治疗，与社会治理中的公共事务没有本质联系。此外，建设效果评估指标中的"心理健康知识讲座场次""心理咨询服务人次""心理健康知识知晓率"等都体现的是心理健康服务的要求。可见，各试点地区大都未能认识到"社会心理服务"与"心理健康服务"的差别，没有正确理解社会心理服务体系建设的内涵。

（二）社会心理服务工作局限于"风险防控"

根据十九大报告精神，社会心理服务体系建设在内容上不应只停留在应对消极社会心态、平复社会群体事件或防御威胁社会稳定的个别群体上，它更应该做到从正面培育良好社会心态，提升国民的幸福感、获得感等积极心理指标（辛自强，2018b）。社会心理服务体系不应该只在"维稳"的范畴下具有社会风险防控的功能，它更应覆盖到社会治理的方方面面，大到社会治理模式的改变（景怀斌，2011），小到社区共同心理建设（辛自强，2016），从政策制定的心理后果预期（陈雪峰，2018b）到社区事务的共商共治（刘敏岚，邓荟，2018）均应包括。然而，12个试点地区的工作更偏重对消极事件的防控、负面心态的防御。这一点体现在组织架构、工作机制、重点服务对象、建设效果评估四个方面。

第一，在组织架构上，"综治牵头"缩小了服务对象和服务内容，给建设工作打上了"风险防控"烙印。综治办的职责本就是维持治安稳定。这就决定了该项建设工作的最初定位，即消除危害治安和社会稳定的潜在因素，如精神疾病患者肇事涉案、违规上访、吸毒人员涉案、戒毒人员复吸、社区矫正和刑释人员再次犯罪等，因此，其所出台的建设方案、建设标准等都必然将重点放在对这些重点人员的监控、心理疏导和心理干预上。

第二，工作机制大多针对消极事件，跟进的干预措施也是风险防控性质的。部分试点地区建立的社会心态预警机制、心理疏导机制、危机干预机制、矛盾纠纷排查机制和民情走访调查等均是为了及时发现消极、负面的社会心态或有可能危害治安的、引起群众上访的事件，而正面心态培育或心理建设方面的工作模式和机制则鲜有提出。

第三，平台重点服务对象定位折射体系建设的风险防控功能。

多数试点地区将上访户、精神疾病患者、社区矫治人员、刑释人员以及矛盾突出、生活失意及性格偏执人员作为重点服务对象。这一定位导致社会心理服务体系的内涵和功能"缩水"，把本应以创新社会治理、提升大众福祉为主的社会心理服务变成了专门针对特殊人群的心理干预和劝解疏导，成为防控社会风险的一个新手段。

第四，建设效果的评估指标多为消极事件的降低率。从文本分析可以看出，各试点地区评估指标中半数以上都是重点人群肇事涉案率的降低、报警率降低。不可否认，良好的社会治安是各项建设工作开展的必要前提，理应是社会心理服务体系建设的内容之一，但是社会治理不能仅停留在"维护稳定""风险防控"方面，更应该有一些积极的作为，如促进社区共同心理的形成，提升政府部门公信力，提高窗口服务单位客户友好度等。

(三)社会心理服务与社会治理关系错位

社会心理服务体系建设作为我国社会治理现代化的重要手段，致力于遵循人类心理行为规律改善社会治理的方式，善于通过"软治理"和"技术治理"实现社会的善治（辛自强，2018a）。然而，几乎所有试点地区均没有充分认识到社会心理服务体系建设的目的之一，是引导政府自身创新社会治理方式，学会"由心而治"。

要强调的是，"由心而治"只是强调按照心理学规律开展社会治理（此外，还要遵循经济的、政治的等其他方面的规律），这是在方法论意义上使用心理学知识。它绝不意味着要将社会问题的解决划归到个体心理健康问题的解决上去，也不能只改变人们的认识而不做改善社会现实的努力。

反观当下现状，我们发现试点地区普遍存在社会心理服务与社会治理关系错位的问题。这种错位有两种表现：一种是将社会心理服务当作社会治理的前提，认为社会心理服务的任务是提升公众心理素养，为社会治理各项措施的顺利实施提供良性的心理基础（黎昕，2018；刘敏岚，邓荟，2018）；另一种是过分夸大了社会心理服务的作用，将治理中面临的实际社会问题"心理化"，把心理咨询、心理健康教育作为解决问题、化解矛盾的根本途径。

第一种错位直接导致前文所述的大部分试点地区建设工作存在严重的"心理健康"倾向。各地都对公众及各类群体开展大量心理健康知识讲座，并将其看作服务体系建设的重要内容，就是这种关系错位的表现。

第二种错位表现在对重点人群的服务内容上。许多试点地区将心理咨询、情绪疏导、转诊治疗、应急处置等心理干预手段作为针对重点人群的主要服务内容，却没有去挖掘和解决导致他们出现心态失衡、生活失意、行为失常的客观原因。这也导致一些社会心理服务措施"治标不治本"。只有少数试点地区注意到要将心理支持与实际援助相结合，为重点人群提供了经济支持、法律政策支持、就业信息支持以及多种资源的链接。这类服务项目将服务对象短期的心理困扰和长期的社会融入问题结合起来，才能真正帮助他们回归正常生活，从根本上消除危害社会稳定的隐患。

（四）小结与建议

从中央综治办确定的 12 个建设试点地区的情况来看（它们本应是全国的样板），我国社会心理服务体系建设工作的"实然状况"与"应然意涵"存在较大差距，当下的建设实践主要停留在心理健康服务和社会风险防控层面，无论是在建设内容定位、建设思路，还是"社会心理服务"与"社会治理"的关系处理上都有较大的改进空间。造成这种差距的原因包括主管部门对政策理解的偏差、学术层面理论研究的匮乏，以及基层建设单位执行和创新能力的不足。因此，建议今后在官方政策文件的制定上要统一认识，不要出现文件"打架"的情况；学术层面应加强理论研究，在建设实践中起到应有的引领作用；对于地方出现的创新性服务模式给予充分尊重，概括提炼其建设经验，进行全国推广。

第三章　社会心态培育

解决各种宏观社会心理问题，如培育良好社会心态，应对心理变迁的不良趋势，是社会治理的对象和内容之一，更是心理建设的首要任务，我国的社会心理服务体系建设为完成这一任务提供了制度手段保障。本章首先基于研究资料确定我国的社会心态现状，然后阐述社会心态的培育思路，最后分析各类人群的心理变迁趋势并提出应对之策。

第一节　社会心态的内涵与现状

学术界对社会心态的研究在心理学发展的早期就开始了，各国政府也高度重视社会心态问题，因为社会心态是否和谐关乎民心向背与政权稳定。正确理解社会心态的内涵和结构，准确把握我国当前社会心态的现状及其历史变迁趋势是开展社会心态培育的前提。

一、学界和国家高度重视社会心态问题

(一)社会心态研究简史

学界对社会心态的研究由来已久。据考证,英语的"心态"(mentality)一词出现在 17 世纪,这个词后来进入法语,并得到广泛使用,用以指代集体的心理状态(徐浩,1992)。在 19 世纪中后期,受到法国大革命这一历史事件的影响,欧洲社会心理学家开始纷纷关注"具有无可匹敌的力量,令人畏惧的"群体心理。例如,法国学者勒庞(G. Le Bon,1841—1931)1895 年所著的《乌合之众》一书就刻画了当个人聚集成群体时的心理变化。勒庞发现,个人在群体中会丧失理性,思想情感受到他人暗示和传染而变得极端狂热,失去自控并肆无忌惮地做出各种过激行为(勒庞,1895/2007)。到 20 世纪 20 年代末,受到涂尔干和勒庞等法国早期社会学家或社会心理学家影响的年鉴学派(历史学的一个学派,它确立的标志是 1929 年创刊的《经济社会史年鉴》)创立了专门的"心态史学"。心态史学运用心理学方法考察历史上各类人物以及各种社会集团、各种阶层的精神状态或心态,并分析其对历史进程的影响。心态史学将群体共有的意识观念、信仰和社会文化纳入研究范围,认为心理的集体特征、某个群体和民族的特殊思想和感知方式不同于官方的意识形态(杨宜音,2006;周晓虹,2014),值得专门研究。心态史研究的是社会、群体或某个阶层的心理,即使研究的对象是一个人,但探讨的却是与这个人同时期、同文化的人所共有的心态(余安邦,1996)。

社会心态是一种群体现象,并不等于个体心理现象的加和,它是某一时代人们的世界观或对世界的想象(王俊秀,2014)。社会心态属于社会心理学的研究范畴,它的研究必然受到社会心理学学科

本身研究主题与范式变化的影响。自勒庞以来，法国的群体心理学以及德国的民族心理学都对欧洲的社会心理学研究传统产生了深刻影响。这一传统使欧洲社会心理学始终具有"社会"的性质，即以社会群体为分析单位，关注群体而非个体的心理。但在 20 世纪的大部分时间里，以美国的奥尔波特（G. Allport，1897—1967）为代表的实验社会心理学成为主流社会心理学，欧洲的群体心理学被边缘化。在 1968 年使欧美社会处于激烈动荡中的青年大造反运动以及"反战运动"，使研究者开始意识到以个体主义为主导的实验社会心理学研究与社会现实之间出现了断裂，他们的研究结果难以应用于解决社会实际问题，在这一背景下，研究者的注意力再次转向了群体心理（周晓虹，2014），而社会心态作为社会心理的一部分也再次受到了研究者的关注。在美国的实验社会心理学大行其道的时候，欧洲的群体心理学则处于蛰伏状态，到 20 世纪 70 至 80 年代在欧洲发展起来的社会认同理论、社会表征理论等复兴了这种群体心理学的传统，推动了社会心态的研究。

在中国当代急剧的社会变迁背景下，社会心态这一社会心理的"晴雨表"也得到了研究者持续的关注。我国对社会心态的研究是从 20 世纪 80 年代中期开始的，截至目前发表的有关社会心态的文章有数千篇之多。这一研究历史可以划分为三个阶段（王俊秀，2017）：第一个阶段是从 1986 年到 1995 年，是社会心态研究的起步阶段，这一阶段的文献数量不多，主要是对经济改革和社会变迁背景下社会心态的一些直观描述，偶有少量调查研究，研究者的学科背景非常多样化，包括政治学、经济学、文学等。第二个阶段是从 1996 年到 2005 年，是社会心态研究的积累阶段，虽然在研究成果的数量上比第一个阶段有所增加，研究的领域有所扩大，但整体上看，这个阶段并没有突破性的研究成果，缺乏深入的理论建构和大规模调查。第三个阶段是从 2006 年至今，这是社会心态研究的快速发展期，这一阶段每年社会心态相关研究的数量成倍地增加，理论探索逐步深入，研究领域日益广泛，研究队伍不断壮大。

(二)社会心态是社会治理的重要内容

我国学术界对社会心态的研究之所以能在第三阶段进入快速发展期，主要得益于国家的重视。2006 年 10 月，《中共中央关于构建社会主义和谐社会若干重大问题的决定》中提出，要塑造"自尊自信、理性平和、积极向上的社会心态"。此后，在一系列政策文件中，反复强调良好社会心态培育的重要性。在 2011 年的"两会上"，"社会心态"被写入"十二五"规划，强调要"培育奋发进取、理性平和、开放包容的社会心态"。随后《人民日报》评论部连发了 5 篇题为"关注社会心态"的系列文章，明确提出"心态培育，是执政者的一道考题"。十八大将培育积极的社会心态上升到和谐社会治理的高度；十九大更是明确提出"加强社会心理服务体系建设，培育自尊自信、理性平和、积极向上的社会心态"。

国家如此重视社会心态及其研究，首先是因为社会心态是社会稳定的指示器，是社会预警机制的主要观测指标。一方面，社会心态是社会结构和社会变迁的表达，它折射出社会转型过程中整个社会的价值取向和社会共识性的变化。另一方面，社会的稳定有赖于社会心态的健康，而社会心态研究可以及时了解社会心态及其背后社会运行的现状，从而在社会心态失衡时，及时发出预警信号。随着我国社会的急剧变迁，社会心态正在发生迅速而复杂的变化，这种变化反过来对个体、组织、社会和制度都有很大的影响。因此，要加强社会心态监测，了解社会心态现状，解决社会心态问题，以维持社会稳定并推动社会高效正常地运行。

此外，社会心态不仅对社会稳定，对其他各个系统的运行都有重要影响。在我国，一些负面社会心态问题、关键心理指标的恶化趋势等，已经在损害人民福祉，甚至削弱了经济发展动力。这里以社会信任和经济发展的关系为例，说明社会心态对经济发展的普遍性影响。世界银行专家对 29 个市场经济体的研究发现，人们之间的信任水平每提高 1 个标准单位会带来 1.15% 的经济增长（Knack & Keefer，1997）。因为对他人或陌生人的信任，是开展商业贸易的前提，"信任圈"缩小，意味着经济活动减少，交易成本增加。我们的研究显示，我国大学生信任水平不断下降：信任分数 1998 年为 80 分，到 2011 年降为 71 分，下降幅度超过 1 个标准单位（Xin & Xin，2017）。信任是双向的，大学生信任水平的下降意味着他人和社会变得不再那么值得信任，社会信任在衰落。信任，是经济发展的动力之一，社会信任的下滑或许是当前经济发展速度放缓的重要原因之一（Xin & Xin，2017）。因此，国家有必要将社会心态培育纳入社会建设和社会治理的对象范畴，培育健康的社会心态，促进社会和谐与经济可持续发展。

二、社会心态的内涵与结构

（一）社会心态的概念界定

关于"社会心态"（social mentality），许多研究缺乏清晰的概念界定，并将其与"民意""国民心态"和"社会心理"等概念相混淆，而一些相对严谨的界定，其侧重点也各有不同。

例如，杨宜音（2006）将社会心态定义为一段时间内弥散在整个社会或某类群体类别中的宏观社会心境状态，是整个社会的情绪基调、社会共识和社会价值观的总和，它反映了个人与社会之间相互建构而形成的最为宏观的心理关系。这一界定注重了社会心态的宏观性特征，即它不是个体的社会心理，而是超越个体的宏观社会心理现象。

马广海(2008)将社会心态定义为与特定的社会运行状况或重大的社会变迁过程相联系的，在一定时期内广泛地存在于各类社会群体内的情绪、情感、社会认知、行为意向和价值取向的总和。这一定义强调社会心态是社会心理的动态构成部分，是社会变迁和社会历史事件的心理反映，它具有即时性、动态性、直接性等特征。他认为，一个社会或民族的宏观社会心理包括相对稳定的部分和动态变化的部分，社会心态研究主要关注宏观社会心理中动态变化的部分。

这两个定义在社会心态研究中得到较为广泛的认可，二者分别强调了社会心态的宏观性和动态性特征。后来有学者强调了社会心态的第三个特征——突生性(emergency)。突生性，也可称为"涌现性"，它指系统层面突然出现的超越要素的属性。社会心态的突生性是指社会心态虽然源自个体心理，但它并不等同于个人意识或心理的综合，而是新生成的、具有本身特质和功能的心理现象(周晓虹，2014)。

综合上述三个定义，社会心态可以被定义为在社会变迁过程中，一段时间内广泛地存在于整个社会和各类社会群体中的由社会情绪、社会认知、社会价值观和行为意向构成的宏观的、动态的、突生的社会心理态势。

(二)社会心态的结构

对于社会心态的结构，不同的学者也有着或宽或窄的界定。杨宜音(2006)认为，社会心态的心理层次由表及里可分为社会的情绪基调、社会认知和社会价值观三部分；马广海(2008)认为，社会心态由社会情绪、社会认知、社会价值观和社会行为意向构成；而王俊秀(2014)则认为，社会心态由社会需要、社会情绪、社会认知、社会价值观和社会行为意向五个方面构成。综合这些观点，学者们较为达成共识的是如下四个成分：社会情绪、社会认知、社会价值观和社会行为意向。

第一，社会情绪。社会情绪是社会心态中的感情性成分，它是指在某一社会环境下，社会成员所共享的对于某些社会现象和社会事件的情绪体验（蓝刚，蒲瑶，2016），它不等同于个体情绪的总和，而是个体间、群体内以及群体间互动和相互影响下形成的情感氛围。而且，有些社会情绪还会逐渐形成较为内在的、持续的、稳定的社会情感（王俊秀，2013）。

如个体情绪一样，社会情绪也存在积极情绪和消极情绪，它体现了社会成员对某些社会事件和社会现状满意与否。具体来说"万众一心"和"群情振奋"等描述体现的是积极社会情绪，而"仇富""相对剥夺感""社会焦虑"等描述展现了消极社会情绪。社会情绪的积极和消极维度体现了社会情绪的调节和信号作用，积极的社会情绪有助于调节社会心态，消极社会情绪可以反映当下社会亟待解决的问题。例如，有研究发现，改革开放后我国社会情绪从嫉妒逐步转变为怨恨，在改革开放初期，"先富带后富"的政策使嫉妒成为社会情绪基调，这一情绪推动了社会竞争，为经济发展带来了一定的促进作用，但随着贫富差距的扩大、社会流动受阻和社会阶层的固化，怨恨取代嫉妒成为一种主导性的消极社会情绪，这一社会情绪体现了社会心态的失衡，并逐渐形成了对富裕社会阶层的消极刻板印象，给社会良性运转带来了巨大压力（成伯清，2009；马广海，2012）。

第二，社会认知。社会认知是形成社会心态的认识基础。如社会情绪一样，这里所指的社会认知并非个体层面上对他人行为、感受和想法的知觉和推断（Spreng & Andrews-Hanna，2015），而是指社会成员对于某一社会现象或社会现状较为一致的认识和理解，强调认知的社会性（马广海，2008）。

社会认知的核心部分是社会共识。社会共识是指"社会成员对于某一社会心态对象所形成的某种共识"（马广海，2008），它体现了认知层面的一致性。它是一种社会表征的过程，人们通过人际互动、群体内和群体间的互动形成各种社会表征，而个人经验和媒体也会影响这种表征的形成，最终在这些因素共同作用下形成共识性的社会表征（王俊秀，2013）。前文所说的"民意"就是社会共识的一种体现。

如果说社会情绪是社会心态的"助推器"，那么社会认知就是社会心态的"基石"，没有社会认知，社会心态就难以形成。研究发现，各社会阶层对贫富差距和冲突具有社会共识（李培林，2005；龙书芹，2010）。这一结果与社会情绪中的"仇富"情绪共同构成了贫富差距背景下的社会心态失衡。但是我们除了要关注社会共识是什么，还要关注它是如何形成的，这样才能帮助我们更好地疏导畸形的社会心态。

第三，社会价值观。价值观是人们关于事物重要性的观念，是依据客体对主体的重要性对客体进行价值评判和选择的标准（金盛华，郑建君，辛志勇，2009）。在社会心态中，社会价值观所指代的是"社会的价值观"，它如社会情绪和社会认知一样，是被社会成员普遍接受的一种价值观。

"社会的价值观"（societal values）不同于"社会性价值观"（social values），虽然这两者通常都被简称为"社会价值观"（杨宜音，1998）。首先社会性价值观是个体价值体系中"社会性"的部分，例如价值取向理论的社会取向（王晓钧，张文慧，王海平，2012），它展现了个体与他人关系的建构（Beggan & Allison，1994），但这种价值观仍然是个体层面的。而"社会的价值观"是由杨中芳（1994）提出的，是指隐含在社会结构及制度之内的一套价值，这套价值的持有使现有的社会架构得以保持，它展现了社会层面的价值观，而这套价值体系给社会成员提供了富有意义的生活目标，给予了社会成员一套行为准则，并通过社会规范、社会奖惩和社会控制等外在压力及社会价值内化等内在压力使社会成员遵循这套价值体系，以确保社会的稳定及正常运作。反之，如果社会本身不能提供一种整合性的价值观和意义感，那么，发生任何极端个人事件或集体事件都将是难以避免的（汪新建，吕小康，2011）。

社会的价值观会随着社会经济的发展不断变化。有研究通过比较已出版著作中价值观词汇频率的变化发现，随着城镇化、经济的发展和教育的普及，中国人的集体主义价值观在减弱，而个体主义价值观则在增强（Zeng & Greenfield，2015）；关于物质主义的研究也发现，当前物质主义价值观在我国日渐盛行（Bai，1998；Jin，2002；Podoshen，Li，& Zhang，2011）；其他研究表明，青年人的"性贞洁"观念和"传宗接代"的观念有所淡化（王俊秀，2013），传统价值观受到冲击，价值观变得更为多元（史娜，2010；周晓虹，2009）。

第四，社会行为意向。社会心态的最后一个成分是社会行为意向，它是社会心态构成中的行为成分，是社会心态最直接的表现（马广海，2008）。但它不等同于行为本身，而是行为的准备状态，展现了某种群体行动的倾向。社会行为意向会受到上述三种社会心态成分的影响，具体来说，社会价值观会影响社会认知并引发相应的社会情绪，在三者的相互作用过程中，社会共识、社会主导情绪和社会核心价值观念得以建立，而这三个社会心态的核心成分又会影响社会行为和行为意向（杨宜音，2006），即这三个社会心态成分共同决定了社会行为意向。

现有关于社会心态中社会行为意向的研究主要是关于群体性事件的研究。例如，有研究通过"石首事件"等"向政府泄愤的"群体性事件来分析我国现阶段社会心态存在的问题，发现我国存在盲目从众、安全焦虑和个人英雄主义等社会心态问题（李伟南，陈玉梅，2010）；还有研究通过分析群体性事件频发的原因发现我国当下存在由社会不公引发的社会心态失衡，如社会不同阶层的冲突认知和泄愤情绪等消极社会心态，以及对政府等公共部门的信任缺失（马广海，2012）。如果说社会心态是"渗透性"的，影响社会生活的方方面面，那么这些社会行为意向决定的群体性事件就是"爆发性"的，对社会正常运转具有严重的破坏性，认识和疏导社会心态失衡可以减少群体性事件的发生，维持社会功能的正常运作。

三、当前我国社会心态特点

（一）当前我国社会心态总体态势良好

综合各种研究资料和我们的理论分析，对我国当前社会心态总体态势的研判是：总体上是积极的、健康的（辛自强，2019b）。表现如下。

第一，广大人民对党中央和中央政府的信任度较高。随着从严治党、反腐力度的加强，这种信任度有所提升，民意基础进一步巩固。民众对各类社会现实问题的解决充满积极期待，相信党和政府有决心、有能力解决好问题。

第二，对已有成就充满自豪感，对未来发展持乐观预期。人民对中华人民共和国成立以来，尤其是改革开放以来取得的伟大成就，特别是对经济发展、民生改善、国际地位提升都是满意的、自豪的；对未来经济社会发展持乐观预期，对实现中华民族伟大复兴充满信心。

第三，社会价值观务实理性，进取精神不减。当前的社会价值观呈现务实、实用的特点，更容易产生理性的行动，而非偏激的行为；虽然民众利益诉求多元化，但整体而言，追求上进、自我提升和自我实现的进取精神依然充沛，这是经济社会持续发展的动力基础。

第四，群际关系相对和谐，集群行动风险可控。虽然存在一定的社会矛盾和群体性事件，但参与者尚无明确的阶级和阶层认同，集群行动主要是表达经济诉求，希望惩恶扬善，并无明确的政治诉求（于建嵘，2009），社会风险尚且可控。

（二）某些社会心态问题值得关注

社会心态是当下民众整体的、弥散性的社会情绪、社会认知、社会价值观及社会行为意向的综合体，在其中的一些方面存在这样或那样的消极问题（辛自强，2019b）。

第一，与财富和收入分配差距有关，相对剥夺感和怨恨情绪突出。我国城乡之间、行业之间、社会阶层之间财富和收入差距依然较大，与此有关的是弥漫在公众心里的"相对剥夺感"和"仇富"情绪，以及对富裕群体的消极刻板印象（如为富不仁和奢侈腐化）（马广海，2012）。网络上的一些流行语，实际上就表达了这种情绪和刻板印象。"你无法用钱买到幸福，因为你没有钱""像我这种连名牌都不认识几个的人，有时候连别人在炫富都感觉不到""你以为有钱人很快乐吗？他们的快乐你根本想象不到""条条大路通罗马，而有些人就生在罗马""灰姑娘嫁给了王子，是因为她本身就是公爵的女儿""不要看别人表面上一帆风顺，实际上，他们背地里也是一帆风顺"……这些流行语表达了一些人对社会利益分配不均和难以打破的阶层壁垒的不满，以及对社会公平的质疑与消极态度（董扣艳，2017）。

第二，与优质教育资源、医疗资源、就业机会的稀缺有关，社会焦虑与心理压力弥漫。例如，由于优质教育资源的稀缺，择校成为广大中小学生及其家长经常要面对的压力事件，在这一背景下，各种辅导班盛行（如奥数班），额外的校外教育成为择校工具，正常学校教育的作用受到干扰，总体而言，教育的本质（培养人）有被教育市场不断异化的苗头，而广大家长则在择校压力和教育异化的两难中纠结、焦虑。不仅教育，就业、医疗这些民生刚需，也是很多社会群体的主要压力源。大学生就业率整体上比较低迷，一些专业的大学生一毕业就面临失业风险；看病难、看病贵，对于一些罹患重大疾病的个体和家庭都是无法忍受的重负。

第三，对物质财富的追求，延宕为泛化的物质主义价值观。最近几十年一直鼓励人们对物质和财富的合理追求，这极大地激发了人们的工作动力。今天人们虽然衣食无忧、物质生活富足，但有些人对物质和财富的迷恋，或者"拜物教"心态，已经形成一种"滞后存在"的惯习，并泛化为一种不断加强的物质主义价值观（Podoshen et al.，2011）。另外，伴随市场化、现代化进程中对竞争的鼓励，对个体利益的追求，人们的集体主义价值观在减弱，而个体主义价值观在增强（Zeng & Greenfield，2015）；类似地，其他一些积极的价值观，如诚信、友善则均受到冲击，社会信任下滑（辛自强，周正，2012）。

第四，与总体性社会控制、刚性维稳有关，社会氛围的紧张度提升。在国家与个人关系上，国家具有强大的总体控制力，加之刚性维稳、运动式社会动员的强化，社会政治生活有较高的紧张度，民众甚至公务人员的心理压力都较高，不安全感、被动感、弱势心态较为突出。人民论坛问卷调查中心开展的一项调查显示：在受访的党政干部中，认为自己是"弱势群体"的达 45.1%；公司白领、知识分子选择此项的比例分别达 57.8%、55.4%（转引自刘璐，谢耘耕，2018）。似乎无论哪个阶层和群体，都有约半数的人认为自己属于"弱势群体"，而这些群体本应该是社会阶层中的优势群体。这种弱势感与无力感的普遍存在有其政治和社会根源，值得关注。此外，近几年，食品安全、药品安全、公共安全、财产安全、信息安全问题不断显现，导致公众的安全感持续走低（刘璐，谢耘耕，2018）。

上述问题，我们只是择要列举。在日常生活、群体性事件、网络舆论中，还折射出其他各种社会心态和社会行为问题，如人际冷漠、行为失范等，不逐一罗列。

第二节　社会心态的培育策略

对社会心态的培育，有一些基本的原则必须被认识到：一是要以社会现实及其想象方式的改造为本；二是要从社会心态的形成机制入手来寻求破解之道。要系统开展社会心态培育，可能还要在更广泛的意义上加强心理建设的顶层设计，并研发和落实一系列专项心理建设工程。

一、社会心态培育以社会现实及社会想象方式的改造为本

费孝通（1993）晚年指出对中国社会的研究要关注生态和心态两个层次。生态层次大致属于社会结构或社会现实本身，而心态层次是对社会现实加以认知的结果。随着社会结构的转型，人们认知和想象（社会学家称之为"社会想象"）社会现实的方式或模式会发生变化，从而形成新的社会心态。有学者指出，我国四十年改革开放带来的社会想象的嬗变，沿着时间、空间和关系三个维度展开：即时间感知、空间观念与关联思维（肖莉娜，何雪松，2019）。我曾借鉴这一观点进行发挥和阐述（辛自强，2019b）。

首先，改革开放后，逐渐形成了以"速度"为中心的时间感知模式。这期间，整个社会呈现加速发展态势，人们见证了基础设施建

设的加速、科技发展的加速、社会变迁的加速和生活步调的加速。从深圳提出"时间就是金钱，效率就是生命"，到很多城市建设所追求的"一年一变样，三年大变样"，再到GDP的迅速增长、房价的快速上涨以及互联网和高铁的不断提速，所有这些社会现实都让人们的时间敏感度在提升，一切工作都要追求速度。这背后实际上是我们国家作为后发型国家的"追赶型心态"（如中华人民共和国成立后提出的"超英赶美"）。其他国家用更漫长的时间实现的工业化、城市化、市场化、现代化，我们都要挤压到更短的时间范围内实现。不仅国家之间在竞速，国家目标会延伸至社会的各个层面，引发社会不同群体、不同成员之间的竞速，这种速度追求，或者说效率追求，带来"时不我待"的紧迫感、"与时俱进"的使命感。这种以"速度"为中心的时间感知模式带来了积极、向上、进取的社会心态，但也伴随着负面的社会心态。例如，在追求速度的过程中会产生急躁和浮躁情绪；凡事总要力图赶上发展的快节奏，而出现害怕落后、唯恐错过机会的普遍焦虑；现代化等"多化叠加"带来人们社会适应的茫然和压力；随社会秩序迅速演进，传统价值观衰落而新型价值观不彰会引发价值迷失和人生方向失焦。凡此种种，皆是"追赶型心态"的表现。

其次，空间表征呈现出从"简单结构"到"不断分化"，从"稳定"到"流动"的改变。从物理空间来看，改革开放前的城乡二元结构在户籍制的限定下就表现出深刻的社会和政治意涵，而随着改革的深入，城市与乡村各自内部相对均质的结构进一步分化；不仅城市和乡村的差异，国土的东中西以及南北等不同的区域、平原和山区、中心和边陲都在每一次的改革中面临不同的发展机遇，从而给人们带来人生际遇的差异。举例来说，在一个城市，城市中心的功能配置和社会服务往往优于城乡接合部，但为新建城区而做的拆迁改造往往发生在原先的城乡接合部，从而给居住在城市边缘的人们带来了新的财富和改变人生轨迹的可能。除了物理空间，更重要的是社会空间，即社会阶层，它也在从简单结构走向不断的分化，原来的工农两大阶级，分化成了十大阶层，乃至更多阶层。物理和社会空间结构的分化伴随的是利益格局、资源分配、发展机会的差异，从而诱发了社会流动。在改革开放后，人们在空间结构中的位置不再稳定和固定，而出现了更频繁的变动和流动。就物理空间而言，城市化、信息化和经济全球化推动着人口、信息、资本和技术在城乡之间、地区之间、国家之间、行业之间不断流动、迁移、分散与聚集。就社会空间而言，在职业和阶层上的社会流动总体上依然趋于强劲；虽然，近年有人在争论"阶层固化"，所谓"固化"只是向上流动的可能在减小，但向下坠落的风险却有增无减。物理和社会空间结构不断分化、社会流动不断加剧的客观现实带来了人们认知现实的方式的变化：表征到空间结构的分化及其后果，从而主动寻求流动。人们从眷恋故土、安土重迁逐渐转变到走出家园，寻找新的发展机遇；从忠于职业岗位以求有序晋升，到学会在不断跳槽中寻求自我价值；深刻体验到社会分层的后果，从而不断寻求向上流动的阶梯，避免阶层下坠的危险。当前社会心态的诸种特点，多源自这种对空间"分化"和"流动"的表征。就积极方面而言，对资源、利益和机会的分布在结构上存在不均这一现实的认知，是个体人生梦想的来源，是推动其自我奋斗的动力；向上流动的成功，也就是人生成就感、价值感、幸福感所在。这种空间表征的消极方面也必然存在。社会资源分布的不均，就会让很多人产生相对剥夺感、不公平感、失落感；人口的空间流动带来了不确定感、不安全感、陌生感；向上流动的失败，会积累挫折感和愤怒情绪；阶层下坠的焦虑，正是当下不断升温的择校热、报班热的心理根源。

最后，人与人之间的关联思维发生了从"群体取向"到"个体取向"的改变。传统的家族、村落以及城市中的单位式社区（大院）这类生活共同体的存在是以血缘、地缘、业缘等为维系纽带的，然而近几十年来对速度的追求，社会结构分化和社会流动的加剧，在不断冲击人与人的关系，瓦解这些生活共同体。人们的集体取向、人与人之间的有机联结都在衰落，而代之以个体主义、原子化的生存方式。相应的社会秩序，从礼俗秩序逐渐转为法律秩序。人不再直接对他人负责，也不需要像原来那样绝对忠诚于特定的群体，而是要对法律制度规定的个人权利义务负责，也就是对个人利益负责。不仅是法治化，还有市场化，也催生人们成为个人利益的主体，人成了为个人利益算计的"经济人"，成了善于计算、精于选择的"理性人"。在这样的社会现实面前，人们思考人与人关系的方式，也从群体取向转换到个体取向。法治化积极之处在于用制度去管理每个原子化的个体，以法律面前人人平等的名义，抹去了个体的差异性，做到了去人格化，让社会管理不为伦理纲常和差序格局所累；市场化的积极之处在于用价格和利益交换赋予万事万物统一尺度和交易规则，而无关感情、道德、灵魂和信仰，无关主体的意义世界。总之，法治化和市场化所隐含的个体主义假定，是现代社会简化、统一"人的管理"的有效前提。然而，它们也带来了负面的社会心态，如日益强化的物质主义和精致的利己主义价值观，他人取向与人际联结的持续衰落，社会信任与人际支持的不断弱化，道德情操与公序良俗的反复失守。人类学家阎云翔（2006，p.5）在对东北地区某个农村进行长期的田野调查后发现，"走出祖荫的个人似乎并没有获得真正独立、自立、自主的个性。恰恰相反，摆脱了传统伦理束缚的个人往往表现出一种极端功利化的自我中心取向，在一味伸张个人权利的同时拒绝履行自己的义务，在依靠他人支持的情况下满足自己的物质欲望"。这一描述实际上是当前社会心态问题的一个缩影。

综上所述，我国当前社会心态的特点，无论是积极面还是消极面，均是社会现实的反映，不过这种反映是通过人们对社会现实（社会结构、社会变迁)的认知和想象方式作为中介的。概括而言，人们以"速度"为中心的时间感知、以"分化""流动"为中心的空间表征和以"个体取向"为中心的人际关联思维，可以更直接地解释当前纷繁芜杂的社会心态表现。简言之，我们要从社会现实根源以及人们对此的社会想象中去寻找社会心态的前因，从而决定如何更好地培育社会心态。

社会心态的培育首先要从社会现实的改善着手。心理和心态都是社会现实的反映。各种社会心态与心理变迁问题的存在，大都有相应的社会现实根源，这些心理层面问题的根本解决有赖于作为其基础的现实问题的解决。例如，民众相对剥夺感的减缓，有赖于财富与收入分配差距的缩小；家长对子女择校焦虑的消除，则有赖于教育资源配置的均衡化以及向上流动渠道的打通。

其次，社会心态的培育要以社会想象方式的重塑为统领。所谓纲举目张、提纲挈领，社会心态培育的纲领所在应该是社会想象方式。我认为，要在国家层面适当调整社会想象方式（辛自强，2019b），具体而言，包括如下几点。

一是要从以"速度"为中心的时间感知，转换为"速度"与"品质"兼顾的感知方式。在发展模式上，不可能一味追求高速度增长，也不能一味改革而不做积淀。当前强调高品质发展、强调守正创新，就是适应新时代要求的积极转换。速度和体量的增加都是解决外延问题，而品质才是内涵问题，内外兼顾的事物感知方式，必然有利于今后良好社会心态的形成。

二是在空间表征上要从"分化"向"和合"转化。之前几十年的改革开放主要是做"分"的工作，通过制造分化的结构，打破一潭死水，点燃创富热情和社会活力。农村的包产到户、国有企业的改革都是要打破大锅饭，鼓励多劳多得；沿海开放、沿边开放、西部开发、中部崛起、东北振兴均是根据地域空间差异分别施策；地方竞赛式的经济发展模式，是在引入地区竞争机制，以确定地方政府绩效；由来已久的城乡分治，是为了保证以城市为中心的工业化和现代化进程。如上所述，这种"分化"虽然带来了发展的动力，但也造成了大量负面的社会问题和社会心态问题。而"和谐社会""城乡统筹""区域协同""大城市群建设""'一带一路'倡议""人类命运共同体"等崭新发展理念的提出，就是在纠正过去强调"分化"的偏差，体现"和合"精神，"和合"也可以带来新的机遇，产生创新的动力，推动变革和发展。在分分合合之中，历史不断前进，人们的社会心态也会因此而重新形塑。

三是在人与人的关系上要建立"群己"兼顾的模式。个体取向与群体取向、利己与利群、经济人与社会人均应是社会推崇的价值观和人性观，它们是一个维度的两端，不可偏废。一方面，我们要接受法治化和市场化对个体价值和作用的认定；另一方面，我们要弘扬国家认同，挖掘传统的伦理观和群体观，推广现代公益理念和契约精神，以此来校正狭隘的个体主义。

这里要进一步指出的是，社会想象不仅涉及方式问题，还有内容问题。我们所制定的小康社会、中国梦、共产主义社会就是一种最美好的社会想象，其内容为当前或某一历史阶段的社会行动赋予了无比巨大的意义感和价值感。人类最大的优势是对未来的想象力，是对美好前景的想象指引了当下的行动方向，赋予了行动的动力。

正如费孝通（1993，p. 21）所言，我们"必须建立的新秩序不仅需要一个能保证人类继续生存下去的公正的生态格局，而且还需要一个所有人均能遂生乐业、发扬人生价值的心态秩序"。我国当前的改革正在改善现实的社会生态结构，以及主观的心态秩序。社会想象和社会心态虽然都是主观层面的，但它们有着强大的精神力量，会对社会现实产生反作用。

二、社会心态培育要从社会心态的形成机制切入

社会心态是存在于群体层面的心理特征，若从自下而上或从个体至群体的角度来看，阐明社会心态的形成机制，就要阐明个体心理如何汇聚融合并在群体层面生成群体成员共享的心理特征。杨宜音(2012)从社会卷入和社会关联的角度介绍了个体心理汇聚融合为社会心态的形成机制。她认为个体卷入社会，或与社会建立关联的过程，包括如下四条路径。

一是社会认同。社会认同是个体将自身归属于某个社会类别或群体的心理过程，个体通过觉知并接受自己属于某个群体的成员资格或社会身份而认同该群体。所认同的群体就是"内群体"，其他群体就是"外群体"。俗话说"物以类聚，人以群分"。通过社会认同过程，自我与群体建构起关联，与群体其他成员在心理层面聚合到一起，形成一体感或"我们感"，并有意无意地表现出该群体典型的心理特征。社会认同不仅导致个体表现出强烈的群体自尊和对内群体的偏爱(自己人，啥都好)，而且会带来对其他群体的歧视、偏见和贬损行为。例如，我们(Xin，Xin，& Liu，2016)开展的系列实验表明，汉族人对少数民族的信任总是低于对其他汉族人的信任，城镇居民对农民工群体的信任总是低于对其他城镇居民的信任，人们天生偏爱内群体，而不信任外群体，这毫不奇怪。甚至当我们使用"最简群体范式"来人为制造一种看似无关紧要的简单的群体身份差异时，也存在同样的结果。为操纵群体身份，先对被试做一个"所谓"测验，测试后所有被试均被告知自己属于综合型思维方式的人；然后，让他们完成投资博弈任务，投给对手的钱越多，代表越信任对方。在该任务中，对手被标定为综合型思维者(内群体)或者分析型思维者(外群体)，结果被试对同一思维风格的人表现出了更高的信

任水平，而对所谓外群体则不然。

二是情绪感染。情绪感染是个体或群体通过有意或无意的情绪状态和态度行为影响其他个体或群体的情绪和行为的过程，由此形成群体内或群体间成员共享的情绪集合，即群体情绪或社会情绪。通俗地理解，这种情绪感染与流行病爆发时病毒传播是一个逻辑。一个多世纪前，勒庞（1895/2007，p.131）就指出："各种观念、感情、情绪和信念，在群众中都具有病菌一样强大的传染力……在聚集成群的人中间，所有情绪也会迅速传染，这解释了恐慌的突发性。"例如，历史上每次股市大恐慌的出现，虽然有现实诱因，但多半是人们恐慌情绪相互感染的结果。人们对风险的感知，往往因为情绪感染而出现"社会放大效应"，致使感知到的风险大小与实际风险大小有很大偏差（常硕峰，伍麟，2013）。此外，在历次大的社会运动和群体性事件中，也时常能观察到"情绪感染"机制的巨大威力，勒庞在书中就反复以法国大革命中的不同历史片断为例，阐述包括情绪感染、去个性化在内的各种群体心理形成机制。

三是去个性化。去个性化是指个人在群体压力或群体意识影响下，自我控制能力削弱或责任感丧失的现象。通俗地讲，去个性化就是个体被群体所湮没，在群体中迷失了自己，失去了个性，不再对自己的行为有责任感。在一个群体中，个体身份特征不再突出，出现"匿名化"，个体对自身责任的感受下降，而容易表现出极端的行为，做出平时单独不敢做的各种事情。例如，在群体暴乱中，群体成员会表现出超乎寻常的攻击性和破坏行为，这就是受群体气氛裹挟而"去个性化"的结果。实际上，勒庞（1895/2007，p.50）早就注意到这一点，他说"群体是个无名氏，因此也不必承担责任。这样一来，总是约束着个人的责任感便彻底消失了"。他（p.51）又写道："有意识人格的消失，无意识人格的得势，思想和感情因暗示和相互传染作用而转向一个共同的方向，以及立刻把暗示的观念转化为行动的倾向，是组成群体的个人所表现出来的主要特点。"群体心理和社会心态的形成莫不如此。

四是关系化与镶嵌化。关系化过程是中国文化传统所特有的，个体通过以亲属关系为蓝本、以尊尊亲亲为相处原则而形成"自己人（感受）"的过程。例如，两个原本没有亲属关系，甚至互不相识的人，在交往一段时间后"拜把子"或"认干亲"，这就是典型的关系化过程，即建立了类似亲属的人际关系，从而将陌生人变成了自己人。《水浒传》所描述的梁山好汉就是这样形成群体的，从而也形成了其群体心理特征（重情重义）和群体行为规范（以自我为中心的差序格局）。镶嵌化是指个体为了群体的共同目标，而将自己嵌入该群体结构中。在其中，每个个体都为群体共同的事业做出自己必要的、独特的贡献，并不因为结成共同体而取消自我，这就类似于拼图，镶嵌在整个图画中的每块图板都有独特的贡献，又彼此依赖，共同决定了图画的整体含义。基于镶嵌化机制形成的群体，成员之间相互依赖而形成某种共享的心理特征。例如，中华民族是个"多元一体"的结构，各个民族镶嵌在一起，而表现出中华民族整体的精神风貌。

基于上述机制形成的社会心态既可以是消极的，也可以是积极的。例如，情绪感染可以形成负面的社会情绪，也可以营造积极的社会情绪；去个性化可以带来违反道德规则的社会行为，也可以让个体奋不顾身地投入到正义的斗争中。在社会心态的培育中，我们要善于分析并利用这些社会心态的形成机制，从机制着手，通过诱发某种机制而培养积极的社会心态，通过抑制某种机制而控制负面的社会心态。举例来说，2019年"港独"分子在香港组织的示威游行中，很多骨干人员都戴上了帽子和口罩，就是在增加匿名化程度，通过去个性化机制让游行人员做出过激的举动。如果通过法律条例规定，凡是上街游行者禁止遮住面部，则更可能让集会游行保持和平而不演化为暴力形式。通过禁止戴口罩的举措（香港特别行政区从

2019 年 10 月 5 日正式实施《禁止蒙面规例》），就可以有效抑制"去个性化"机制的作用。

三、做好心理建设的顶层设计

十九大报告指出要加强社会心理服务体系建设，以培育良好的社会心态。然而，目前国家对社会心理服务体系建设的定位尚需要进一步明确，内容和思路还需要精心设计。为解决当前的社会心态问题，破解社会心理服务体系建设的困境，应该开展系统的顶层设计。

我们认为，可以进一步提高思想站位，用"心理建设"的概念来统摄社会心理服务体系建设和社会心态培育（辛自强，2017a）。就内容而言，心理建设应该包括社会心态、心理健康、心理素养、国民性格、价值观念、道德文明、精神信仰等所有心理和精神层面的因素，社会心态培育只是心理建设的一个侧面；即便是社会心态本身，不仅要应对负面社会心态问题和关键心理指标的恶化趋势，更要从正面培育健康、平和、包容、上进的社会心态，提升国民的幸福感、成就感、获得感等积极心理指标。就手段而言，心理建设包括社会心理服务体系建设，也包括个体层面的、教育层面的、健康层面的等各种心理服务体系建设。

若采用"心理建设"的提法，就可以和现有的经济建设、政治建设、文化建设、社会建设、生态文明建设并列而论，形成思路清晰，站位高远的"六位一体"总格局。为此，我们建议将心理建设上升为国家战略，体现为中央意志，将心理建设放在与现有"五大建设"并列的高度来认识和落实（辛自强，2017a）。

心理建设的思想具有历史传承逻辑的合理性和当代创新的现实必要性以及理论可能性。"心理建设"这一概念虽然并非古已有之，但是其思想早就是我国古代文化的核心之一。《大学》提出著名的"八目"，即"格物、致知、诚意、正心、修身、齐家、治国、平天下"，其中"修身"及之前的内容都是就个体心理修炼或心理建设来讲的，它们构成了"齐家、治国、平天下"的基础。"八目"刻画了中国传统文人由"内圣"（心理建设）而"外王"（治理家国天下）的进取之路；不仅如此，每个能进入"外王"层面，担当家国天下治理任务的人，也都重视民众的心理建设，将民心向背作为头等大事。

把"心理建设"上升为建国方略之一的，则是伟大的革命先行者孙中山先生。他在 1917 年开始写作的《建国方略》中，明确提出了"心理建设"的思想。他把国民"心理建设"列为建国方略之首，高度重视精神文明、心理文明。孙中山强调："中国革命事业，实全国人心理所成。""国家政治者，一人群心理之现象也。是以建国之基，当发端于心理。""一国之趋势，为万众心理所造成，若其势已成，则断非一二因利乘便之人之智力所可转移也。"总之，他认为革命、立国与建国都需要以人心做基础，国民的心理建设是出发点也是落脚点。

无论在革命战争时期还是国家建设过程中，中国共产党一直重视群众心理的引导，重视精神文明建设。进入 21 世纪后，有关"心理建设"的思想愈益明确。党的十六届六中全会（2006 年）首次明确提出构建和谐社会要"注重促进人的心理和谐，加强人文关怀和心理疏导"，要"加强心理健康教育和保健，健全心理咨询网络，塑造自尊自信、理性平和、积极向上的社会心态"。党的十七大报告（2007 年）强调要注重人文关怀和心理疏导。十八届三中全会（2013 年）明确提出要"推进国家治理体系和治理能力现代化"，并将"心理干预"作为社会治理的手段。十九大报告（2017 年）做出了加强社会心理服务体系建设的战略部署。

"心理建设"可以作为新时代治国理政的新思想。人类文明可以粗略分为物质文明和精神文明。我们一直强调"两手抓"，一手抓物质文明建设，一手抓精神文明建设，然而在目前的"五大建设"中，除了文化建设涉及一部分精神文明的内容外，总体而言，对精神和心理层面的内容重视不够。当前，中国特色的社会主义事业已经进入新时代，这对心理建设提出了新要求。就国际范围来看，中国已经是世界第二大经济体，正在成为全球治理的最重要引导力量。就历史使命来看，中华民族伟大复兴的中国梦，正激励着每一个中国人不懈努力，人民期待着国家走向强盛。就像诗人杜甫所描述的"开元盛世"："忆昔开元全盛日，小邑犹藏万家室。稻米流脂粟米白，公私仓廪俱丰实。"物质的富有是盛世的基础，然而，回想唐朝开元盛世，令我们震撼与骄傲的不仅是物质财富，还有那种世界大国豪情万丈的理想、自信从容的心态、包容天下的胸怀、协和万邦的气度（辛自强，2017a）。杜甫如此描述——"宫中圣人奏云门，天下朋友皆胶漆"。若要至此境界，当下我们不仅要积聚物质实力，更要通过"心理建设"，凝聚心理力量。

在心理建设的顶层设计确定后，应该设立有关的专职部门，负责建构从宏观战略到微观实践的完整的心理建设体系。由于现实社会心理问题的多样性，不同国民群体各种心理指标变迁趋势的复杂性，国家除了制定心理建设的宏观战略，也要责成有关部门和专家围绕各类社会心理问题，针对重点人群、重点问题设计"专项心理建设工程"。例如，社会信任重建的专项心理建设工程，农村留守儿童专项心理建设工程，网络群体性事件中的社会心理疏导工程，等等。此外，为了促进心理建设战略的落地，尤其要重视"社区心理建设"，打造以社区共同心理为基础的社会生活共同体。

四、实施专项心理建设工程

心理建设的国家战略必须落实为一项又一项的专门的心理建设工程。这种工程可以以建设的内容或主题为中心，也可以以服务的人群或群体为中心。例如，我们前文曾描述过各类社会心态问题，如"仇富""社会焦虑""相对剥夺感"等消极社会情绪问题，物质主义价值观日盛、诚信价值观衰落等社会价值观问题，每种问题的类型、性质和成因不同，所要采取的心理建设方案就应该不同。内容是一方面，另一方面，社会是由各种各样的群体构成的。例如，根据我国特殊的户籍制度，可以区分为城市居民、农村居民以及游走于城乡二结构之间的农民工群体；根据职业类型，区分为公务员、教师、医生、工人、农民等不同群体；根据年龄层，可以分为中学生、大学生、大学毕业后的成年人、老年人等；根据社会阶层、民族等都可以区分定义更多的人群。如同在本章第三节，我们将基于大量文献做出判断——在一些关键心理指标上，一些国民群体的心理变迁表现出"恶化"趋势。在心理建设中，必须考虑这些人群的特殊性，针对特定社会群体的特定心理问题开展专项心理建设。

我们要面向特定心理问题或特定人群开展"专项心理建设工程"，就离不开扎实的前期调研以及科学的理论支撑。举例来说，我们2015 年曾对贵州毕节地区的农村留守儿童心理健康进行过专项调研，其目的是提出一系列针对该群体的心理建设措施，甚或制定更普遍意义上的农村留守儿童心理建设专项工程。这一调研工作的起因是当地发生了几次恶性事件。在毕节，2012 年 11 月有 5 名 10 岁左右的流浪男孩因在垃圾箱内生火取暖导致一氧化碳中毒而死亡；还是在毕节，2015 年 6 月该地区某村庄在家留守的 4 个兄妹（最小的 5岁，最大的 13 岁）服毒死亡。一再发生的儿童死亡事件引起了党中央的高度重视，中共中央统战部格外关心毕节市留守儿童的生存现状。为此，2015 年 9 月 10—14 日，在九三学社中央领导的带领下，我作为主要调研专家之一，协同多位干部和专家对毕节市留守儿童问题进行了专题调研。调研组先后深入毕节市威宁县、织金县的 2 所乡镇初中、2 所农村小学、2 个村庄的村委和若干留守儿童家庭进行深入的走访调查；在有关学校、乡镇、县城和毕节市举行各个层面的座谈会 5 次。调研内容包括：毕节市以及有关县、乡镇、村、学校等层面留守儿童的基本分布状况；留守儿童的心理行为特点和学业状况；留守儿童的家庭监护、家庭教育；留守儿童的学校教育和管理；留守儿童及其家庭的社会管理和社会保障；留守儿童工作的组织和领导体系；留守儿童父母就业，特别是返乡创业状况；等等。

基于这次调研，我们撰写了"关于毕节市留守儿童工作的调研报告"，直接上报中央有关部门。该报告分析了留守儿童心理行为特征、心理健康教育状况等，并重点对如何做好农村留守儿童工作提出了专项心理建设方案。首先，提出解决农村留守儿童问题的根本举措。例如，通过普法教育、社区宣传等形式全面普及父母是留守儿童关爱"第一责任人"的观念；鼓励农民工返乡创业，实现就业"本地化"，从而减少"工作—家庭矛盾"；打破流入地"户籍壁垒"，使农民工子女能够在流入地实现就近入学。其次，提出保障农村留守儿童身心健康的直接举措。例如，研发监测农村留守儿童发展的动态评估系统，及时把握留守儿童群体的基本发展状况和发展轨迹；构建乡村学校心理健康教育体系，增加乡村学校的心理健康教育教师编制，提升乡村教师的心理健康教育能力，规范留守儿童心理健康教育的内容；全力提升农村留守儿童关爱服务项目的设计水准，规范项目流程，科学监测农村留守儿童关爱服务项目的成效。最后，调研组还提出通过链接资源的方式，为当地直接做一些力所能及的工作。如帮助当地建立留守儿童"学校心理健康教育体系"；开展留守儿童关爱和心理健康教育的"志愿行动"；开展留守儿童父母"返乡创业支持行动"。

没有调查就没有发言权，任何实际行动方案的提出，都要建立在扎实的调研基础上，掌握一手资料，才能准确研判实情，制定切实的方案。心理建设工作必须遵循心理和行为规律，这种规律的获得除了靠调查研究，还可从现有理论的学习中了解规律，借鉴思路。

例如，我们下面列举的一个建议方案，则更多是从理论出发，基于社会认同理论和群际接触理论提出了促进群际和谐的方法。

五、案例：增进群际和谐的社会心理学路径

"和谐社会是一台交响乐。其'音符'，说到底就是社会的各个群体、阶层（邓伟志，2005，p. 26）。"从一定意义上讲，实现群际关系（如民族关系、阶层关系）的和谐是构建和谐社会的基础，而和谐群际关系的关键在于能否减少或消除各群体之间的偏见。早在 20 世纪 50 年代，美国著名社会心理学家奥尔波特（G. Allport，1954，p. 42）在《偏见的本质》一书中就指出，群际偏见是由于某一群体对另一群体缺乏充足信息或存在错误信息而产生的难以改变的厌恶之情。如何减少人们对外群体的偏见并促进群际关系的和谐呢？社会认同理论和群际接触理论提供了很好的思路（辛素飞，明朗，辛自强，2013；辛自强，辛素飞，2013）。

（一）调整社会认同，促进群际关系和谐

英国社会心理学家泰弗尔（Tajfel，1974）的社会认同理论认为，个体通过社会分类对自己所属群体产生认同，并产生对内群体的偏爱和对外群体的偏见。从这一角度来说，偏见源于社会分类。在现实生活中，我们经常进行分类，倾向于将周围的人分成"我们"（本群体的人）和"他们"（外群体的人），并且给予内群体更多的积极评价，而给予外群体更多的消极评价。这里的"我们"与"他们"的划分反映了社会认同，本身未必存在好坏之分，只是我们通常更加认同内群体而已。群际偏见的出现主要是由于社会认同太单一化，缺少复杂性和包容性所致。因此，要想减少对外群体的偏见，我们可以通过重新进行社会分类的方式来"模糊"身份界限（模糊造成群际偏见的身

份、弱化身份认同），让原属不同群体的成员意识到他们可以归属于一个新的群体，这样可能就会减少对原先外群体成员的偏见，从而促进群际关系的和谐发展。基于社会认同理论，可以从四个方面减少群际偏见、改善群际关系。

第一，构建一种共同的内群体身份。为了减少群际偏见、促进群际和谐，我们可以通过构建一种新的、更高一级的、共同的群体身份对两个群体进行重新归类来弱化原有的群际边界。具体来说，当人们将自己看成是一个更大的"联合"群体的成员时，人们会将对现有内群体成员的看法推广到先前的外群体成员身上，会把先前的外群体成员知觉为内群体成员，更多地认识到彼此的相似性。这种重新分类的方法可以将原先外群体中的"外人"重新看成是内群体中的"自己人"，拉近群体间的社会距离，进而减少群体间的偏见。目前，在我国的汉族和少数民族之间有时会出现民族偏见的问题，为了降低他们之间的群际偏见程度，改善民族关系，国家和社会要坚持民族平等、团结与发展的民族政策，在存有偏见的社会成员中构建一个新的、更高一级的、共同的群体身份（如中国人）来改变他们原有的身份认知，将内群体（如汉族人）眼中的所谓"外人"（如某一少数民族的人）看成是"自己人"（都是中国人），从而减少对原有外群体的偏见，促进各民族之间关系的和谐发展。

第二，构建一种双重的身份认同。虽然我们可以构建一种新的、更高一级的、共同的群体身份，但是当人们对某一原有群体身份的认同感较强时，这种上位身份的意识是很难建立和维持下去的，因为群体成员会认为这种共同的上位身份与自己所强烈认同的身份是不相容的。因此，我们应该凸显共同的上位身份，同时保留原先的子群体身份，构建一种双重的身份认同，即认识到自己既属于群体A，又属于群体B。为了减少汉族与少数民族之间的偏见问题，我们应该建构一种双重身份认同，在强化国民身份的基础上同时强调民族身份，在全社会弘扬"五十六个民族是一家"的方针，让群体成员认识到虽然他们属于不同的民族，但却都是同一国家的公民，从而减少汉族人对少数民族成员的偏见程度，也减少少数民族成员对汉族人的偏见程度以及不同少数民族之间的偏见程度。

第三，建立一种交叉的群体身份。"交叉分类"是一种目前得到普遍认可的减少群际偏见的方法，它是指在存有群际偏见的两个群体之间，根据两个或多个身份类别来重新划分群体。其基本原理是个体在某一身份类别上是外群体成员，但在另一身份类别上又是内群体成员，由此人们在前一种类别上的差异性会被在后一个类别上的相似性所平衡。它能够使社会分类变得更加复杂，降低群体之间的差异和简单对立。因此，要想改善对外群体的态度，降低对外群体的偏见程度，我们可以通过建立交叉群体身份的方法来降低单一群际界限的凸显性。例如，某些汉族人对藏族人（外群体）表现出较高的偏见水平，我们可以通过凸显宗教信仰上的相似性身份（如都信仰佛教）来交叉，这样可能会拉近汉族人与藏族人之间的距离，降低对藏族人的偏见程度；反之亦然。

第四，激活个体的多重社会身份。现实社会中的个体并不是只有一种社会身份，可以同时属于多种社会群体并且拥有多重社会身份。多重社会身份激活的个体更有可能意识到在某一个群体身份类别上是外群体的人可能同时在某些不同的身份类别上又是内群体成员，这样使得身份界限变得更加"模糊"，从而降低对原有外群体成员的偏见。因此，我们还可以通过激活个体的多重社会身份来降低对外群体成员的偏见。对这一思路的作用，我们在多项实证研究中已经作了确证（Xin et al.，2016；Xin & Zhang，2018；辛自强，辛素飞，2014）。举例来说，当前在我国的城市化进程中，"城里人"对"农民工"存在较高的偏见，这将直接影响群际关系的和谐。因此，我们可以通过多角度激活"城里人"的多重社会身份，让"城里人"意识到他们与农民工可能在某些身份上是相同的（如都是老乡、都是城市的建设者等），弱化内外群体的界限，从而减少对农民工的偏见，促进社会的大融合。

(二)增加群际接触，促进群际关系和谐

长期以来，群际接触一直被看成是改善群际关系的一种有效方式。从本质上来说，群际偏见是由于内群体对外群体缺少足够的信息或存在负面的刻板印象而产生的，而群际接触则为增加对外群体的认识和纠正负面的刻板印象提供了机会。根据对北爱尔兰地区天主教徒与新教徒的研究发现，群际接触确实能够增加对外群体的认识和了解、增加对外群体的积极情感，进而减少群际偏见，促进群际和谐(Tam，Hewstone，Kenworthy，& Cairns，2009)。奥尔波特(Allport，1954)的群际接触理论探讨了群际接触对减少群际偏见的作用机制，为如何从心理学的角度建设和谐社会提供了一种思路。

第一，不断增加群体间"直接接触"的机会。奥尔波特等人(Allport，1954；Pettigrew，1998)认为要想最大限度地降低群际偏见，直接的群际接触需要满足几个关键条件：群体成员应该处于平等的地位，不同群体成员需要以平等的身份进行接触；要有共同的目标，群体成员应该相互合作、共同努力来达到目标，而且共同目标只有在合作型的群际关系中才会发生作用；群体间的接触需要有相关法律和制度的支持。在我国的城市化进程中，降低"城里人"对农民工的偏见或歧视，促进两大群体关系的和谐是建设和谐社会的重要内容。因此，要为他们创造最佳的群际接触条件，增加彼此的了解。例如，建立平等的户籍制度，加大对农民工与"城里人"平等接触的舆论支持力度，降低两大群体之间的心理位差；应该想方设法增加农民工与城里人群际接触的机会，城市社区居委会可以在农民工居住的社区举办各种群际接触的活动（如慰问农民工、邀请农民工为社区建言献策等），不断增进"城

里人"对农民工的了解、改变原有的错误经验，认识彼此的相似性，从而达到减少群际偏见、改善群际关系的目的。

第二，鼓励群体间的"拓展接触"。在很多情况下，不同群体之间直接、面对面的接触机会比较少。因此，这时我们可以采取拓展的群际接触来降低对外群体成员的偏见。"拓展接触"是一种间接的群际接触形式，只要知道内群体成员有一个外群体成员的朋友，内群体成员就会形成积极的外群体态度，就足以减少偏见。因此，当群体间缺少直接接触机会时，要降低对外群体的偏见，我们应该鼓励群体之间进行拓展接触，鼓励与外群体成员交朋友，增加内群体成员的外群体成员朋友（包括朋友的朋友）的数量。比如，如果一个"城里人"有很多农民工朋友，那么这个"城里人"身边的"城里人"朋友对农民工的偏见程度可能会降低；反之亦然。因此，应该鼓励"城里人"多交往一些农民工朋友，增加彼此的认识，可能会降低"城里人"对农民工的偏见程度，进而促进群际关系的和谐发展。

第三，不断想象群体间的积极接触。如果群体间既没有面对面接触的机会，也没有其他群体成员的朋友，那么我们可以考虑采用另外一种间接的群际接触形式，即想象的群际接触。"想象群际接触"已经获得群际关系研究者的广泛关注，它只需要内群体成员从心理上想象与一个外群体成员进行积极的社会互动的场景，就可能会缩短群体之间的社会距离，也会改善内群体成员对外群体的原有态度和行为。它已经成为减少群际偏见、促进群际和谐的一种较为经济实用的方法，尤其是在直接接触和拓展接触受限的情况下变得更加有用。例如，如果让"城里人"想象与农民工进行积极互动的情境，那么可能就会在一定程度上降低"城里人"对农民工的偏见或歧视，进而促进这两大群体间和谐相处。这种想象接触一般都是通过个体训练达成的，但有时也可以通过集体训练达成。例如，可以通过报纸在某一版面专门报道一些关于"城里人"与农民工和谐相处的事迹，还可以通过电视在某一固定时间段呈现群体间积极互动的新闻，从而改善"城里人"对农民工的态度，达到降低对农民工偏见的目的。

综上所述，增进群际和谐的社会心理学路径主要包括调整社会认同和增加群际接触的方法。从调整社会认同的思路来看，主要是通过改变群体身份认知、增加社会身份的复杂性和包容性来改变对原有外群体的偏见，从而促进群际和谐；从增加群际接触的思路来看，主要是从群际互动和社会行动方面来说的，通过直接的、拓展的和想象的群际接触方式来改变对外群体的原有经验和认识，从而形成对外群体的积极态度。当然，在促进群际和谐的实践中，我们可以同时采用调整社会认同和增加群际接触的方法，改变人们对外群体的认知和经验，形成积极的群际态度和行为，共建和谐社会。

第三节　心理变迁及其应对

中华人民共和国成立 70 多年来，尤其是改革开放的 40 多年来，我国经济社会各方面发展成就卓著，人民的精神面貌和心理状况也发生了很大变化，这就涉及心理变迁问题。虽然每个人在生活中都凭直觉或多或少地感受到了心理变迁现象，但如何对各类人群的一些关键心理指标（如心理健康、人格与社会心理特征）的变迁特点进行量化分析，却不是一件容易的事情。直到最近十年，随着横断历史研究这种特殊研究方法的使用，我们才有机会确定各类人群心理变迁的规律。本节主要总结我们及同行在这方面的研究成果，试图概览各群体在各种关键心理指标上的变迁趋势。心理变迁反映的是心理如何随着时代而变化，它的分析单位是具有某一特征的"出生组"（出生于某一年代的"一代人"），把这样的分析单位按照时序排列，就能看到群体层面的心理变迁规律。由此，这种心理变迁研究反映的是社会层面的、群体层面的心理变化。社会心态研究往往侧重当下现状，当然它也存在变迁的问题。不过，本节探讨的是各种心理的变迁，包括但不限于社会心态。

一、心理变迁作为时代课题

我国经济社会发展的伟大成就，已经在各种官方统计指标和学术文献中得到了很好的总结。经济社会发展最终要落实到人民的幸福上，这是以人民为中心的发展模式所追求的中心目标。因此，我们要关注人自身的发展，其中包括心理健康、人格与社会心理等内容，这些内容关乎人民自身福祉，它们可能受到经济社会发展影响，反过来也会影响经济社会发展。

人的各种心理指标在一生之中会不断发生变化，儿童、青少年、成年人、老年人心理发展各有特点。心理不仅随个体年龄而变化，每个人的一生都镶嵌在特定的历史时代中，因此心理也会随时代而变迁。比如，1978年出生的人，其从小到大的成长不仅是个体之发展，其心理也会打上时代的烙印，受到改革开放过程中经济社会发展的深刻影响。单看一个人的心理，我们很难看出是个人心理随着年龄在发展，还是社会变迁使然。如果把一代人（或"出生组"）和另一代人相比，就能看到每一代人的心理各有不同特点和风貌，这种代际差异就是心理变迁的体现。简言之，在社会变迁背景下，心理也会变迁。认识到心理变迁的存在并非难事，能准确测定、量化这一变迁过程却不容易。

心理变迁研究的难点主要是方法层面的。考察心理变迁最直接的方法是对每一代人都做各种心理指标的测定，并逐年追踪以确定变迁趋势。由于种种原因，我国一直缺乏大样本的、长历史时段的心理追踪监测。一方面，每一个当下都在不断成为过去，成为历史。

我们未曾，也通常难以在出发的时候，就设想好对某个历史进程做全程追踪研究。另一方面，即便有学者意识到了这一工作的重要性，这种大型追踪调查，其工作量、经费需求都是非常巨大的，非单个学者可为，需要国家重视，并有专门的机构负责此事。

虽然没有大型追踪数据库可用，但研究者每年会发表大量调研成果，报告对某一或某些人群一些心理指标的测试结果。由此，一个可能的思路是首先搜集到历史上各个时间点使用同一种方法或工具（如心理量表）获得的关于同类人群心理指标的数据或文献资料，然后将这些文献按照时间顺序连缀起来，形成关于历史的横断取样，这就是横断历史研究方法，它是一种对研究文献量化的再分析方法（也称"元分析"）。虽然以往研究在某个时间点上取样调查时都无意于考察心理的变迁问题，但我们可以"事后追认"这些单个的研究为对历史的横断取样，从而综合众多已有研究成果，获得心理变迁的动态轨迹和变化趋势。2008 年我们首次引入了这一研究方法（辛自强，池丽萍，2008a，2008b），为开展中国人心理变迁的研究提供了可能。此后的 10 余年间，不仅我们课题组，众多心理学同行以及其他学科的学者都在使用该方法探讨心理变迁。

下文从两个方面总结现有关于心理变迁的横断历史研究成果，一方面是各类人群心理健康水平的变迁，另一方面是各类人群人格与社会心理特征的变迁，借此来揭示改革开放 40 多年来中国人心理变迁的总图景。

二、各类人群心理健康水平的变迁

（一）文献和统计指标说明

我们（辛自强，池丽萍，2020）搜集到了 43 项关于心理健康的横断历史研究，这些研究所用数据的取样时间跨度各不相同，时间起止点也有差异，最早的调查数据来自 1978 年，最新的数据截止到 2017 年(见表 3-1)。它们分别关注了不同年龄段、不同职业人群心理健康指标的变化轨迹。表 3-1 中给出了 d 值这个统计量反映每项横断历史研究中某一心理指标在终点年的得分比起点年得分的变化程度。d 值根据终点年得分减去起点年得分的差值，再除以历年数据的平均标准差计算而来。d 值为正数时表示得分上升，d 值为负数时表示得分下降；d 值绝对值的大小代表了得分变化的程度或年代差异效果的大小，根据统计学家(Cohen，1977)的建议，d 值为 0.80 属于"大效果量"，0.50 属于"中等效果量"，0.20 属于"小效果量"，每个研究具体所得 d 值可根据最接近的类别来描述。下文综合这些横断历史研究结果，分别在病理性层面和情绪体验层面刻画不同人群的心理健康水平的变迁趋势。

表 3-1　各类人群心理健康指标的变迁趋势

序号	文献作者，年代	研究对象	数据起止年份	测量工具	统计量 d 或其他指标	文献出处和期号
1	衣新发等，2012	军人	1990—2007	SCL-90	-0.32，-0.35，-0.84，-0.71，-0.43，-0.68，-0.37，-0.69，-0.49	心理学报，2
2	王春花等，2016	新兵	1995—2013	SCL-90	-0.37，-0.49，-0.71，-0.68，-0.57，0.35，-0.69，-0.51，-0.55	解放军预防医学杂志，3

序号	文献作者，年代	研究对象	数据起止年份	测量工具	统计量 d 或其他指标	文献出处和期号
3	赵梦雪等，2017	高原军人	1993—2013	SCL-90	无躯体化 d，-0.84，-0.67，-0.65，-0.57，无敌对 d，-0.45，-0.71，-0.54	心理学报，5
4	李敬强等，2018	军航飞行员	1991—2013	SCL-90	1991—2004 年：-0.66，-0.64，-0.71，-0.60，-0.68，-0.62，-0.41，-0.64，-0.58；2004—2013 年：0.89，0.92，0.67，0.60，0.68，0.61，1.21，0.63，0.58	中国卫生统计，2
5	邓丽芳，2013	军航与民航飞行员	2000—2009	SCL-90	人际敏感、抑郁、焦虑、恐怖四个得分随年代上升	心理科学，1
6	黄四林等，2015	农民工	1995—2011	SCL-90	-0.38，-0.13，-1.56，-0.75，-1.61，-0.94，-1.25，-0.76，-0.32	心理学报，4
7	刘玉姣等，2018	煤矿工人	2007—2014	SCL-90	-0.48，-0.53，-0.50，-0.49，-0.51，-0.48，-0.55，-0.44，-0.37	安全与环境学报，1

序号	文献作者，年代	研究对象	数据起止年份	测量工具	统计量 d 或其他指标	文献出处和期号
8	衣新发等，2010	铁路工人	1988—2009	SCL-90	各指标和年代相关不显著	北京交通大学学报(社会科学版)，3
9	姜文源等，2018	医院护理人员	1998—2016	SCL-90	9个因子 d 值范围 0.23～0.63，强迫、抑郁、焦虑、敌对 4 个因子增幅较大	第 21 届全国心理学学术会议摘要集
10	廖友国等，2019	只用医护人员数据	1986—2017	SCL-90	9个因子均分的 d 值为 0.19	西南大学学报(社会科学版)，2
11	赵春娟等，2015	ICU 护士	1997—2009	SCL-90	-0.17，-0.27，-0.65，-0.29，-0.28，-0.61，-1.03，-0.67，-0.74	护理研究，3
12	衣新发等，2014	教师	1994—2011	SCL-90	0.09，0.17，0.15，0.31，0.47，0.20，0.34，0.44，0.39	北京师范大学学报(社会科学版)，3
13	卢家楣等，2012	教师	1993—2012	SCL-90	d 值范围 0.14～0.52	第 15 届全国心理学学术会议论文摘要集
14	杨睿娟，2013	各类教师	1995—2011	SCL-90	0.29，0.32，0.60，0.44，0.44，0.48，0.52，0.45，0.60	教师教育研究，4

序号	文献作者，年代	研究对象	数据起止年份	测量工具	统计量 d 或其他指标	文献出处和期号
15	杨睿娟等，2017	各类教师	1995—2013	SCL-90	1998—2009 年：0.76，0.92，0.83，0.79，0.89，0.87，0.90，0.85，0.95；2009—2013 年：-0.21，-0.13，-0.08，-0.15，-0.08，0.05，-0.29，-0.29，-0.34	心理学报，9
16	汪海彬等，2015	高校教师	1978—2014	SCL-90	0.22，0.21，-0.09，-0.26，0.12，-0.07，0.33，-0.22，0.02	重庆文理学院学报（社会科学版），4
17	赵云龙，2014	高校教师	2001—2010	SCL-90	0.25，0.45，0.13，0.47，0.41，0.47，0.44，0.60，0.53	现代预防医学，15
18	汪海彬等，2013	中小学教师	1979—2012	SCL-90	d 值范围 0.19～0.46，除恐怖因子外，其他 8 个指标大于 0.20	上海教育科研，2
19	赵云龙等，2015	中小学教师	1991—2010	SCL-90	0.33，0.29，0.15，0.32，0.26，0.31，0.17，0.15，0.27	中国学校卫生，4
20	汪海彬等，2013	幼儿教师	1979—2012	SCL-90	0.25，0.23，0.14，0.21，0.27，0.51，0.14，0.15，0.18	学前教育研究，5
21	肖桐等，2018	农村中小学及幼儿教师	1991—2014	SCL-90	2.00，1.97，1.98，2.00，1.98，2.00，2.00，2.00，1.98	教育科学研究，8

序号	文献作者，年代	研究对象	数据起止年份	测量工具	统计量 d 或其他指标	文献出处和期号
22	刘银，2018	高校辅导员	2004—2015	SCL-90	-0.17，-0.17，-0.28，-0.21，-0.22，-0.25，-0.26，-0.37，-0.44	科教导刊（下旬），4
23	辛自强等，2009	中学生	1992—2005	SCL-90	0.35，0.09，无人际敏感 d，0.09，0.13，0.08，0.06，无偏执 d，0.12	心理学报，1
24	俞国良等，2016	高中生	1990—2012	SCL-90	0.52，0.58，0.12，0.27，0.63，0.27，0.64，0.28，0.50	教育研究，10
25	廖全明，2015	藏族中学生	2000—2010	SCL-90	躯体化、焦虑、恐怖、偏执和精神病性 5 个指标与年代显著正相关	西藏民族学院学报（哲学社会科学版），2
26	王勋等，2017	初中生	1987—2013	SCL-90	-0.16，0.08，-0.11，0.00，0.05，-0.04，-0.12，-0.32，0.00	中国特殊教育，11
27	辛自强等，2012	大学生	1986—2010	SCL-90	-0.43，-0.37，-0.57，-0.60，-0.34，-0.60，-0.16，-0.78，-0.46	心理学报，5
28	陈顺森等，2011	大学生	1991—2010	SCL-90	除躯体化外，其他 8 个指标与年代显著负相关	漳州师范学院学报（自然科学版），2

序号	文献作者，年代	研究对象	数据起止年份	测量工具	统计量 d 或其他指标	文献出处和期号
29	辛素飞等，2019	少数民族大学生	1991—2015	SCL-90	-0.41，-0.81，-0.95，-0.83，-0.58，-0.78，-0.41，-0.93，-0.69	青年研究，2
30	张梅等，2018	贫困大学生	1998—2015	SCL-90	-0.28，-0.53，-0.44，-0.55，-0.32，-0.44，-0.24，-0.38，-0.50	心理发展与教育，5
31	丁武等，2017	农村大学生	2000—2015	SCL-90	-0.34，-0.45，0.21，-0.13，0.28，-0.03，0.28，-0.51，0.10	思想政治教育研究，2
32	辛素飞等，2019	医学生	1993—2016	SCL-90	-0.21，-0.29，-0.55，-0.70，-0.23，-0.57，-0.07，-0.59，-0.29	心理科学进展，7
33	姜松梅等，2016	研究生	1998—2013	SCL-90	-0.25，-0.54，-0.49，-0.63，-0.29，-0.37，-0.08，-0.61，-0.34	南京医科大学学报（社会科学版），4
34	辛素飞等，2018	高职学生	1999—2016	SCL-90	-0.16，-0.34，-0.46，-0.52，-0.22，-0.42，-0.04，-0.60，-0.37	教育研究，11

序号	文献作者，年代	研究对象	数据起止年份	测量工具	统计量 d 或其他指标	文献出处和期号
35	Yang et al.，2014	军人	1991—2011	STAI	状态焦虑 $d=0.88$，特质焦虑 $d=0.63$	International Journal of Mental Health Systems，8
36	辛自强等，2011	大学生	1993—2009	STAI	状态焦虑 $d=0.79$，特质焦虑 $d=0.41$	心理发展与教育，6
37	时蒙等，2018	大学生	1998—2015	IAS	社交焦虑与年代有正相关	第21届全国心理学学术会议论文摘要集
38	黄琼等，2019	大学生	1999—2013	TAS	考试焦虑 $d=1.33$	中国临床心理学杂志，1
39	Xin et al.，2016	大学生	2002—2011	UCLA	孤独感 $d=0.39$	International Journal of Behavioral Development，5
40	Xin et al.，2010	中学生	1992—2005	SAS	焦虑 $d=0.70$	Personality and Individual Differences，2
41	Xin et al.，2012	中学生	1989—2005	SDS	抑郁 $d=0.34$	International Journal of Psychology，4

序号	文献作者，年代	研究对象	数据起止年份	测量工具	统计量 d 或其他指标	文献出处和期号
42	李晓敏等，2012	城市老年人	1998—2008	CES-D	抑郁症状检出率增加 21%	中国老年学杂志，8
43	闫志民等，2014	老年人	1995—2011	UCLA	孤独感 $d=0.95$	心理科学进展，7

注：第 1~34 项研究的"统计量 d 或其他指标"一列中的数据是 9 个 d 值（另有文字说明的除外），分别表示 SCL-90 所测躯体化、强迫症状、人际敏感、抑郁、焦虑、敌对、恐怖、偏执和精神病性 9 种心理问题得分的变化程度，d 值为正数表示心理问题增多，负数表示心理问题减少。另外，鉴于该表已经提供了所引用文献的基本出处信息，故如果这些文献仅在该表出现过，本书"参考文献"部分不再重复列举。

(二)病理性层面心理健康的变迁

心理健康首先意味着"没有心理疾病"。如果在某一测量心理问题或心理疾病症状的量表上得分较低，就意味着心理健康水平较高。例如，"90 项症状自评量表（SCL-90）"测量了躯体化、强迫症状、人际敏感、抑郁、焦虑、敌对、恐怖、偏执和精神病性等 9 类心理问题，在每个类别上得分越高，说明该症状（除了情绪体验问题，其中更多涉及各种生理性表现）越严重，心理越不健康。该量表使用范围极广，表 3-1 中所列 34 项横断历史研究所分析的文献都采用 SCL-90 测量心理问题的多少，测量对象包括军人、农民工、教师、医护人员、大中学生等群体。

第一，军人群体的心理健康水平不断提高。表 3-1 中的第 1 到第 3 项研究得到相似结论：军人（包括一般军人，也包括新兵和高原军人等特定群体）的心理健康状况从 1990 年到 2013 年之间变得越来越好，尤其是抑郁、人际敏感和偏执等心理问题的改善十分明显。军人的工作生活环境较为封闭，军队系统与地方社会相对独立，因此其心理健康水平不宜受一般的经济社会发展指标影响，却与当年国防经费数量、军费占 GDP 比值的增加量密切关联。此外，军队系统对军人心理卫生服务和保障等工作的改进是重要促进因素。然而，第 4 项研究指出，军航飞行员的心理健康水平在 1991—2004 年呈上升趋势，2004—2013 年却转而下降，这可能与 2004 年后该群体在军事现代化改革下训练任务加重有关；第 5 项研究同时考察了军航和民航飞行员，也发现其人际敏感、抑郁、焦虑、恐怖四类心理问题得分随年代大致呈上升趋势，尤其在 2004 年后上升明显。

第二，农民工、煤矿工人等工人群体的心理健康状况明显好转。表 3-1 中的第 6 项研究针对农民工得出的结论是，该群体自 1995 年开始的 17 年间，各种心理问题都在减少，其中人际关系、抑郁、焦虑、敌对和偏执等指标的改善较为突出。这一积极变化可能与近年来农民工权益维护和社会保障系统不断完善，尤其是农民工就业形势的好转等因素有关。例如，近些年来，农民工被拖欠工资的比率明显减少，而其养老保险、医疗保险、失业保险和生育保险等的参保率却在提高。一些农民工集中流入城市已逐步实施积分落户政策，为农民工的身份转换提供了途径。更重要的是，进入新世纪以来，随着人口结构的变化，农民工在就业市场上的竞争力较以前大为提升。第 7 项研究显示，煤矿工人在 2007—2014 年，躯体化、强迫、人际关系、抑郁、敌对等心理问题连续减少，这可能得益于近年来我国采矿装备及采煤技术的大幅改进，这极大改善了井下工人的作业环境，减轻了其劳动负荷。然而，针对铁路工人的研究（第 8 项）发现，从 1988 年到 2009 年，其心理健康水平保持平稳，没有明显变化。

第三，医护人员心理健康水平有小幅下降。表 3-1 中第 9、第 10 两项研究都表明，医护人员在过去 30 余年里心理健康水平呈现小幅下降的趋势。第 9 项研究表明，历年的注册护士数、医疗机构诊疗人数、医疗机构入院人数能够预测当年护士在 SCL-90 的 9 类心理问题上的恶化程度。卫生部统计数据显示,我国医院长期存在护理人员数量不足的问题,其工作量较大。随着老龄化加剧以及人们对诊疗期望程度的不断提高,医护人员的心理压力增加。然而,第 11 项研究发现,ICU(重症监护室)护士的心理健康水平呈提高趋势,其成因有待考察。

第四,各类教师群体的心理健康状况普遍下降。表 3-1 中第 12 至第 21 这 10 项研究一致发现:教师群体,无论是幼儿教师、中小学教师,还是高校教师,均表现出心理健康水平逐年下降的趋势,抑郁、焦虑、偏执、强迫、精神病性等方面心理问题明显增加,尤其是农村教师的心理问题增加幅度特别巨大(效果量 d 都在 2.00 左右),虽然个别心理问题指标或个别年代区间并非如此。这可能与教师职业性质和职业压力的变化密切相关。教师的教育效果取决于学生以及家庭和社会等多方面因素,工作效果的可控性差,但教育行政部门与社会却用统一的绩效指标来考核;"百年树人"的教育大业需要在较长的周期内计算投资回报率,但是现实的考核周期却是按学期、学年进行的;育人需要大量情感付出,但对教师的评价往往只计量外显成绩,而看不到背后"无价的"情感付出;对教师的职业资格和学历水平要求很高,但其收入水平却远低于同学历的其他职业群体;即便学历很高,很多教师不得不到农村地区工作,其物质和文化生活环境与城市和其他职业相对差距有增无减。随着社会的发展,人们对教育和教师的期望在不断提高,教师与很多职业的收入差距却在加大,这无形中增加了其职业压力,让他们成为心理疾病和心理问题的易感人群。总之,教师已经成为各类职业人群中心理健康状况随年代恶化趋势最突出的群体。只有 1 项对高校辅导员心理问题的研究(第 22 项)显示,这个教师亚群体的各类心理问题在 2004 年之后的 12 年中总体呈小幅减少趋势。

第五，中学生群体的心理健康水平下降。表 3-1 中第 23 到第 25 项研究显示，自 1990 年以来的 20 余年中，中学生总体以及高中生的心理健康水平呈现出下降趋势，躯体化、焦虑等心理问题比较突出。如同第 23 项研究认为的，这一变化趋势与被调查之前 5 年的一些负面经济社会发展指标（如离婚率、犯罪率、失业率）有关，这说明社会变迁对中学生心理健康产生了滞后的负面影响；此外，如上所示教师心理健康水平的下降，也不利于学生心理健康。然而，第 26 项研究显示，单独考察初中生时，他们在 1987 年至 2013 年心理问题变化不明显，没有增加趋势。由此推理，可能中学生中的高中生群体的心理健康水平下降趋势更明显，第 24 项研究确实证明高中生的降幅更大。

第六，大学生群体心理健康水平提升。表 3-1 中第 27 至第 34 这 8 项研究一致显示：1986 年以后的 30 多年里，大学生群体心理健康水平总体上逐年提升，尤其在人际敏感、抑郁和敌对等方面问题改善幅度较大。这一结论适用于所有大学生，也包括少数民族大学生、贫困大学生、农村大学生、医学生、研究生、高职学生等特定群体。第 27 项研究解释，大学生心理健康水平总体向好的趋势得益于近年来不断加强的高校学生心理健康教育工作，如专门设立心理咨询室，配备专业心理咨询和辅导人员，开设大学生心理健康指导课程，加大校园心理健康宣传力度等。同时，大学校园属于较为封闭的环境，屏蔽、缓冲了来自社会环境的压力和冲击，减少了大学生的心理不适感，提升了其心理健康水平。

(三)情绪体验层面的心理健康变迁

心理健康不仅表现为没有心理疾病或更少的病理性问题，还表现为较少的情绪性问题，如焦虑、抑郁、孤独的体验较少。除了"90 项症状自评量表"外，其他一些测量工具能反映不同人群这种情绪体验层面的心理健康状况。例如"状态-特质焦虑问卷(STAI)"可考察个体被环境事件影响而产生的即时性焦虑水平(状态焦虑)和作为性格特征的稳定的焦虑水平(特质焦虑);"交往焦虑量表(IAS)"和"考试焦虑量表(TAS)"分别测量人们在与人交往和考试场景下体验到的焦虑和紧张程度;"流调中心抑郁量表(CES-D)""抑郁自评量表(SDS)"和"UCLA孤独量表"可考察人们在日常生活中的抑郁情绪和孤独体验。这些量表所测量的焦虑、抑郁和孤独等,更偏重当时人们体验的负面情绪状态,而不像"90项症状自评量表"那样偏重病理性症状(主要是生理性表现)。人们在这些负面情绪体验上的得分越低,同样说明心理越健康。

表3-1中一系列横断历史研究均显示,各类人群的这些负面情绪体验均在不断增加。军人的状态焦虑和特质焦虑水平从1991年到2011年不断提高,而且前者升幅大于后者(第35项)。大学生的状态焦虑和特质焦虑水平从1993年到2009年也表现出与军人类似的增加模式(第36项);此外,大学生的社交焦虑、考试焦虑、孤独感都有不同程度的增加(第37至第39项)。研究还发现,20世纪90年代及以后,中学生在焦虑自评量表(SAS)和抑郁自评量表(SDS)上的得分都有明显增加(第40、41项)。自20世纪90年代末,老年人群体的抑郁和孤独感也都在增加(第42、43项)。

综上可知,军人、大学生、中学生、老年人的焦虑、抑郁和孤独感这类负面情绪体验都随着年代在增加。这些体验虽非病理性的,但其增加反映出这些人群在情绪体验层面的心理健康水平有所下降。这些负面情绪体验对环境的变化较为敏感,更容易随着一些负面社会指标的增加而加剧。例如,社会迅速转型、环境不确定性的增加会给各个群体带来普遍性的焦虑;人际联结的衰落、社会支持的减少会给人们带来孤独体验;对环境的不适应,加上焦虑和孤独的累积,会引发抑郁体验。

(四)成因分析与应对之策

我们通过综述 43 项有关心理健康变迁的横断历史研究，可以概览我国各类人群心理健康水平变迁趋势：过去几十年，军人、大学生、工人(农民工、煤矿工人)采用 SCL-90 量表测出的 9 类病理性心理问题明显减少，而教师、医护人员、中学生这类心理问题却在增加；此外，军人、大学生、中学生、老年人的焦虑、抑郁和孤独感等负面情绪体验普遍增多。总之，我国各类人群心理健康变迁趋势"喜忧参半"，这一现象要放在社会变迁背景下来理解和应对(辛自强，池丽萍，2020)。

首先，要从社会变迁的角度来解释心理变迁。总体而言，在我国 40 多年的改革开放中，中国的经济快速发展，社会剧烈变迁。社会变迁本身就会增加心理适应的难度，增加心理压力，带来更多焦虑、抑郁、孤独感等负面情绪体验，甚至致使一些人群的病理性心理问题症状增加。有研究者(Lauer & Thomas, 1976)调查美国人和英国人后发现，他们的个体焦虑水平与其生活环境的变化、特别是知觉到的整体社会变迁速率有显著正相关。社会变迁越快，个体就越需要不断调整自己适应这种变迁，由此带来了更高的焦虑水平以及各种情绪问题。在通向现代化的道路上，社会竞争的日益激烈、环境的迅速改变、生活节奏的加快、价值观的冲突，这些都可能造成人们的适应困难，带来巨大的心理压力。此外，社会变迁本身也包括一些负面社会问题的增加。例如，随着城镇化和家庭规模的缩小，人们更多生活在一个陌生人的世界中，得到的人际支持会减少；又如，收入水平的分化、离婚率上升都对个体构成了一种压力。

其次，各类人群面临的不同"小环境"或行业环境，对心理健康变迁有不同影响。一方面，某些人群特定的小环境对心理健康有保护作用。军人和大学生群体都生活在一个相对封闭、独立于地方社会的环境中。随着我国经济实力提升，国家对军队和高校的投入大幅增加，使这两个系统得到了更好的发展，从而保护了军人和大学生的心理健康，使其免受地方社会的负面特征影响；而且这两个系统，可能是心理健康教育工作开展最好的地方。工人群体（如农民工、煤矿工人）的心理健康改善可能主要取决于技术进步带来的工作环境改善，以及就业市场好转带来的工资福利提升。然而，另一方面，教师和医护人员的心理健康却在恶化。这两个群体的工作对象都是人，要么是培养人，要么是救助人，其情感付出和工作耗竭程度较高，而且往往被公众舆论作了"道德绑架"，总是拿所谓"师德"和"医德"来苛责他们，而没有重视其巨大工作压力和较低工资福利之间的不匹配。

最后，军人和大学生在病理性问题和负面情绪问题上存在不同变迁趋势。综合以往这些横断历史研究，可以看到一个表面上矛盾的结果：军人和大学生在 SCL-90 所测的各种病理性症状上得分逐年减少，而用其他量表所测的焦虑、抑郁、孤独感这类负面情绪体验却在增加。也就是说，这两个群体的极端心理问题相较从前在减少，但日常的不良情绪体验却有增无减。这个看似矛盾的结果在多项研究中得以确认，还是比较确切的，然而这一"谜题"的原因还有待研究。

基于上述成因分析，要应对心理健康水平的下滑趋势，首先要做好其背后的社会问题的解决。例如，可以通过政策设计调整各类人群的收入差距，减少贫富分化带来的不良心理后果；通过开展社区心理建设，使社区重新回归熟人社会，增进人际联结，提升社会支持，从而降低人们（如老年人）的孤独感。其次，要接纳现实，容忍现实中某些不完美的方面。我们必须认识到，并不是社会变迁中的每个负面问题都可以人为解决，这种宏观的社会历史进程在很大程度上是不以人的意志为转移的，有着自身演进的逻辑。改革和发展往往伴随着各种代价，"除了经济代价和社会代价外，还有许多关于变迁的心理代价（瓦戈，2007，p. 274）"。就如同社会快速变迁必然会引发人们的焦虑一样，很多心理后果都是不可避免的，因为社会变迁是一定要发生的。再次，在这种背景下，只能针对特定人群某种具体的心理健康问题采取对策。例如，中小学生心理健康水平的下滑，可通过进一步加强学校心理健康教育来缓解；公众焦虑和抑郁情绪的上升，可以通过重塑其社会想象方式（如改变追赶型心态）来调节。最后，重视小环境和行业环境的改造。如前所述，针对教师和医护人员心理健康的下滑趋势及其成因，要切实改善他们的工资福利，增加人员配备，降低工作压力，减少公众舆论中的"道德绑架"现象。

三、各类人群社会心理的变迁

个体心理不仅体现为心理健康与否，还涉及各种社会心理变量。这里的"社会心理"只是个非常笼统的类别标签，用于指代个体社会性的心理，这部分涉及个体的自我观念和人格特质，对人际关系和职业的看法或体验（如依恋、社会支持、人际信任、职业倦怠），对生育和生活的看法或体验（如生育意愿、幸福感）。我们（池丽萍、辛自强，2020）搜集到围绕这些社会心理变量的 24 项横断历史研究，总结这些文献可以揭示各类人群社会心理的变迁趋势（见表 3-2）。

表 3-2　各类人群社会心理指标的变迁趋势

序号	文献作者，年代	研究对象	数据起止年份	测量工具	统计量 d 或其他指标	文献出处和期号
1	Liu et al., 2015	青少年	1996—2009	RSES	自尊 $d=-0.83$	Journal of Research on Adolescence，2

序号	文献作者，年代	研究对象	数据起止年份	测量工具	统计量 d 或其他指标	文献出处和期号
2	沙晶莹等，2016	大学生	1993—2013	RSES	自尊 $d=-0.89$	心理科学进展，11
3	Gao et al.，2019	初一到大四学生	2008—2017	NPI	年代和自恋得分的相关系数是-0.49	Personality and Individual Differences，148
4	田园等，2017	大学生	2004—2013	NEO-FFI	神经质 $d=1.11$，外向性 $d=1.30$，开放性 $d=1.06$，宜人性 $d=0.57$，严谨性 $d=1.21$	心理发展与教育，1
5	颜志强等，2017	大学生	2009—2015	IRI-C	共情 $d=0.94$	心理技术与应用，10
6	辛素飞等，2019	大学生	2005—2015	AQ	攻击性总分、身体攻击和敌意因子得分均与年代呈负相关	中国心理卫生杂志，7
7	辛素飞等，2019	大学生	1999—2014	AMS	成就动机总分 $d=-0.70$，追求成功 $d=0.36$，避免失败 $d=0.92$	心理发展与教育，3
8	辛自强等，2008	大学生	2001—2006	CSQ	应对方式的6个因子与年代无相关	中华女子学院学报，3
9	辛素飞等，2018	大学生	2001—2015	CSQ	解决问题 $d=0.42$，求助 $d=0.41$，自责 $d=0.13$，幻想 $d=0.18$，退避 $d=0.15$，合理化 $d=0.30$	心理与行为研究，6

序号	文献作者，年代	研究对象	数据起止年份	测量工具	统计量 d 或其他指标	文献出处和期号
10	Shu et al.，2017	大学生	2003—2015	ECR	依恋焦虑 $d=0.20$，依恋回避 2009 年前 $d=0.58$，2009 年之后 $d=-0.55$	Personality and Individual Differences，105
11	Xin et al.，2016	大学生	1999—2011	SSRS	社会支持总分 $d=-0.43$，客观支持 $d=-0.49$，主观支持和支持利用度得分变化不显著	International Journal of Behavioral Development，5
12	辛素飞等，2018	老年人	1996—2015	SSRS	社会支持总分 $d=-0.69$，客观支持 $d=-0.81$，主观支持 $d=-0.11$，支持利用度 $d=-0.36$	心理发展与教育，6
13	Zhang et al.，2019	大学生	1998—2016	ITS	人际信任 $d=-0.54$	Journal of Social Issues，1
14	刘贤敏等，2014	教师	2003—2013	MBI	情感衰竭 $d=0.37$，去人性化 $d=1.81$，低成就感 $d=1.27$	教育导报，5
15	袁承杰等，2015	医生	2004—2013	MBI	情感衰竭 $d=1.61$，去人性化 $d=0.32$，低成就感 $d=2.15$	中国健康心理学杂志，5
16	Huang，2018	护士	2004—2013	MBI	情感衰竭 $d=0.37$，去人性化 $d=0.38$，低成就感 $d=0.56$	Current Psychology，3

序号	文献作者，年代	研究对象	数据起止年份	测量工具	统计量 d 或其他指标	文献出处和期号
17	张建卫等，2019	企业员工	2004—2014	OCQ	情感承诺 $d=0.59$，规范承诺 $d=0.52$，持续承诺与年代无相关	商业经济与管理，5
18	侯佳伟等，2014	育龄人群	1980—2011	生育意愿调查	意愿子女个数、出生率随年代下降	中国社会科学，4
19	陈蓉，2018	育龄人群	1983—2013	生育意愿调查	意愿子女个数、出生率随年代下降	兰州学刊，4
20	张银锋等，2016	育龄人群	1994—2012	人口调查	理想生育年龄、实际生育年龄随年代上升	人口与发展，2
21	侯佳伟等，2018	育龄人群	1979—2017	人口调查	由偏好男孩向无性别偏好转变	中国社会科学，10
22	李双双等，2015	大学生	2000—2011	GWB、IWB	两个量表测得的幸福感效果量分别为 $d=0.41$ 和 $d=0.48$	心理技术与应用，10
23	张衍等，2014	老年人	1987—2012	MUNSH	主观幸福感随年代显著下降	第十七届全国心理学学术会议
24	Yu et al.，2016	老年人	1990—2010	MUNSH	主观幸福感 $d=-0.52$	Social Indicators Research，2

注：d 值为正数表示相应的心理指标升高，负数表示指标降低。另外，鉴于该表已经提供了所引用文献的基本出处信息，故如果这些文献仅在该表出现过，本书"参考文献"部分不再重复列举。

(一)自我与人格的变迁

现有的关于自我和各种人格特质的横断历史研究，主要是围绕中学生和大学生两类群体进行的，研究变量涉及自尊、自恋这两个关于自我的常用变量，也包括"大五"人格，以及情绪智力、共情、攻击性、成就动机、应对方式等人格特质类变量。

首先，中学生及大学生群体的自尊和自恋均在降低。自尊是个体对自我价值的评判、对自我能力的感知以及对整体自我的接纳，可以采用罗森伯格自尊量表（RSES）进行测量，自尊得分越高说明人们对自己的看法越积极，自我评价越高。适宜的自尊水平是基于自我的现实状况和他人评价形成的，能够帮助人们更好地接纳自我、适应现实；而罔顾现实，过分强调自我的价值、自我的重要性和优越性就成了"自恋"。以罗森伯格自尊量表为工具，针对自尊变迁的两项横断历史研究（表 3-2 中的第 1、第 2 项研究）显示，在 20 世纪 90 年代后的近二十年间无论是中学生（包括初中生和高中生）还是大学生，其自尊都随着年代变迁呈现大幅度的下降，但两者降低的影响因素可能不同。统计结果显示，中学生自尊降低可能与社会联结程度的快速降低有关，调查实施当年的流动人口数量和离婚率能够预测中学生自尊降低（第 1 项研究）；而对大学生群体而言，近些年来高等教育的不断普及使得其学历优势逐渐丧失，就业市场开始遇冷，让他们的自我价值感变差，自尊水平降低（第 2 项研究）。采用自恋人格问卷（NPI）对中学生和大学生群体进行测量，结果发现他们的自恋程度在 2008 年到 2017 年的十年间也在不断下降（第 3 项研究），其下降原因可能与自尊类似。

其次，大学生群体在人格特质上随年代变得更加外向、开放、严谨和宜人，但情绪更不稳定。人格特质体现个体的独特性，有其生理基础，但是在一定历史时期内，人格特质会随着宏观社会背景的变迁而发生变化。心理学研究常采用简版大五人格测验（NEO-FFI）来测量人格特质的五个方面：神经质、外向性、开放性、宜人性和严谨性，测验得分越高，分别表示个体的情绪越不稳定、性格越外向、观念态度越开放、更容易与人相处、行事越谨慎。针对大学生人格特质的横断历史研究(表 3-2 的第 4 项)发现，自 2004 年到 2013 年他们的人格特质发生了明显的整体性变化：大学生正在变得更加外向、开放、严谨和宜人，然而情绪的稳定性变得更差了。

另外，有 3 项对大学生共情能力、攻击性和成就动机的横断历史研究结果能够为上述大学生人格特质的变迁趋势提供部分佐证。共情是反映人们能否理解他人情绪体验并与之形成共鸣，以及产生适宜行为反应的能力，它可以用人际反应指针量表(IRI-C)加以测量，得分越高代表共情能力越强。共情能力强的人更善于处理人际冲突、建立温暖和谐的人际关系，表现出较高的宜人性特质。表 3-2 中第 5 项研究指出，从 2009 年到 2015 年大学生的共情水平有较大幅度上升，这与人格中宜人性水平的提高相一致。从反面来看，使用攻击或暴力方式解决冲突会破坏人际关系，是个体宜人性较低的表现。攻击性问卷(AQ)能够测量个体的身体攻击、言语攻击、愤怒和敌意 4 个因子。表 3-2 中第 6 项研究指出，从 2005 年到 2015 年，大学生群体的总体攻击性水平逐渐降低，主要表现为身体攻击和敌意水平的明显降低，而言语攻击和愤怒水平没有发生变化。此外，对 1999 年到 2014 年大学生群体成就动机的时代变迁研究(第 7 项)结果显示，随着时代发展，大学生避免失败的动机越来越强，即他们行事变得越来越谨慎以防止失败，这与人格中的谨慎性得分上升趋势是吻合的。成就动机指人们在达成目标的过程中追求成功、避免失败的心理倾向，可用成就动机量表(AMS)测量。该量表的成就动机总分由追求成功因子得分减去避免失败因子得分求得。第 7 项研究显示，在这 16 年间大学生的成就动机有较大幅度的降低。进一步的分析显示，大学生群体追求成功的动机并没有随年代发生大的变化，但他们正变得越来越关注如何避免失败。

最后，大学生群体应对挫折和压力的方式变得更积极。个体面对挫折或压力时所采取的认知和行为方式称为应对方式,可以借助应对方式问卷(CSQ)进行测量。该问卷包括解决问题、求助、自责、幻想、退避、合理化6个因子,其中解决问题和求助属于积极的应对方式,自责、幻想、退避则属于消极的应对方式,合理化因子则属于混合型的应对方式。表3-2中的第8和第9两项研究考察了大学生群体在这6个因子上的变化趋势,虽然最初考察2001年到2006年这个较短时期内6个因子的得分时均未发现年代效应(第8项研究),但十年后补充数据而延伸至2015年时发现,大学生的解决问题和求助两个因子得分随年代显著上升,而其他因子得分变化不大(第9项研究),这说明他们的应对方式越来越积极。这与前文提到的过去几十年大学生群体病理性心理问题在减少,以及人格特质更趋外向、开放的特点,都是一致的。

(二)人际关系的变迁

时代变迁除了影响不同人群的自我认识、人格特点和压力应对方式,还对其人际关系产生了较大影响。以往的横断历史研究考察了大学生及其他人群的成人依恋质量、社会支持、人际信任等心理指标随年代发生的变化,这三类指标分别代表了个体亲密关系、日常社会关系以及与陌生人关系的质量,可以折射出时代变迁对人际关系的影响。

第一,大学生群体的成人依恋质量略有降低。大学生与自己的好友、家人、恋人等亲密关系对象之间产生的情感依恋被称为成人依恋,可用亲密关系经历量表(ECR)进行测量,量表从依恋焦虑和依恋回避两个方面评估依恋质量。在亲密关系中总担心关系破裂或被抛弃,则表示依恋焦虑严重;而总感觉不能对对方敞开心扉、总是回避亲密接触则说明依恋回避严重。表3-2的第10项研究显示,从2003年到2015年,大学生群体的依恋焦虑增加,依恋回避先增加后降低，总体的依恋质量似乎略有降低。

第二，大学生群体和老年人群体得到的社会支持都在降低。社会支持反映了人们能够从自己的社交网络中获取的实际的、可见的支持，或感受到被理解和尊重的程度。社会支持评定量表（SSRS）常被用于测量个体得到的客观支持和主观支持，及其对社会支持的利用度。分别针对大学生和老年人的两项横断历史研究（第11、12项）均一致表明，20世纪90年代中期以来，这两个群体得到社会支持的总分都明显降低，这主要表现为所得到的客观支持在减少，而且老年人所得支持的减少幅度尤甚。伴随经济社会发展及城镇化水平的提高，无论是城市还是农村家庭规模都在缩小，核心家庭日益成为主流，而以往可由大家族或扩展家庭提供的支持、陪伴及养老功能在减弱，也就是说，客观社会支持在明显减少。随着传统的熟人社会逐渐转型为现代的陌生人社会，深度社会交往机会也减少了，不利于弥补家庭系统缺失的支持功能。

第三，大学生群体人际信任水平不断降低。除了与亲密关系对象、熟识人群的关系质量变差外，大学生对陌生人的信任程度也在降低。对陌生人的信任通常采用人际信任量表（ITS）测量，其得分能够反映人们对他人或各类团体与社会角色的信任程度。表3-2第13项研究显示，从1998年到2016年大学生人际信任水平显著下降，他们觉得他人和社会不再那么值得信任。这项研究还表明，信任的衰落可能是因为在我国的市场化进程中，市场动力属性被释放（如鼓励人们的逐利和自利行为），而起监管作用的市场规则发育不足。简言之，市场动力属性和规则属性的不平衡引起了对诚信的滥用，而降低了人与人之间的信任或可信性。

（三）职业心理的变迁

职业倦怠和组织承诺分别从不同方向反映了个体对工作的投入

程度、与组织的心理联结程度，这是职业心理研究的重要内容。研究者们考察了教师、医护人员和企业员工这三个群体的职业心理是否随年代发生变化。

第一，教师、医护人员等人群的职业倦怠日益严重。职业倦怠意味着人们在工作重压下产生了身心疲劳、情感耗竭，并且难以体验到成就感与价值感。职业倦怠量表（MBI）测量了情感衰竭、去人性化（对他人消极冷漠、愤世嫉俗）和低成就感三个因子。表 3-2 的第 14 项研究表明，2003 年以后，教师群体的职业倦怠程度在逐年增加，去人性化和低成就感两个因子得分大幅升高，这说明教师对工作的热情和情感投入逐渐降低，从工作中体验到的成就感和自我价值感在下降。第 15、16 项研究同样表明，在这一历史时期，医生和护士群体的职业倦怠感均明显增加，尤其是医生群体，其在情感衰竭和低成就感因子上的得分剧烈增加，这说明医生因工作投入过多而导致身心疲惫的状况越来越严重，而他们在工作中体验到的价值感、成就感却越来越少。教师与医护人员都是以人为工作对象、直接与人交往的职业，需要大量时间和情感投入，而且随着社会发展，人们对这类职业的要求越来越高，从业者因此特别容易出现身心俱疲和情感衰竭；同时，因为工作的复杂性，这些职业人群的个人付出未必能与工作成就（学生成绩提高、病人康复）成正比，致使他们的职业成就感不断下降。

第二，企业员工的组织承诺提高。组织承诺是指员工对组织的情感依附、投入和忠诚度，体现了员工与组织间的一种心理关系，包括情感承诺、规范承诺和持续承诺三个因子，通常用组织承诺量表（OCQ）测量。对企业员工在 2004 年到 2014 年的 11 年间组织承诺变化情况的研究（见表 3-2 第 17 项）发现，员工因情感依恋（情感承诺）、因道德和责任考虑（规范承诺）而愿意留在组织中的倾向明显提高。这一趋势与数据收集前 5 年的城镇化率、人均 GDP、CPI（消费价格指数)、城镇失业率和高校毕业生数量等指标相关，也即随着城镇化率提高、生活和工作的经济压力增大、就业压力的增加，企业在职员工对企业的情感依恋和忠诚度"不得不"提高。

(四)生育意愿和行为的变迁

人口学专业引入我们常用的横断历史研究方法，对近 40 年的人口调查和普查数据进行了再分析，揭示了公众生育意愿、实际生育年龄和再育年龄、子女性别偏好随年代发生的系统变化。

首先，我国居民的生育意愿在明显降低，生育行为也在明显减少，且生育行为减少的速度快于生育意愿降低的速度。表 3-2 中的第 18 项研究显示，从 1980 年之后的 30 年间，我国居民的生育意愿明显降低。20 世纪 80 年代的平均理想子女数是 2.13，90 年代是1.90，2000 年后的十年是 1.67。而且随着社会的变迁，居民的生育意愿和生育行为的关系发生了变化。20 世纪 80 年代中国人的实际生育水平高于生育意愿，即人们实际生育的子女数量多于其理想个数；90 年代之后，生育水平已经低于生育意愿了，即此时人们实际生育子女的个数少于其理想个数。另一项对上海市育龄人群在相似时段的横断历史研究(第 19 项)，也得到人们生育意愿不断降低的结论。

其次，我国女性的实际生育年龄不断上升。表 3-2 中的第 20 项研究考察了我国女性初育和再育年龄的变化趋势，结果发现女性初育年龄从 1995 年的 23.49 岁上升到 2012 年的 25.78 岁，再育年龄从 26.73 岁上升到 29.61 岁；理想的生育年龄相对较为稳定，没有随着年代发生显著变化，理想初育年龄保持在 25.30 岁左右，理想再育年龄维持在 28.40 岁左右。城市人口无论是初育年龄还是再育年龄，均是实际生育年龄大于理想生育年龄；农村人口则相反，实际初育年龄显著小于理想初育年龄，再育年龄经历了由"实际小于理想"到"实际大于理想"的转变。

最后，我国居民对子女的性别偏好正在弱化为"无偏好"。表 3-2 的第 21 项研究显示，中国人对子女性别的偏爱在 1979 年之后的 40 年中发生了系统变化：对男孩的偏好一直呈明显弱化趋势，理想男孩数量也在降低；社会整体文化氛围正在由有性别偏好向无性别偏好转变，日益认同"生男生女都一样"。

(五)幸福感的变迁

有关幸福感的横断历史研究主要针对大学生和老年人两个群体展开，所使用的工具包括总体幸福感量表(GWB)、幸福感指数量表(IWB)和纽芬兰纪念大学幸福度量表(MUNSH)，在量表上得分越高代表幸福感越高。表 3-2 中的第 22 项研究显示，从 2000 年到 2011 年大学生的主观幸福感不断提升。第 23、24 两项对老年人幸福感的研究得到一致结论：老年人的幸福感在过去几十年间逐渐下降，这可能与经济和医疗压力的增加以及家庭规模的缩小等因素有关。

(六)小结：社会心理变迁总体特点与应对之策

上文总结了表 3-2 所列举的 24 项横断历史研究结果，这里进一步概括各类人群社会心理变迁的总体特点。

首先，大学生社会心理指标变迁亦是"喜忧参半"。好的方面是大学生人格和应对方式总体而言更趋积极，他们变得更加外向、开放和宜人，而且共情能力提升，攻击性下降，面对压力时更多采取解决问题和求助等积极应对方式，幸福感似乎也提升了。不利的方面是，他们的自尊水平大幅降低，情绪稳定性变差(更神经质)，更倾向于避免失败，行事似乎趋于严谨("严谨性"得分的上升未必是件好事)；他们的各类人际关系质量，包括人际信任水平和能得到的社会支持都在降低。

其次，多种职业人群的职业压力和倦怠感大幅增加。教师和医护人员都体会到了日趋增加的职业倦怠感，表现为情感衰竭，缺少职业成就感，难以对工作投入更多热情。教师和医护人员都以人为工作对象，从事的是一种情感性劳动，这种职业压力是有损其心理健康的。此外，企业员工对组织的承诺是上升的，这种上升对减少员工离职和企业发展有积极意义，但其原因可能是在就业压力升高趋势下，员工不得不表现出对企业的承诺。

再次，老年人和中学生的某些心理特点值得关注。老年人的幸福感明显降低，得到的社会支持大幅减少，后一结果可以部分解释前者。中学生的自尊水平也出现明显下滑，其趋势与大学生类似。

最后，我国居民的生育心理和行为出现了深刻的变迁。随着时代发展，人们的生育意愿和实际生育水平都大幅降低了，而实际生育年龄则在延迟。通俗地说，相比从前，育龄人口更不愿意生孩子了，并且孩子生得更晚了，这都可以解释为什么目前我国人口增幅会出现下行趋势。此外，现在人们不像以前那么偏爱男孩了，更多人觉得"生男生女都一样"。

综上，多种人群的一些社会心理指标在朝着消极的方面变迁，这种趋势应该得到高度重视。例如，随着整体社会网络、人际联结程度的下降，无论大学生还是老年人得到的社会支持都在减少，人际信任在衰落。这种变化往往是现代化、市场化、城市化的必然结果。教师和医护人员职业倦怠的增加，与前文提到的这些人群心理健康水平的下降趋势是一致的，这些行业人员巨大的工作压力和情感消耗必须引起有关部门的重视。随着现代化、社会富裕程度提高，居民生育意愿会出现明显下降而致使人口增长低迷甚至出现负增长，这一规律几乎在全世界每个发达国家都经历过，我国政府应该提前做出应对之策。

应对之策无非"治标"和"治本"两类。治本当然是上策，例如，教师和医护人员的职业倦怠问题，可以通过调整从业人员数量和工作任务，增加工资待遇等来缓解。然而，一些社会心理的变迁，有其深刻的经济和社会结构根源，在"治本"很困难的情况下，则应针对特定的社会心理指标采取专门的举措，缓解问题本身。例如，针对老年人幸福感的下降，可以采取措施部分重建老年人社会网络，或者提供幸福训练课程。

第四章　社区心理建设

社会治理的一个典型场域是社区，社区治理同样具有心理学本质。我们提出了"社区心理建设"的理念，试图弥补当前社区治理和社区建设"见物不见人"的弊端，推动以人为中心的社区治理实践。本章不仅要论证社区心理建设理念的合理性，更要阐述其内容和实践方案。

第一节　社区心理建设的背景与内容

社区不仅是每个居民的栖居之地，更是建基于共同心理基础上的社会生活共同体，应该是每个居民的"心之所系"。社区心理建设是社区治理的题中之意，是创新社区和社会治理的重要着力点。本节介绍社区心理建设概念的提出背景，阐明其所含内容。

一、"社区心理建设"概念的提出背景

我对社区心理学问题的关注大致是从2013年开始的，个人最初的兴趣来自实践需

求的激发。2013年9月至2014年9月我曾在北京市海淀区甘家口街道办事处挂职任副主任，这期间分管街道的网格化管理和老旧小区改造工作。对于我这样一个有心理学背景的人而言，网格化管理是一件全新的事务，我在尽快熟悉具体工作的同时，也做了大量文献研读。由此，我找到了心理学如何与社区建设结合的思路，那就是提出"社区心理建设"这样一个概念，将其作为社区建设的创新举措。这期间我在该街道的若干社区开展了社区心理现状调查（辛自强，2015），也做了一些实践性的工作。基于这些探索，我申报的"北京市社区心理建设研究"项目，2014年7月获批为北京市社会科学基金重点项目，从而正式开启了个人对社区心理的研究。

我们提出"社区心理建设"的概念，倡导开展"以人为中心"的社区治理，力图把社区打造成真正拥有"共同心理"基础的社会生活共同体，为社会和谐、长治久安奠定基础（辛自强，2015，2016）。这一概念的提出有其学理基础、文献依据和现实需求。

（一）"共同心理"是社区作为社会生活共同体的基础

"社区"是日常用词，却有复杂的含义。"社区"首先指代一个地理空间或行政区域。生活中我们说"我住某某社区"，这是就地理位置而言的；它还指代一类行政区域，例如《民政部关于在全国推进城市社区建设的意见》（中办发[2000]23号）指出："目前城市社区的范围，一般是指经过社区体制改革后作了规模调整的居民委员会辖区。"此外，"社区"一词的最初含义是社会生活共同体。德国社会学家滕尼斯（F. Tönnies，1855—1936)1887年出版《社区与社会》一书，最早提出了"社区"概念，它指"建立在血缘、地缘、情感和自然意志之上的富有人情味和认同感的传统社会生活共同体"。虽然这一界定的某些细节不再适合当下实际，但学者们普遍认为，社区本质上应该是具有心理和精神关联的一群人组成的社会生活共同体（吴群刚，孙志祥，2011）。既然称之为"社会生活共同体"，就强调人与人之间要有社会交往和社会联结，有共同的社会活动和群体参与，有社区认同感和归属感，有心理和精神的关联，总之人们要有机地团结在一起。总体而言，"社区"应该是生活在某个区域的人们形成的社会生活共同体。然而，当下我们的社区，并未真正成为社会生活共同体，对政府而言往往只不过是一个行政管理的区域，对居民而言似乎也不过是一个居住的地方。

社区作为"社会生活共同体"的存在，有赖于三个要素：地域性、社会互动和文化认同（舒晓虎，陈伟东，罗朋飞，2013）。首先，这种共同体是建立在共同地域之上的，理解人与地方的关系就要涉及地方依恋（Morgan，2010；古丽扎伯克力，辛自强，李丹，2011）、地方感（Tuan，1977）之类心理变量；其次，共同体的形成和存在，离不开人际的互动、信任、支持、参与（Obst & White，2007），显然这都是一些社会心理过程；最后，共同体的维系离不开对社区共同价值和文化的认可（Long & Perkins，2007），这依然是心理或精神层面的事情。由此可见，社区具有浓厚的心理意蕴，然而，当下各种与社区有关的研究和实践都普遍忽视了社区的"心理内涵"——即"共同体"的含义、"共同心理"的含义。因此，开展社区心理建设在学理上是成立的，也是必要的。

（二）开展社区心理建设的学科文献基础

我国的社区研究主要是从社会学、政治学、公共管理学等学科的角度进行的，相应地有"社区建设""社区治理""社区管理"等不同的理论概念（汪大海，魏娜，郁建立，2012；吴群刚，孙志祥2011；夏建中，2012）。然而，这些学科的研究很难顾及社区建设的心理层面，忽视了"社区心理建设"。"人"或社区居民是社区的核心要素，无论是社区建设，还是社区治理，都应该把"人"作为核心，把居民当作"人"，做到"以人为本"和"深入人心"。社区建设应该有明确的心理目标：如居民对社区的认同感、居民之间的相互信任和支持、和谐的邻里关系、浓浓的人情味、健康的社会心态。

为更好地理解社区的心理内涵，确立社区心理建设的方向和思路，应该更多地引入心理学的视角。社会心理学，尤其是其中的社区心理学为社区建设提供了最为重要的心理学知识体系。社区心理学产生于20世纪60年代的美国，它致力于在理论层面研究人与社区的关系(如社区感、社区认同、地方依恋、人际信任、社会支持、邻里关系、社区参与)，并试图将心理学知识用于社区建设实践，以解决各种社会问题(如贫困、教育、犯罪、社会歧视、身体和精神的疾病)，用心理学的方法建设美好、公正、和谐、团结的社区(Perkins，2009；道尔顿等，2010)。目前，国内研究已经涉及社区意识(桑志芹，夏少昂，2013)、社区认同(舒晓虎等，2013；王爱平，周尚意，张姝玥，陈浪，2006)、地方依恋(古丽扎伯克力，辛自强，2011)等社区心理变量的调查，也开展了少量的社区心理方面的实践研究(徐玖平，刘雪梅，2009)，此外，还有一些文献述评或国外经验介绍之类的成果(陈小异，2006；李须等，2015)。然而整体而言，目前国内对社区心理学的研究和实践都很薄弱，这方面的研究大多缺乏"现实关怀"，没有真正考虑本土的社区建设实践，研究成果没能在社区层面落地生根。因此，我们应该基于社区心理学的视角关照本土社区治理实践，探索社区心理建设的方向和思路。

(三)开展社区心理建设是实践之需

传统上，我国有关社区的政策和实践，没有认识到社区心理建设是社区建设的关键内容。在我国，随着市场经济的建立，传统的"单位制"走向解体，"单位办社会"的历史趋于终结，社会问题的解决最终落到了社区层面。1986年，民政部提出在城市开展"社区服务"的设想；20 世纪 90 年代初，"社区服务"逐渐被更广义的"社区建设"概念取代；2007 年党的十七大明确提出要"把城乡社区建设成为管理有序、服务完善、文明祥和的社会生活共同体"，从此"社区建设"有了明确的发展方向。虽然国家以及各地政府都或多或少地认识到了社区建设是要建设"社会生活共同体"，但这种共同体本质上是心理或精神意义上的，如何建设这种心理意义上的共同体，在社区管理和建设的实践中普遍没有得到足够的重视。

中共十八届三中全会提出了"推进国家治理体系和治理能力现代化"的改革总目标。社区是社会的细胞，社区治理是社会治理和国家治理的基础。然而，当前的社区政策和实践往往单向度地强调了对居民自上而下的行政管理，居委会行政化色彩严重，社区的自治功能低下，社区居民缺乏共同体意识。现代"治理"理念强调的是政府、居委会、居民、社区工作者、社区组织等多元主体共同参与社区建设，其中尤其要突出社区居民的主体地位，居民主体地位的发挥则有赖于社区共同心理的培育。为创新社区治理，我们提出"社区心理建设"的理念，就是要培育社区居民的共同心理，这一理念正是对国家治理体系和治理能力现代化这一改革总目标的响应。

开展社区心理建设有助于纠正当前社区管理实践的偏颇，弥补其不足。以目前被高度重视并不断推广的社区"网格化管理"为例，仔细观察一些社区的具体实践可以发现，其中心工作内容是社区层面问题由社区网格员（主要是居委会干部、楼门长、协管员等）直接借助网络平台上报汇总到街道等更高一级网格，然后通过上级行政力量的下沉，直接帮助居民解决社区问题。这种行政力量下沉，虽然能有效解决社区问题，将可能的社会风险消灭在萌芽阶段，但它是以国家行政力量对居民自治空间的过度侵入、政府包办社区事务的沉重负担为代价的，其背后的理念依然是"社会控制"和"行政管控"。在当前的网格化管理实践中，并没有充分重视居民之间的横向互动、居民的自组织或自治，社区居民反而更加趋于"原子化"，难以形成社会联结，内心缺乏对社区事务的关注热情，缺乏基于社区认同的社区参与。概言之，以"网格化"为特色的社区管理实践，并没有充分重视居民的主体意识，在相当程度上抑制了社区共同心理的形成，不利于社区"社会生活共同体"的形成。

最后，社区心理建设还是国民心理建设的重要基础。随着我国改革开放的全面深入，社会阶层和利益群体不断分化，社会矛盾和社会问题明显增加，当前出现了各种现实的社会心理问题。一方面是社会心态问题，如失落的社会情绪、失调的社会认知、失衡的社会价值观、失范的社会行为。另一方面是一些国民群体在某些心理指标上的消极变迁趋势，如人际信任的衰落、心理健康问题的增加。为此，国家应该开展系统的国民心理建设，将心理建设放在与经济建设、政治建设、文化建设、社会建设、生态文明建设等各领域建设同样的高度来看待。实际上，"心理建设"曾被孙中山作为"建国方略"之一提出，但是他没来得及实践。最近 10 余年党和政府的重要文件，也反复提到社会心态培育、心理干预、心理健康服务、社会心理服务等概念，这些都是心理建设的重要方面。鉴于此，有必要将国民心理建设提升为国家战略(辛自强，2017a)。社区是国家与个人生活的交界面，是居民社会生活的共同体，社区心理建设可以作为国民心理建设的主要落脚点和着力点之一。

二、社区心理建设的内容

社区心理建设的内容可以是很广泛的，至少包括四项内容：建设社区共同心理，在社区层面开展社会心理服务，提供心理健康服务，并依循心理规律开展社区治理以实现"由心而治"。而这四者之中，最核心的内容是建设社区共同心理，这是社区心理建设的本义或者狭义所指。

(一)建设社区共同心理

社区既然被视为"社会生活共同体",就是强调社区居民要有共同心理基础,人们之间要有社会交往和社会联结,有共同的社会活动和群体参与,有社区认同感和归属感,有心理和精神的关联,总之人们要有机地团结在一起。然而,很多社区的情况恰恰相反,如居民缺乏社区认同感和社区参与,人际关系冷漠,邻里之间老死不相往来。因此,社区心理建设的首要内容是共同心理的建设。

社区居民的共同心理体现为一系列心理变量,如共享的社区感、社区价值观和社区性格,对社区的认同和依恋,对社区事务的参与,邻里的相互信任和支持等,但其核心是居民的社区认同。社区认同反映了居民对社区功能状况的认可程度以及居民与社区的情感联结强度,即功能认同与情感认同(Yang & Xin,2016;辛自强,凌喜欢,2015)。"功能认同"体现为居民对社区的便利程度、管理水平、环境条件以及社区能否满足家庭需求等方面的认识,简言之,它指居民对社区功能的满意和认可程度;"情感认同"表现为居民是否在意他人对自己社区的看法、对于社区是否具有特殊情感(如家园感)、社区是否成为自己生命意义的一部分,总之,它是居民与社区的情感联结以及在情感层面上对社区的接纳和认可。居民的社区认同是社区心理的核心要素,对其他社区心理和社区行为有重要的影响。例如,一位英国学者(M. van Vugt)在2001年的研究发现,对于居民的节水行为,物质刺激(如阶梯水价)有较大影响;但是,在没有物质刺激时,高社区认同的居民比低认同的居民更能节约用水。我们近期几项研究(Yang & Xin,2016;辛自强,凌喜欢,2015)表明,高社区认同的居民有更强的社区助人意向,当发现小区有人晕倒时,更愿意施以援手,包括打急救电话、查看其身体状况并直接开车送医等。不仅如此，社区认同高的居民，还会更多参与社区事务的管理（如参加社区会议、社区文体活动、社区组织），有更多的邻里互动（如打招呼、相互帮忙、物质交换等）。由此可见，社区心理建设要重点打造以社区认同为核心的共同心理。

关于具体如何促进社区认同，本章第二节专门介绍，这里就一般意义上的社区共同心理打造谈两点看法。

第一，社区公共空间是社区心理建设的平台基础。传统上，我国居民有强烈的家庭和家族意识，其日常社会互动的空间表现出以家庭和家族聚居地为核心的差序格局，相对不重视在家庭和家族之外的社会空间的互动。随着大家族、传统单位制的衰落和解体，居民社会互动的空间进一步压缩。现代化小区是由陌生人构成的世界，居民的日常活动局限在核心家庭之内，家门之外的社区事务都不是"自家事"。由此，形成了家庭私人空间与社区公共空间的明确分隔，以及居民对社区和社会事务的漠视。毫无疑问，社区治理属于公共事务，只能发生在社区公共空间里，社区共同心理的培育必须以社区公共空间为平台。只有充分营造社区公共空间，才能吸引居民走出家门，进入社区公共空间参与社会互动和社区管理，从而形成社区共同心理。

举例来说，日本在社区兴建的公民馆，就是非常成功的通过搭建平台培育社区共同心理的案例。第二次世界大战后，日本政府为了培育公民的民主意识、提高全民素养，在全国范围内建设了社区公共文化设施——公民馆。发展至今，公民馆不仅承担社会教育、社会福利等最初功能，而且成为日本居民进行文化娱乐等社会活动的基本场所，更是连接区域内与区域间居民社会关系的重要纽带，其核心理念也从最初的让居民拥有可以谋生的"一技之长"转变为"维系人地关系"和"塑造良好人格、提高居民修养"（丁诺舟，张敏，2017；刘娜，2009）。日本公民馆的一些理念对我国社区公共空间的营造很有借鉴意义，如它供全体居民自由使用，弱化组织管理的职能，倡导人与人之间的平等和尊重，注重激发居民的主动性、创造性，强调对历史文化的传承和发扬，关注儿童的健康成长、培养儿童对故乡的热爱与自豪感，等等。

社区公共空间是多重的。一是要在社区营造足够多的公共物理空间。社区要为居民开会、闲聊、聚会、文体活动、邻里互动等提供足够多的，便于使用的公共场所。例如，一个儿童游乐场不仅促进了儿童之间的交流和友谊形成，而且促进了儿童照看者之间的交往；一个聊天场所或场地，可以促进居民围绕社区事务开展讨论。二是要善于建设并利用网络虚拟空间。相比于面对面的互动，居民，特别是年轻人和忙碌的工作人群，更习惯于在互联网上互动。社区或小区可以设立虚拟的社区论坛、聊天室、微博、微信等，让广大居民参与虚拟世界的互动，以培养社区认同，形成社区价值观和社区性格。三是要建立社区共享的意义空间。社区的历史文化传统、社区的人文资源、社区的符号体系等构成了社区共享的意义空间。例如，社区里的一位名人可能成为社区居民谈话的常备话题，社区居民集中回迁之前的居住经验可能成为社区集体记忆的核心内容，社区发生的重大历史事件可能被融入居民的社会价值观中。总之，我们要善于为社区营造各种物理空间、虚拟空间、意义空间，引导社区居民一起自主创造自己的物质家园和精神家园。

第二，利益关联是居民参与社区心理建设的核心动力之一。社区心理建设是为了居民，也必须依靠居民。居民对社区心理建设，以及其他方面社区建设的参与，除了出于强烈的社区认同之外，最重要的动力机制是"利益关联"。我们调查发现，本地户籍居民相比外地户籍居民参与社区事务和邻里互动都更频繁（辛自强，2015），这或许只是因为本地户籍居民与社区有更多的利益关联，如房屋产权、房屋的维护与保值、社会福利等，他们必须参与社区事务来实现或保障自己的权益；他们要在社区长久居住，也需要维系和邻里稳定的关系。

居民在社区的利益不仅指自身的直接利益，如自家房产，还包括社区公共利益，如社区环境、社区秩序、社区文明等。一方面，要引导社区居民形成合理、合法的权利意识、主体意识；另一方面，要通过向居民授权，让居民有真正参与社区公共利益维护的可能和意愿。居民不能只是被居委会发动起来被动参与社区事务，或者只是参与文娱活动这类表面化的社区治理。他们应该被实质性授权，作为社区所有公共利益的权利主体，学会通过法律、民主协商等手段参与社区治理。只有如此，才能在自身和社区之间建立强有力的利益关联和情感联结，增进社区认同。

(二)开展社区层面的社会心理服务

上面所谈社区心理建设，实际上是整个社会的心理建设的一部分，后者是我国社会心理服务体系建设的内容目标。社会心理服务体系建设主要涉及社会心态培育、社会心理疏导、社会预期管理、社会治理的心理学策略的运用等，其核心目的是解决社会宏观层面的心理建设问题，尤其是要培育自尊自信、理性平和、积极向上的社会心态，为中华民族伟大复兴而凝心聚力。

社区是社会的基础单位，社区是个"小社会"。我们每个人都生活在特定的社区中，半数以上时间在社区度过，社会心理服务体系的建设必须下沉落实到社区层面。可以由街道办事处和社区居委会牵头，会同社会心理服务企业以及各类社会组织（如社工协会、志愿者协会、居民文体组织、社区准市场组织），充分发挥广大居民的自治热情，通过共享共建，开展社区层面的社会心理服务工作。社区里的社会心理服务侧重解决居民普遍性、群体性、涌现性的社会心理问题，如改善居民一些失衡的社会价值观（如走出精致的利己主义，正确对待社区公益活动），减少失落的社会情绪（如减少居民对社区、居委会以及其他居民的怨气和不满），提升社区信任水平，增进群际和谐，增强居民的获得感和幸福感等。这些问题都属于社会心理问题，而非个体心理健康问题，要靠社会心理服务体系建设来解决，社区是解决这些问题，至少是其中一部分问题的重要平台。

目前我们能了解到的真正在社区层面开展的体现社会心理服务内容的实践案例并不多，下面要介绍的"生命图书馆"项目在一定程度上体现了社会心理服务的理念，旨在促进社区代际交流，提升老年人的幸福感，培养青少年良好的个性品质。该项目发生在成都市温江区涌泉街道的瑞泉馨城社区。这个社区的居民主要是温江区原来7个村的失地农民，这些农民被重新安置在该社区，成为新市民。社区里的老年人失去世代劳作的土地，生活方式发生剧烈改变，社会角色退化，自我价值感降低；社区里的年轻人从小生活在相对优越的物质环境里，尊老敬老意识淡漠，父辈艰苦朴素、刻苦耐劳的品质在他们身上消失殆尽；与此同时，大部分安置居民"等、靠、要"思想严重，缺乏主动就业和主动作为的意识。在这样一个新建社区，如何促进农民的市民化，如何重建居民的社会联结，尤其是老年人和年轻人之间的代际联结，如何提升老年人的幸福感，这些问题都亟待解决。针对这些问题，专业社会工作者在该社区开展了"生命图书馆"的项目（成都市温江区民政局，成都市温江区社会工作协会，2018）。社会工作者在居委会干部的协助下，寻访到一些对社区历史比较了解，人生阅历丰富且在社区有一定影响力的老年人。最后确定下8位老年人，由他们讲述人生故事，社会工作者协助其整理成文字，编写进名为《生命图书馆》的图书中。社区多次组织"分享会"，由老年人直接向青少年和社区居民分享自己的故事，并组织老年人和青少年共同编写剧本，剧本反映青少年在这些老年人艰苦奋斗故事的启迪下改变枯燥乏味的生活方式，重新迎接新生活的过程，然后根据剧本招募社区老年人和青少年出演，拍摄了《改变，为生命添彩》的短剧视频。为进一步扩大项目的影响，将老年人的生命故事书印刷成册，和短剧视频光盘一起分发给其他社区居民，让更多人分享这些老年人的生命故事。这一项目一方面提高了参与其中的老年人的幸福感、自我价值感，青少年则向老年人学习了艰苦奋斗的品质；另一方面，促进了社区里的代际融合，改善了社会网络，发挥了社区的教育功能。

又如，一些地方政府（如北京市）开展的党员和工作人群"回社区报到"活动，就是促进他们的社区融入，培育其志愿服务意识和公益精神的有效举措。鉴于目前社区的活跃人群往往是儿童和老年人，20～60 岁的工作人群很少参与社区活动，因此应该继续开展党员和工作人群的"回社区报到"活动。各政府机关单位和企事业组织应该倡导党员干部回社区报到，建立与社区的联系，说明自己为社区做贡献的方式，寻求更多的社区参与机会。其他工作人群也可以照此执行。

（三）开展社区层面的心理健康服务

人们一听到"社区心理建设"想到最多的往往是社区层面的心理健康服务。社区确实是开展心理健康服务的重要场所和平台。对此，国家卫计委、中宣部等 22 个部门 2016 年年底印发的《关于加强心理健康服务的指导意见》做了比较明确的阐述。结合该文件，社区里的心理健康服务可以包括如下一些内容。

一是面向全体居民开展心理健康科普宣传。社区可以充分利用电子信息渠道（如网站、微信、微博）、社区报纸、社区讲堂、宣传橱窗、宣传册页等形式普及心理健康知识，提升居民的心理健康素养。社区要注重采用群众喜闻乐见的形式，将心理健康知识融入居民文体娱乐活动中，以克服单纯讲授或说教的单调和枯燥。

二是针对个别居民需要开展心理咨询和心理治疗服务。有条件的社区可以建立心理咨询室或心理辅导站，自行配备心理辅导人员或通过招募志愿者、购买服务的方式引入外部机构的专业咨询人员，为社区居民提供专业的心理咨询和治疗服务。

三是开展针对特定人群的专项心理健康服务。社区要利用专业心理健康服务机构和人员，结合各种群团组织和社区自治组织的力量，为空巢、丧偶、失能、失智、失独、留守老年人，以及妇女、儿童、残疾人、严重疾病患者等群体提供心理辅导、情绪疏解、悲伤抚慰、家庭关系调适等各类心理健康服务。

四是加强对特殊人群的心理健康服务。在社区层面要重点服务的特殊人群包括刑满释放人员、社区矫正人员、吸毒人员、严重精神障碍患者等，社区要协同政府部门（如司法部门）和专业部门（如戒毒机构、精神科医院）以及家庭开展对这些人群的登记管理、人文关怀、心理疏导、危机干预、救治救助、康复治疗、转诊转介等。

(四)按照心理规律开展社区治理

社区是社会的细胞，社区治理是社会治理和国家治理的基础。社区治理的主体是人及其组织，现代"治理"理念强调的是政府、居委会、居民、社区工作者、社区组织等多元主体共同参与社区建设和社区治理。社区治理的内容或客体主要是面向居民切身需求处理好社区公共事务，这些需求和事务都与居民的心理密切相关。社区治理的主要表现形式是上述各种治理主体就社区公共事务开展并执行群体决策（如表现为社区议事会的形式），群体决策本质上也是一种群体成员的心理活动。总之，无论是社区治理的主体、客体、治理方式都有其心理内涵或心理本质。因此，在方法论上，开展社区治理必须遵循心理规律，实行"由心而治"。

这里以社区的"组织主体"（相对于"个体"）存在的问题作为例子

说明其中的心理根源以及由心而治的思路。我国现代的社区治理，在组织主体方面需要"三驾马车"：居民委员会作为与国家基层政权（乡镇、街道）相联系的群众自治组织，虽为社会组织，但实际上已经属于或类似于行政系统；物业管理公司是服务于社区业主的经济实体，属于市场系统；业主委员会是社区所有者组成的群众自治组织，属于社会系统，代表全体业主对物业实施管理（肖林，2013），往往通过选择和监督物业管理公司来实现对社区的物业管理。社区治理有赖于多元组织主体，"三驾马车"只有齐头并进，社区才能和谐发展。实际的情况往往是物业管理公司的市场逐利性导致他们和广大业主经常存在利益纠纷。只有通过建立业主委员会这样的组织主体，才能制衡并监督物业管理公司，切实维护广大业主的自身利益。然而，业主委员会与其他"两驾马车"相比，往往处于劣势地位，而且存在"成立难"现象。有数据显示，全国业主委员会目前的成立率不到50%（董德坤，陆亚萍，张俐，2018）。只有补齐短板，实现三方真正平等地合作共治，才能形成社区治理的"善治"局面。

业主委员会"成立难"的原因是多方面的，有其客观原因，如缺少发起人、缺少一起开会的时间以及经费困难，但也存在深层的心理原因——狭隘的自利心态，以及责任意识缺失。小区内的大多数业主往往抱有这样的心态："多一事不如少一事"，"事不关己，高高挂起"。其"公民意识"较差，缺乏小区管理参与意识；再加上集体利益所具有的公共性、非排他性和非竞争性等特征，也导致人们不愿牺牲自身个人利益去维护集体利益（王敏，王乐夫，2001）。当在社区中遇到集体利益问题时，由于责任分散，常常出现"搭便车"现象，没有人愿意首先站出来"挑大梁"，使得问题一拖再拖。

针对这一现象，可以使用"促进"的方法改变人们的认知和动机过程，转换人们的角色观念。该方法是瑞典学者格鲁恩-雅诺夫（T. Grüne-Yanoff）和德国学者赫特维希（R. Hertwig）在2016年提出的，他们认为人们的认知结构具有可塑性，强调通过改变技能、知识、决策工具或外部环境来培养个体能力。具体到社区中，人们之所以不愿意承担责任，是因为人们往往忽视"权利与义务对等"这一观念，认为"业主就应当享有各种权利"。因此，可以让业主将小区想象成公司，业主就是公司的"股东"，业主大会相当于"股东大会"，业主委员会相当于"董事会"，要想使公司价值最大化，实现公司的名利双收，永续经营，每一个"股东"都要进行"投资"，这里的"投资"不仅指物质上的，还有情感上的和行动上的。运用市场中的规则更能够让人们理解和树立"有投资才有回报"这一观念。简言之，通过将"社区治理"类比为"公司治理"，可以促进居民形成权利义务方面新的认知结构，从而促进其参与业主委员会工作，参与社区治理。我们可以在社区开展活动，采用这种促进技术，改变居民认知结构。这一做法只是"由心而治"理念的一个示例，更多案例和思路详见第六章。

　　"由心而治"的理念要求我们按照心理规律创造性地开展社区治理工作。政府部门，尤其是街道和社区的干部、社区工作者要加强对社会心理学、公共管理心理学，以及本书倡导建立的社会治理心理学等心理学知识的学习，充分理解社区心理建设的重要性，领会社会心理服务和心理健康服务的内涵，掌握社区治理的心理学规律，通过科学地、创造性地开展社区治理工作实现"由心而治"。

第二节　社区心理建设的方案

　　社区心理建设的工作内容是极其庞杂的，可以从一些具体的切入点着手。鉴于尚无现成的方案可以直接应用，因此，本节提供两个我们自己设计的方案作为示例。每个案例的开发，大致包含了现状调查、成因分析、对策建议三项内容，读者可参考它们开发新的社区心理建设方案。

一、社区认同现状与提升

(一)社区认同的概念与测量工具

我们将社区认同作为社区心理最核心的变量，近年来围绕社区认同的测量工具、现状、干预思路做了一些研究。之所以如此重视社区认同并认为它是社区共同心理的核心，这一认识源自对西方社区心理学的批判性思考。20世纪60年代在美国兴起的"社区心理学"专门致力于社区心理的研究，它关注最多的主题是"社区感"（sense of community）。

关于"社区感"的界定，有学者提出四因素理论，认为它包括成员资格、影响力、需要的整合与满足、共同的情感联结（McMillan & Chavis，1986），并据此编制了第一份社区感量表（Chavis，Hogge，McMillan，& Wandersman，1986）。后来，有人将其简化为包含12个项目的"社区感指数"（Sense of Community Index，简称SCI）量表（Perkins，Florin，Rich，Wandersman，& Chavis，1990），但对该量表调查结果的统计分析并没有证实社区感的四因素理论构想，而且量表的内容效度不高（Long & Perkins，2003）。于是，研究者又修订了SCI量表，最后形成包含8个项目的"简明社区感指数"（Brief Sense of Community Index，简称BSCI）量表，其中包括相互关心、社会联结和社区价值观三个因子（Long & Perkins，2003），这些因子的命名已经表明它们与最初四因素理论的定义相去甚远了。由此可见，关于社区感目前尚未形成统一的操作定义和测量工具。这很有可能是因为社区感概念过于宽泛和复杂，以至于很难用某一工具进行测量，尤其是对不同类型群体社区感的测量（Obst & White，2004）。

"社区"本身就是个多样化的概念，在美国可以将其区分为"地域型社区"和"关系型社区"（道尔顿等，2010，p. 118）。前者既强调"社会生活共同体"的含义又强调地域含义，最典型的就是街区、小区、村庄之类；后者不涉及地域含义，指代因共同任务或目标而形成的社团、组织等。在中国，社区往往仅指"地域型社区"，其典型所指是城市里的小区，或者说城市里的"居民委员会辖区"，有时也包括村庄社区。我们认为，在研究社区心理时不能简单套用西方的"社区感"概念。为了明确研究对象、便于开发测量工具，我们只聚焦于考察其中一个关键点——"社区认同"（community identity）。从社区认同着手研究既有助于反映居民的社区心理，又能避免上述社区感概念结构及测量上的混乱。

社区是居民生活起居的地方，那么社区必然包含"地方"的属性。所以，我们（辛自强，凌喜欢，2015）在编制社区认同量表的过程中，参考了地方依恋量表中的地方认同（place identity）部分（Williams & Vaske，2003）。关于地方依恋量表，国内已有针对大学生、青少年等不同群体的中文修订版（池丽萍，苏谦，2012；古丽扎伯克力，辛自强，2011）。除了这种对社区作为一个"地方"的情感认同，社区作为居民生活的场所，它需要满足居民生活的各个方面的实际需求，那么，社区的功能状况（如对于生活是否便利等）必然影响居民对于社区的认同（Puddifoot，1996）。由此，我们认为社区认同应该涵盖两部分内容：情感上的认同和功能上的认同。其中，"功能认同"用于测量社区居民对社区功能的满意和认可程度；"情感认同"用于测量社区居民与社区的情感联结以及在情感层面上对社区的接纳程度。综合两个方面，社区认同反映了居民对社区功能状况的认可程度以及居民与社区的情感联结强度。

我们从功能认同和情感认同两个维度编制社区认同量表，力图形成简洁有效的测量工具。最终确定的正式的社区认同量表包括两个维度，共 8 个项目（见表 4-1），项目 1～4 属于功能认同维度，项目 5～8 属于情感认同维度，采用从"1"到"6"的 6 点记分，其中 1 表示"完全不符合"，6 表示"完全符合"，2、3、4、5 代表其间的不同程度。

表 4-1　社区认同量表

问卷项目	完全 不符合					完全 符合
1. 居住在这个社区，生活很便利。	1	2	3	4	5	6
2. 我很认可这个社区的管理水平。	1	2	3	4	5	6
3. 与其他地方相比，这里的社区环境条件令人满意。	1	2	3	4	5	6
4. 居住在这个社区符合我们家庭的需求。	1	2	3	4	5	6
5. 我居住的社区对我有特殊的情感意义。	1	2	3	4	5	6
6. 我觉得这个社区已经成为我生命的一部分。	1	2	3	4	5	6
7. 社区让我有家一样的感觉	1	2	3	4	5	6
8. 我很在意别人对自己社区的看法。	1	2	3	4	5	6

我们（辛自强，凌喜欢，2015）使用该量表在北京市 5 个社区开展了入户调查，有效样本为 346 人。探索性因素分析表明，如同理论构想的那样，功能认同和情感认同因子各包含 4 个项目，每个项目在相应因子上的载荷都在 0.73 以上，且在另一因子上的载荷都小于 0.30，可见，项目和因子的隶属关系完全符合理论构想；两个因子在数据变异解释上的累计贡献率超过 76%，每个项目得分与总量表均分之间的相关在 0.72～0.87，两个因子（功能认同和情感认同）得分与总量表得分的相关分别为 0.90、0.93。这些指标说明量表有

良好的构想效度。另外，对量表进行内部一致性信度检验，结果发现社区认同总量表的克隆巴赫α系数为 0.91，功能认同和情感认同两个维度上的α系数分别为 0.88、0.89，这说明社区认同量表以及两个维度都具有良好的内部一致性信度。后来，我们在另一个包括 88 名被试的样本中，得到了同样良好的信度和效度指标（Yang & Xin，2016）。该量表是我们开发的国内第一份专门的社区认同量表，在国外之前也没有同样的信效度过硬的工具，因此，该量表发表后（详见量表编制报告，辛自强，凌喜欢，2015）被广泛使用和引用。

(二)社区认同现状及相关因素

首先，社区类型影响社区认同。在我们（辛自强，凌喜欢，2015）对 346 人的调查中，居民来自两类社区：大院社区（154 人）和社会社区（192 人）。大院社区的居民大多来自一个单位，社区是机关大院；而社会社区的居民呈现多样化特点，什么工作单位都有。结果显示，大院社区居民在功能认同、情感认同、社区认同、邻里互动、社区参与上的得分均要显著高于社会社区的居民。这是因为大院社区居民身份背景类似、彼此更为熟识、有更高的情感和利益关联度，而社会社区则不具备这些优势。可见，社区心理建设的重点，应该更多放在社会社区上，以弥补其不足。

其次，社区认同受个体人口学特征影响。我们（辛自强，凌喜欢，2015）对 346 人的调查显示，在各种人口学特征中，"时间"是社区认同最稳定的预测变量：居住时间越长的居民对所在社区的认同感越强；类似地，年龄越大的居民对于自己所在社区的认同感也越强。这与以往发现类似，如有研究表明在一个地方住的越久越能预测个体对于这个地方的认同感（Goudy，1990），年龄越大的居民对于自己所在社区的社区感越强（Long & Perkins，2003）。然而，像性别、受教育程度（学历高低）、家庭经济状况、是否本市居民（还是外地户籍)这些因素与社区认同的关系不大。也就是说,居民对社区的认同不取决于自己的先天因素(如性别)和社会经济地位(如学历、收入、户籍)。上述结果的现实意义在于:第一,在社区建设的过程当中,有关部门不能区别对待外地居民,他们同样可以和本地居民一样对自己所在的社区充满认同,可以和本地居民一样为社区建设提供可靠的力量。第二,不同受教育程度、不同收入的居民在对社区的认同方面也不存在差异。我们日常认为社会高端人群(高收入、高学历)聚集的高档社区,居民对社区认同高,更好管理,然而其优越性有待进一步考证。第三,对居民社区认同影响最大的是居民的年龄和他们在社区居住的时间,那么建设社区认同的重点应该是,设法提高年轻的、在社区居住时间较短的居民的社区认同,继续发挥"老居民"(年长者、居住时间长的居民)的积极作用。

再次,社区认同受个体自我构念影响。自我构念是一个重要的人格变量。国外学者(Markus & Kitayama,1991)将个体的自我构念分为两类:独立型自我构念(independent self-construal)和互依型自我构念(interdependent self-construal)。独立型自我构念强调个体分离和独立于社会情境,关注个体自身内在的情感、思想和能力,有强烈的实现自我价值的需求。互依型自我构念强调个人与情境及他人的关系,注重间接委婉的表达,渴望他人对自己的认可等。我们(Xin,Yang,& Ling,2017)专门探讨了自我构念与社区认同的关系。研究 1 对北京市某社区的 261 名居民开展调查,发现互依型自我构念得分越高的居民,他们对社区认同的总分、功能认同、情感认同均会越高(相关系数分别为 0.34、0.33、0.29);独立型自我构念得分越高的居民对社区的情感认同越低(相关系数为-0.13),而与社区认同的总分、功能认同无显著相关。研究 2 为单因素被试间实验。通过"圈代词"任务进行自我构念的启动,独立型自我构念启动组的 26 人要圈选出一段文本材料中的代词"我""我的",而互依型自我构念启动组的 27 人圈选的代词是"我们""我们的"。因变量是社区认同量表得分。结果表明，互依型自我构念启动组的居民相对于独立型自我构念启动组的居民表现出更高的社区认同总分，这种差异主要是情感认同的提升使然，而两组对社区的功能认同无差异。这一结果对实践有启发价值。例如，社区在宣传方面，可以更多地使用诸如"我们""我们的"等这类能够启动居民互依型自我构念的词语，这样能够更大程度提升居民的社区认同。

最后，社区认同对一系列社区行为有影响。例如，我们使用一个包括 88 名社区居民的样本证明，较高的社区认同意味着更强的社区助人意向(Yang & Xin，2016)。该研究为 2(时间压力：大、小)×2(社区认同：高、低)的两因素组间设计，因变量是助人意向。其中时间压力是操纵的变量，社区认同是测量的变量。对于时间压力，将被试随机分配到两个时间压力组中(实验材料中设置居民 M 离上班时间是否充足，来区分高、低时间压力)，每组各 44 人。实验材料在描述居民 M 的上班时间后，告知被试假设自己是居民 M，在正准备开车上班时，发现小区健身器材旁有人昏倒在地，这时被试可以选择去查看那个昏倒的居民、拨打求救电话、直接开车送医等。通过对这些可选行为的回答，确定被试的助人意向。研究结果表明：时间压力对被试的社区助人意向没有显著影响；高社区认同的居民($M=5.21$，$SD=0.84$)比低社区认同的居民($M=4.19$，$SD=1.13$)有显著更高的助人意向；具体到社区认同的两个维度，情感认同可以显著地正向预测助人意向，而功能认同对助人意向的正向预测作用不显著。

此外，我们的研究还表明，社区认同与社区参与和邻里互动之间有显著正相关(相关系数分别为 0.49、0.39)，这说明社区认同作为心理变量能够在相当程度上预测居民的实际社区参与和邻里互动行为(贡献率分别为 24%、15%)(辛自强，2015)。表 4-2 中问卷的

1～4题用于调查社区的邻里之间是否相互帮助、是否有物品交流、是否共同讨论社区问题以及见面是否打招呼等方面的情况，测量了社区居民之间的"邻里互动"；5～10题用于调查社区居民参与社区以及社区居民自发组织的活动和会议、向物业部门反映问题、在社区公共场合表达看法和意见等方面的情况，测量了居民的"社区参与"。该问卷试图测量相对客观的社区行为，被调查居民要根据自己在"最近一年的时间里"的行为"发生频率"，在"没有""偶尔""经常"三个选项中进行选择（三个选项可以分别记为1、2、3分）。顺便说一下，表4-2还提供了调查结果的描述统计（样本量346人），从中可以看出居民并未表现出充分的邻里互动和社区参与行为。总结来看，社区认同确实可以视为社区共同心理的核心变量，它广泛影响居民的社区行为，包括社区助人行为、邻里互动行为、社区参与行为等。

表4-2　居民邻里关系和社区参与调查

最近一年的时间里……	选项1	选项2	选项3	M	SD
1. 你请小区里的邻居帮过忙吗？	13.6	64.7	21.7	2.08	0.59
2. 你借给或赠予过邻居工具、食物或其他物品吗？	13.3	63.0	23.4	2.10	0.60
3. 你和邻居讨论过小区里的问题或事情吗？	12.4	57.2	30.3	2.18	0.63
4. 你与邻居见面打招呼吗？	1.2	16.5	82.1	2.81	0.42
5. 你参加过小区居委会或者物业部门组织的活动吗？	13.3	40.5	46.2	2.33	0.70
6. 你向居委会、物业或其他机构反映过小区管理问题吗？	15.3	62.1	22.5	2.07	0.61
7. 你参与过社区居民自发组织的集体活动吗？	19.4	42.2	38.2	2.19	0.74

最近一年的时间里……	选项1	选项2	选项3	M	SD
8. 你参加过有关社区或小区事务的会议吗？	28.0	47.7	24.3	1.97	0.72
9. 你在社区公开场合（如小区会议、社区的网络论坛）表达过自己的看法或见解吗？	31.2	55.5	13.3	1.82	0.64
10. 你作为成员参与过各种社区组织（如业主委员会、兴趣活动小组）的活动吗？	26.9	43.1	30.1	2.03	0.76

注：表中选项1、2、3分别代表"没有""偶尔""经常"。三个选项下的数据为百分数（%）。

（三）社区认同的提升方法

一是增加"我们"意识，强化内群体认同。上文提到的互依型自我构念，说白了就是一种"我们""我们的"意识，一种共同体意识，它和社区认同以及更广泛的社会认同都具有内在一致性。通常，社区标识或标志的使用可以增强居民的一体感或共同体意识，它可以通过文化衫、雕塑、标牌、建筑物等不同形式加以体现。例如，我们可以开展社区"LOGO"（徽标）设计大赛，向居民征集设计方案，并发动居民评选，最后把大家评选出来的"LOGO"印在水杯或者是环保购物袋等日常物品上分发给居民使用。这样一项活动的每个环节，几乎都是在培养居民的社区认同。此外，增加本社区与其他社区在文体活动、卫生评比等方面的友好竞争，有助于加强居民对本社区的"内群体"认同，因为引入适当的外部压力通常是促进内部团结的不二法门。

二是通过共同目标、共同任务凝聚社区认同。社区认同可以促进社区参与行为，反之亦然。居民围绕社区共同的目标和任务开展活动，也可能强化其社区认同。例如，如果让社区居民共同就如何开展社区垃圾分类活动进行集体讨论，一起制定工作方案，这可能比由居委会直接提出要求和指令更能增加居民对共同目标的接纳，增加对活动的认可度和卷入度，从而提升社区认同。这种讨论也可以在网上进行。例如，在社区微信群，可组织"社区照片大讨论"，让居民将楼道堆放杂物、公共设施破损、汽车乱停乱放、私自占用公共区域等现象都用手机随手拍下来，发到线上业主群让大家进行讨论，这就是一种在线社区参与，居民会在共同目标的激励下，在完成共同任务的过程中，形成更强的社区认同。

三是提升社区管理水平，增进居民对社区的自豪感与认同感。每个人都有自我提升的动机，一个管理良好的社区让居民有更强烈的认同感，更愿意把社区视为自我的一部分。例如，2019 年 7 月 1 日上海市开始实行强制垃圾分类，一个多月后的 8 月 9 日我去上海开会，当我和接我的专车司机闲聊时，我问他怎么看垃圾不分类投放就罚款这件事，他认为这个做法很好，而且早就应该这么做。其理由是，他现在居住的社区里垃圾分类做得很好，蚊蝇少了，难闻的气味也没了，社区环境质量大为改善，而且整个城市的卫生水平和城市形象都大幅提升，他对自己所在小区和城市颇感自豪。谈话中，这位司机师傅洋溢出的那种自豪感和认同感恰恰来自社区和城市管理水平的提升。

最后要强调的是，社区认同的提高并非只是就其本身直接发力，本章第一节介绍的建立社区公共空间、通过建立与社区的利益关联机制促进社区参与等举措，最终都可能改善包括社区认同在内的各种社区心理。

二、社区随迁老人幸福感现状与提升

(一)随迁老人心理健康和幸福感问题及其成因

随迁老人是指那些户籍在农村，来城市与子女一起生活的老年人群体。根据国家卫计委发布的《中国流动人口发展报告 2016》，举家迁移成为当前人口流动的主流趋势，随迁老人的数量在不断增长，占到了流动人口总量的 7.2%。为了照顾晚辈、与子女团聚或异地养老而迁移到城市的随迁老人占到了所有城市随迁老人的 68%。由此伴随而来的一系列问题，特别是心理健康问题，应该引起关注。

进城的随迁老人面临着生理和心理的双重危机。生理上，随迁老人年纪较大、健康状况较差，需要得到更多的照顾和医疗保障。心理上，随迁老人来到城市，原有社会关系断裂、生活习惯不适、家庭关系矛盾、社会交往空间缩小等因素使他们难以适应城市生活，容易出现抑郁、焦虑、孤独甚至自杀等心理和行为问题。2016 年 3 月南京栖霞区一名 70 岁的随迁老人，由于经常独自在家，没有倾诉对象，缺乏沟通，想不开而选择了自杀。然而，随迁老人的心理问题并非个案。对深圳市 900 多名随迁老人精神状况的调查显示，随迁老人的精神健康状况堪忧，"经常"和"总是"觉得很孤独、活着没意思、对以后感到茫然、觉得自己没有用的比例分别达到了 41%、22.4%、21.3% 和 18.5%（刘庆，陈世海，2015）。除了心理健康问题，调查发现随迁老人的幸福感水平显著低于本地老人，并且在随迁城市的幸福感水平低于在老家的幸福感水平（李珊，于戈，2012）。

总之，随迁老人在城市的物质生活条件也许得到了很大改善，但是很多人心理健康和幸福感水平却没有得到相应的提升。究其原因，主要有以下四个方面。

其一，以户籍制度为核心的制度性隔阂。我国特有的城乡二元分割的户籍制度本身就给"农村人"和"城市人"贴上了不同的身份标签。而且，户籍制度作为资源再分配的手段，导致了基本社会服务和保障的不均等。虽然当前我国在不断推进城乡二元体制改革，部分地区开始实施跨省医保报销等措施，但大部分城市流动人口还是无法享受到异地医保，看病就医不便依然是流动人口面临的一个主要问题。从社会认同角度来看，二元分割的户籍制度拉大了城市人与农村人的心理距离，加深了彼此之间的偏见。从社会排斥角度来看，这种由制度因素导致的不平等，会让随迁老人内心觉得被边缘化、被排斥和被剥夺。而且，随迁老人害怕看病就医、不希望给子女带来负担，从而造成他们内心的不安全感和沉重的心理压力。

其二，"心墙"隔离，以及由此导致的群际接触不足。除了户籍制的制度性隔阂，相关的是"心里那道墙"造成的随迁老人与本地老人接触的不足。我们（宋晓星，辛自强，2019）调查了北京市的本地老人与在此生活的随迁老人，发现双方交往或群际接触存在"非对称性"。调查显示，在接触数量和接触意愿两个方面，本地老人均不如随迁老人高。随迁老人内心非常渴望能够融入本地老人的圈子中，与本地居民交往是随迁老人重塑社会关系的迫切需要。从社会认同的角度来说，与本地居民平等交往，增进对本地老人群体的认同是提升随迁老人城市认同和城市归属感的重要条件（刘玉侠，尚晓霞，2012）。在我们的这次调查中，很多随迁老人明确表示，已经卖掉老家的房子，打算在北京长期居住，他们必须适应并融入城市的生活。但问题是，本地老人接触随迁老人的意愿要显著低于随迁老人接触本地老人的意愿，这源自本地居民对外来人口存在的固有偏见和排斥感以及一些客观原因（如一些随迁老人普通话不好，沟通困难）。

其三，社会关系断裂与家庭矛盾冲突。人际关系对随迁老人的心理健康有重要影响。研究表明，积极参加社会活动，建立良好的人际关系对老年人调节心理状态、保持心理健康有着重要的作用（李德明，陈天勇，李贵芸，2003）。然而，随迁老人进入城市后很容易遭遇人际关系危机。一方面，他们远离了农村的"熟人社会"，部分隔断了在老家时原有的社会关系，需要在城市重建社会关系网络，这给他们带来了很大的心理压力。另一方面，他们还要面对容易出现的家庭关系危机。与子女一起生活时，随迁老人无法及时改变农村生活习惯，同时又难以适应城市生活，再加之代际文化差异，很容易产生家庭矛盾和冲突。

其四，文化差异、教育程度低等个人因素。文化差异包括乡土文化与城市文化的差异、地域文化之间的差异（赵婕，2013）。文化差异使随迁老人与本地居民缺乏沟通的基础，如语言（方言）不通、风俗习惯不同等原因往往阻碍了随迁老人与本地居民之间的良性互动。另外，受教育程度反映了个体的学习能力，受教育程度低的随迁老人更不容易接受新鲜事物，社会适应能力较差，难以建立广泛的人际关系，从而降低了幸福感。

（二）提升随迁老人幸福感的社会心理学路径

如何使随迁老人在城市社区中安享天伦，过上幸福生活呢？我们（宋晓星，辛自强，2017）以社会心理学理论为基础，提炼出了多条改善随迁老人心理健康和幸福感的路径，下文结合一些具体事例加以阐述。

路径1：重新构建身份，消除心理隔阂。社会心理学家泰弗尔（Tajfel，1974）提出的社会认同理论认为，个体通过社会归类，把自己归属于某一群体，从而与同一群体成员拥有共同的社会身份。依据该理论，人们会更偏好与自己有共同身份的内群体成员，而对外群体成员产生偏见。社会认同不但有利于构建积极的内群体关系，还可以提高个体的自尊与安全感，降低无常感，满足归属感，找到存在的意义（赵志裕，温静，谭俭邦，2005）。鉴于此，为了提高随迁老人的心理健康和幸福感，需要他们逐步摆脱农民身份，重新建构市民身份。

第一，培养市民生活方式，促进身份认同。从农村生活方式向城市生活方式的转变，是市民化的重要一部分，意味着随迁老人逐渐适应了城市生活，主观上更认同自己的市民身份。具体可以通过转变消费方式，提高文化素养，来提高随迁老人的市民身份认同。研究表明，消费方式是身份建构的手段，又是身份认同的表现（纪江明，陈振营，赵毅，2013）。相比于农村单一的消费方式，老人在城市中可以进行一些体验性的消费，丰富精神生活，享受城市人生活的乐趣。另外，要提高随迁老人的文化素养，鼓励随迁老人参加"社区大学"或社区讲座。如宁波市就通过设立老年社区大学，为老年人开设了"世界美食大观""初学国画""京剧表演艺术之美"等丰富多彩的课程。

第二，提高城市体验，增进身份认同。对城市的接触和深层体验有助于提高人们的城市身份认同（赵志鸿，2008）。从这个角度出发，随迁老人可以游览所在城市的旅游景点，适当参加一些城市公益活动，时常了解一些关于所在城市发展的信息，从而加深对城市的情感体验，增进对市民身份的认同。

路径2：加强社区认同，重构精神家园。研究表明，积极参与社区活动，提高社区认同感对个体幸福感的提升有重要的作用（辛自强，凌喜欢，2015）。我们（辛自强，2015）提出，社区认同包括功能认同和情感认同两个方面。其中，"功能认同"反映了居民对社区宜居性、管理状况等方面功能的满意和认可度，"情感认同"体现了居民与社区的情感联结。据此，可以从这两个方面出发，提高随迁老人的社区认同。

第一，促进社区功能认同。社区应该加强管理和服务，尽力满足老人的需求。例如，目前西部地区多个城市设立了随迁老人社区融入社工服务示范项目，通过建立信息化的管理系统、街道零距离和全覆盖的服务网络等措施，为随迁老人创建了安全、便利的生活空间。

第二，促进社区情感认同。一是激发随迁老人的"主人翁"意识。通过引导随迁老人积极参加社区活动、参与社区管理，提高他们对社区的归属感和责任感。二是让随迁老人感受到社区的"人情味"。社区管理人员可以定期组织一些服务和慰问活动，给随迁老人带去温暖。例如，江苏省镇江市某社区通过组织当地居民与随迁老人的一对一"结对子"活动，既让随迁老人感受到社区的关怀，又增进了邻里关系。

路径3：通过群际接触增进人际信任和幸福感。我们（宋晓星，辛自强，2019）对随迁老人以及本地老人的研究表明，与本地老人的群际接触质量（尤其是接触中双方的平等性）显著预测随迁老人的幸福感；而且对于本地老人而言，与随迁老人的接触也提升了他们的幸福感。社会心理学家奥尔波特（Allport，1954）认为，群际接触是改善群际关系，增进群际信任的有效途径。由此，可以通过群际接触减少偏见和不信任，促进随迁老人建立人际关系。具体来说有以下三种方式：直接接触、扩展接触和想象接触。

促进随迁老人与本地居民的直接接触，需要社区、居民和家庭多方的努力。第一，社区要为随迁老人提供丰富的社区活动。通过举办一些适合老年人的社区活动，如下棋、红歌赛、广场舞、安全讲堂、老人互助等活动，增进随迁老人与本地居民之间的直接互动，加深彼此的了解，促进双方信任的建立。第二，本地居民应该从邻里关系的角度来看待并帮助随迁老人。要把随迁老人视为"邻居"，而非"乡下人"，通过帮助他们了解社区环境，提供日常生活支持等方式，改善随迁老人对本地居民的看法。第三，子女应该鼓励或陪同老人积极参加社区活动，尤其是日常提升性活动（休闲娱乐、身体锻炼、社会交往），而不是只让他们从事一些付出型活动（做家务、照顾晚辈）。

拓展接触是指内群体成员中有外群体成员的联系。这种拓展的接触搭建了随迁老人与本地居民之间沟通的桥梁。例如，较早迁入社区的随迁老人已经与本地居民建立了一些社会关系，所以对于刚迁入社区的随迁老人，可以通过其他随迁老人的关系，认识更多的本地居民。这一举措之所以可行，一方面由于随迁老人们具有相同身份，彼此之间更容易建立起信任和关系；另一方面与随迁老人建立友谊的本地居民更不容易对其他随迁老人产生偏见。

想象接触是指通过设想彼此接触的情景来减少双方的心理距离。尤其在交往之前，采用这一方式有利于降低彼此之间的先存偏见。例如，社区可以组织活动，让本地居民之间分享与随迁老人交往的经历。根据社会学习理论，从他人的经历中，本地居民可以学习到如何与随迁老人交往。

总之，通过直接接触、拓展接触和想象接触的方式可以降低偏见、提高信任，促进随迁老人与本地居民建立良好的人际关系，从而让他们在城市里的生活更幸福。

当前流动人口的规模在不断增加，随迁老人群体成为急需社会各界关注的对象。随迁老人的身心健康和幸福感对家庭美满、社区治理、社会和谐有着重要的意义。这不仅需要老人自身、家庭成员的共同努力，同时还是社区、社会组织、政府的共同责任。

第五章　群体决策质量的评估与促进

　　无论是社区，还是整个社会的治理，其具体的表现形式往往是各类治理主体通过开会协商来做出决策并执行决策。这种群体决策的过程和结果是否具有较高质量，基本决定了社会治理的水平。因此，本章专门探讨社会治理中群体决策质量的评估和促进问题。

第一节　群体决策质量评估模型与方法的建构

　　社会治理往往不能靠长官意志，不能由某个人单独决断或拍板，而有赖于多元主体共商共治，这可以理解为一种群体决策过程。如何评估群体决策的质量，是当前社会治理实践亟须解决的问题，我们综合现有理论和方法进展，建构了自己的理论模型和评估方法。

一、群体决策的重要性

　　群体决策（group decision making）指两个

以上的个体组成的群体对决策问题进行信息分享、交流互动，最终达成共同认可的解决方案的过程(孙冬青，辛自强，2017)。随着社会民主进程的不断发展，各类组织越来越依靠群体决策(Devine，Clayton，Philips，Dunford，& Melner，1999)。群体决策广泛存在于政府民生政策制定、企业经营战略调整、大学生校园问题协商及社区居民民主议事等各领域中。例如，在企业中，重大战略决策是经由董事会成员群体商讨决定的；在社区中，居民通过社区居民会议的形式对关涉到切身利益的事务进行集体讨论和决策。经济学、管理学及心理学等相关学科的研究结果显示，群体决策质量往往优于个体决策(卢志平，2010)，且决策结果能够得到更好的贯彻和落实(毕鹏程，2010；陈明榴，2015；于泳红，汪航，2008；Devine et al.，1999)。

就像有学者(景怀斌，2016，p.6)指出的，"任何社会治理的战略、方针和具体措施的出台无不通过决策而实现"。群体决策正是社会治理中要使用的典型决策模式。社会治理涉及多元主体(政府、社会组织、公民、公务员等)，各方通过"共商"实现"共治"，其本质是为达成某一目标，各主体按照某种规则(如法律与行政规范、议事规则)进行沟通、协调并做出决策，这一过程可以理解为群体决策过程(辛自强，2018b)。由此，如何评估并提升人们的群体决策质量，是社会治理和社会心理服务体系建设需要面对的一项基础性工作，然而，该问题一直困扰着群体决策的实际应用者和研究者。本节阐述我们对这一问题的看法，以及已经开展的相关学术探索。

二、现有群体决策研究方法和质量评估方法

(一)群体决策的研究方法

对群体决策的研究有两大类思路，一是数学建模方法，二是经

验研究方法。群体决策的数学建模方法基于经济学传统的理性人假设，用数学工具建立决策模型，通过模型刻画个人理性转换为群体理性的方式和过程。其中，最早对决策方法和策略的研究当属200多年前法国数学家波达(J.-C. de Borda)对选举规则的研究。1781年他发表论文阐明，在多个候选人竞选同一职位时，简单的多数票法则存在缺陷。多数票胜出并不一定是最好的结果，于是他提出对多个候选人进行排序的"波达法则"(张磊，2001)。所谓波达法则，即每个人对所有n(n＞2)名候选人依次排序，最后一名得1分，倒数第二名得2分，依次类推，第一名候选人得n分，再将所有投票中每个候选人的分数相加，得分最高者胜出。波达通过数学方法将投票进行等距量化，然后计算出群体决策的结果。后来，数学家和经济学家不断开发各种数学模型，探讨个体的理性偏好如何集结为群体的理性决策。

对群体决策的经验研究，不再只通过数学建模进行理论层面的推导，而是关注现实中的群体实际如何决策。这一思路沿袭了西蒙(Simon，1956)提出的有限理性原则，侧重于群体决策的认知过程及其内外影响因素的分析，侧重描述实际发生的决策过程。目前常用的经验研究方法包括案例研究、实验研究等。

群体决策的案例研究以贾尼斯(I. Janis，1972，1982)的系列研究最为典型。贾尼斯收集政府记录、政治日记等资料，分析了1941年"珍珠港事件"、1960年肯尼迪总统及其智囊团做出的入侵古巴的决策等四个现实决策失败案例，以及另外两个成功决策案例(战后欧洲复兴经济的马歇尔计划和1962年古巴导弹危机的应对)，归纳总结群体决策过程中"群体思维"(group thinking)的症状以及前提条件和造成的后果。随后，通过对"水门事件"中由尼克松总统及其智囊团做出的决策进行系统分析，证实了群体思维模型的一般性，并进一步分析了群体思维对决策过程及结果的影响，使群体思维理论模型更加完善。类似的研究方法已经广泛应用于群体决策的案例分析中。贾尼斯在案例研究中发现的群体思维现象，是一种群体决策不良综合征：团结一致的群体成员过分追求群体的一致性，而导致群体对问题解决方案不能做出客观且实际的评价。出现群体思维的决策者通常很容易过早下结论，不理会有争议的信息，只举证支持自己偏好的选择，压制群体内部的不同意见，并对期待的结果表现出过分的乐观态度。导致群体思维的主要原因包括群体内部的高凝聚力、外部批评的隔离、自以为是的领导、缺乏商定的讨论程序和必须达成解决方案的压力。

在实验研究中可以直接操纵感兴趣的因素，以考察其影响。例如，为研究群体决策中信息的分享对决策的影响，两位学者（Stasser & Titus，1985）创造性地提出了隐藏文档范式。在隐藏文档范式经典的人事选拔任务中，设有 A 和 B 两位候选人，每名候选人均含有 9 条描述信息，分为积极和消极信息。其中，最优候选人 A 包含 6 条积极信息和 3 条消极信息；次优候选人 B 包含 3 条积极信息和 6 条消极信息。然而，在分配信息给 3 名决策成员时，会引导个体认为候选人 B 是最优的，而"隐藏"最优的候选人 A。具体操作为，每名成员所拥有的信息中包含 A 的 2 条积极信息，3 条消极信息；B 的 3 条积极信息和 2 条消极信息，从而 B 作为个体决策的最优选项。但当群体将他们收到关于选项的所有信息综合起来时，会发现最优候选人是 A，而不是 B（陈婷，孙晓敏，2016）。因此，研究者通过隐藏文档范式可以探讨群体决策中的信息数量和类型的影响，揭示群体决策中存在的信息取样偏差。例如，研究表明，群体成员会更多讨论大家都知道的信息（共享信息），而对每个成员所独有的信息（非共享信息）缺乏关注，即存在共享信息偏差（Stasser & Titus，1985）。

(二)群体决策的质量评估方法

在经验层面做群体决策的研究，首要任务是评估群体决策的质量，即确定因变量的水平。目前对群体决策质量的评估方法，包括以下五种：存在标准答案的任务评估、开放式多种决策结果的评估、基于决策过程会话文本的评估、主客观双维度的评估和多元决策主体的评估。

第一，存在标准答案的任务评估。如果理论上能确定一项决策任务的标准答案，我们就可以以此为参照，评定一个群体在决策时的表现是对还是错，确定决策选择的正确率，甚至进一步确定群体成员对任务场景中信息记忆的敏感度以及决策标准的保守或冒险程度。例如，在隐藏文档范式的"谋杀迷案"任务中，可根据决策群体是否能够依据信息正确推测出真凶来评判，推测正确则决策质量好，错误则决策质量差（Deiglmayr & Spada，2010）。又如，在项目排序研究范式的"荒岛求生情境"中，要求成员完成多组排序任务，每组在任务执行过程中小组成员必须在限定时间内达成一致意见，理论上讲，群体成员在充分信息共享的情况下均可得出正确结果。根据最终决策结果的正确个数以及总题目数可求出群体决策正确率。举例来说，当完成 5 组任务时，3 组决策完全正确记为 3 分，一组决策部分正确记为 0.5 分，一组决策完全错误记为 0 分，则群体决策质量分数为$(3+0.5)/5=0.7$，此时的决策正确率为 70%（Burtscher & Meyer，2014）。再如，有研究以警察行为评定表为判断材料，32 道题中 16 个为新项目，16 个为已经出现过的。评定表中的行为以前出现过，做出肯定反应则为击中；以前没有出现过，做出肯定反应则为虚报。计算方法为：击中率 $HR=(H+0.5)/(n+1)$，虚报率 $FaR=(Fa+0.5)/(n+1)$，其中 H 为击中次数，Fa 为虚报次数，n 等于 16。记忆灵敏度(P_r)=击中率（HR）-虚报率（FaR）。决策标准相对应的是冒险指标 $B_r = FaR/[1-(HR-FaR)]$，取值范围为 0～1，小于 0.5 代表的决策风格为保守，大于 0.5 表示冒险（侯玉波，沈德灿，2000）。在这三个研究案例中的评定方法，都只适用于有标准答案的简单静态情境，虽然客观性较好，但其生态效度低，难以考察群体成员的动态互动过程。

第二，开放式多种决策结果的评估。对于群体决策中观点产生型的任务，并没有简单的唯一答案来衡量，而要开放性地考察决策方案。早期的质量评估以产生的创新观点的总数量和平均数量作为衡量指标（如 Taylor，Berry，& Block，1958）。其逻辑为，产生的有效观点数量越多，则其中包含的高质量观点越多，从而做出高质量决策的可能性也越大。然而，这种评估过于粗略、片面。后来，在研究中引入了观点产生的深度和广度指标对决策质量进行评估（李宏，2002）。通过建立"观点树"，可以定量考察决策观点范围的深度和广度。如一项有关交流方式对群体决策影响的研究，利用帮助家庭困难学生解决经济问题的决策任务，收集全部答案建立决策观点树和评判标准，从群体产生观点的深度和广度两个角度评估每个群体所做决策的质量（李宏，2002）。

第三，基于决策过程会话文本的评估。对群体决策的评估，除了根据决策结果来评价，还可以通过决策过程来评估。基于认知视角的群体决策研究，通过将决策过程的记录（录音、录像或是聊天记录）转写成文本，客观分析决策过程中的共享和非共享信息加工程度，以此来评价决策的质量。信息加工指标包括在群体水平上所使用的信息数目（共享信息和非共享信息的提及率、重复率、保持量等）、每个序列位置上提及共享和非共享信息的百分率等（Timmermans & Vlek，1996；郑全全，朱华燕，2001）。这类评估方法，更适合于多层次团队决策任务。例如，在模拟海军任务中，每位成员都会被分配给包含某一方面决策信息的任务，每个人根据信息独自做出判断，并将决策结果汇报给领导，领导汇总所有成员的信息做出最终的决策（蒋丽，于广涛，李永娟，2007）。值得注意的是，该范式下的决策信息，并非在事前一次性获得，而是仿照真实决策过程，在任务完成中不断呈现新的信息，因此成员在完成任务过程中需要不断根据新信息做出判断。通过分析决策过程的详细文本记录，可以考察动态决策过程中群体信息、成员间的互动等因素对群体决策的影响。除了对决策中信息的数量进行评估，也可以对决策过程中讨论问题的内容进行编码，以此来评估群体决策质量。在计算机、自动化系统及人机交互等技术的帮助下，基于大样本数据的统计分析，产生了一种基于会话文本的群体决策冲突检测方法。该方法基于群体决策讨论语段的会话文本，对其内容进行分析编码，探讨群体决策过程中冲突产生的原因以及如何促进冲突的化解，从而减少其有害影响（Blackhurst，Wu，& Craighead，2008；沙勇忠，陆莉，2016）。总之，基于会话文本的评估，扩展了群体决策的单一指标评估方法，从结果评估扩展到对决策过程内容的评估，从而为群体决策评估提供新的可行思路。美中不足的是，这种评估未考虑到决策主体的感受及评价，具有一定局限性。

第四，主客观双维度的评估。以往对群体决策的评估更注重客观指标，忽视评估主体的感受，从而使决策评估显得生硬冰冷，不接地气。为了准确全面地评估现实生活中的群体决策，研究者从群体决策过程信息沟通和主体感受的角度对决策质量进行评估。不仅包括决策所花的时间、决策方案数量等客观指标，还包括过程指标和态度指标。过程指标包括决策过程中各种信息的交流与碰撞、成员间的相互影响；态度指标主要围绕决策主体对决策任务及结果的感受，以及对自己付出的努力及参与度的评价（毕鹏程，2010；郑全全，郑波，郑锡宁，许跃进，2005）。对决策者主观感受的评估，使决策评估不仅仅限于客观的指标，更符合现实生活，更具有人情味。

这类评估方法，可以作为前面客观指标评估的补充，从而全面地评估群体决策的质量。

第五，多元决策主体的评估。不同于实验室的群体决策研究，社会实践中的群体决策评估是一个复杂多面的过程，不能只通过单一的指标进行衡量。同时，由哪些主体来对群体决策进行评估直接决定着最终的评估效果。对于重大决策社会稳定风险的评估，倡导多元主体的评估模式，即由政府、以公众为代表的利益相关者，以及专业机构和专家学者为代表的第三方等主体构成的多元主体共同评估(张玉磊，2014)，呈现出多元化、多层次评估的特点，这样才能保证群体决策评估的客观性、公正性和民主性，更有利于多方主体互利共赢。例如，在社区会议决策或公共决策中，要听取社区居民、居委会人员以及物业等利益相关方的意见，这样才能使决策保质保量。

综上我们可以看出，对于非实验室条件下群体决策的评估，尚缺乏具体完善的评估体系。多元主体的评估模式为群体决策评估提供了指导思想，但缺少明确可操作的步骤，而会话文本分析的方法处理技术要求较高，时效性也受到限制。因此，结合实验室研究和现场研究的需求，从主观和客观兼顾的角度，建立一套定性和定量分析结合的群体决策质量评估体系有其必要性。

三、群体决策质量评估模型的建构

(一)模型建构的基本原则

现实生活中的大部分群体决策都不存在简单的唯一答案，因此不能直接套用标准化实验室决策任务中的对错与否、正确率等指标来评估决策质量(Lam & Schaubroech，2011)。在社会治理中，群体决策的复杂度远远超过这类标准的实验室任务。例如，大学生如何通过决策确定集体宿舍空调的使用规则和电费分摊方法，社区如何解决楼道等公共空间被居民私人占用的问题，这些问题既无统一解决方法，也无标准答案。在社会治理过程中，人们总是要面对这些结构不良的、边界不清的，甚至目标都不明确的问题。如何开发适合的模型来描述、评估社会治理中这类现实的群体决策的特点或质量呢？通过深入的文献分析（孙冬青，辛自强，2017），我们认为应该基于如下两个原则建立合适的评估模型。

一方面，要坚持过程和结果并重的原则。现有文献中，对群体决策质量的评估主要有两类方法：基于决策结果的评估和基于决策过程的评估。针对决策结果质量的评估通常采用专家现场评估，或者以各项客观指标，如任务完成所用时间、投票轮次、观点总数或平均观点数量、产生的新观点数量、新观点的深度和广度等来衡量（郑全全，李宏，2003）。其优势体现在评估方法客观、评估指标定量化，评估过程中人为因素影响能降至最低。但是，结果评估不可避免地会忽略决策过程中信息加工状态、群体成员互动等因素对群体决策的影响。于是，有研究者采用录音、录像等手段记录决策过程并转写成文本，分析决策过程中各类信息被加工的程度（Timmermans & Vlek，1996；郑全全，朱华燕，2001），或者考察会话文本中群体成员的观点冲突产生、消解过程及其对决策结果的影响（Blackhurst et al.，2008；沙勇忠，陆莉，2016）。群体决策总是要通过一定的信息加工和人际互动过程，力争达成某种共识或做出某种决策，是"过程"和"结果"的统一体，因此，我们应该将过程评估和结果评估两个思路统一起来。

另一方面，要坚持主观和客观兼顾的原则。上述对"过程"（如信息交流状态、成员互动情况等）和"结果"（如决策用时、观点数量等）的评估都侧重决策的客观方面，然而，群体决策的主体是"人"，我们不能只考察决策的客观进程和结果，还要关注决策者或决策参与者的主观体验。例如，在社会治理过程中，决策过程和结果是否实际上达到"最优"并不是影响决策执行的唯一因素。研究表明，决策参与者对决策任务及结果的认同度和满意度、对自己付出的努力及参与度的评价都会影响决策质量和决策的落实程度(毕鹏程，2010；郑全全等，2005)，因此，这些主观因素应该作为群体决策质量评估的指标之一。这意味着群体决策质量的评估不仅要观测决策过程、结果等客观指标，还需要考虑群体决策参与者的主观感受。

(二)过程—结果模型

基于上述思路，我们提出了群体决策质量评估的"过程—结果模型"(孙冬青，辛自强，2017)。该模型涵盖了群体决策中的两个过程和两个结果(见图5-1)。其中，两个过程分别指群体决策中的信息加工过程和人际互动过程；两种结果分别是客观任务结果和主观感受结果。

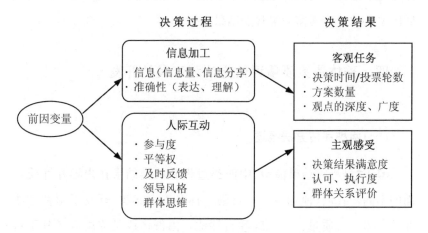

图5-1 群体决策质量评估的"过程—结果模型"

从过程角度来看，群体决策可视为一个伴随着人际互动的信息加工过程。决策任务信息以及决策者分享的信息、生成的信息会被群体成员获取、加工、使用、交换(毕鹏程，2010)，从而表现出一系列个体内的信息加工过程，以及个体间的信息交换和流动过程。信息在群体成员之间的交换以及群体的权力结构、参与方式、相互影响等都属于人际互动过程。例如，群体成员表达观点、游说他人、产生冲突、达成共识等都是群体决策中常见的人际互动过程（Rilling & Sanfey，2011）。在图 5-1 的理论模型中，信息加工过程包括决策中产生新信息的数量和质量、信息被共享的程度、信息表达的准确性以及它被理解的准确性等；人际互动过程则以群体成员参与的主动性、互动氛围的开放性或平等性、他人对观点的反馈、领导风格、是否出现群体思维等作为测量指标来反映群体决策质量。

从结果的角度来看，客观结果体现在决策是否有效"解决问题"，如达成了某种共识或形成了某种方案；主观结果则体现为决策者是否有良好的主观感受。在图 5-1 的理论模型中，我们拟用完成决策任务的时间、产生方案的数量，以及观点的深度和广度作为客观的任务完成指标；用群体成员对决策结果的满意度、认可度、对决策群体关系的评价等作为主观的结果指标。

四、群体决策质量评估方法和工具的开发

（一）两种评估方法概述

鉴于"过程—结果模型"中两类过程和两类结果在内容和性质方面的不同，我们（池丽萍，辛自强，孙冬青，2020）开发了两种方法评估群体决策质量：一是问卷自评法，由群体成员或决策者基于自己实际的决策经历来评估图 5-1 模型中的信息加工过程、人际互动过程和主观感受结果；二是录像他评法，该方法通过专家或第三方来对上述两个过程进行评估，还可对决策的客观结果进行评估。两种方法可独立使用，也可同时使用，将录像他评法作为问卷自评法

的效标，提供更详细的评估指标。

两种评估方法在使用过程中各有利弊。问卷自评法简单易行，且不依赖专家知识，适合实践部门快速、简单地评估群体决策质量。录像他评法能够生动地展示决策过程的细节，深入探测决策特点，但是其实施过程和操作步骤较复杂，需要依赖专家知识，更适合研究者进行学术研究或需要系统全面评估群体决策质量时使用。

(二)问卷自评法

问卷自评法可以使用我们开发的"群体决策质量自评问卷"。该问卷包含信息加工、人际互动和主观结果三个维度，共 18 个项目。其中，信息加工维度包括表 5-1 中的 1、2、3、10、11 题，分别考察决策中重要信息数量、新信息数量、内容的集中性、信息被有效理解的程度；人际互动维度包括表 5-1 中的第 4、5、6、7、12、13、14、15、16 题，分别涉及互动中成员的参与度、是否及时反馈、平等氛围、领导作用和群体思维；表 5-1 中的第 8、9、17、18 题是对主观结果的评估，考察成员对结果的满意度、执行意愿和对群体社会关系的评价。问卷所有项目均采用从"1"到"5"的五点计分方式，其中，第 7 题和第 16 题需要反向计分。问卷各维度得分越高，表示群体决策在信息加工、人际互动及决策主观感受等方面表现越好，决策质量也越高。

表 5-1　群体决策质量自评问卷项目

问卷项目	选项
(1)这次讨论中，你提出多少相关的意见或建议？	①完全没有　②有一些　③比较多　④相当多　⑤非常多
(2)你提出的观点是否能被他人准确理解？	①完全不理解　②少部分理解　③一半理解　④大部分理解　⑤完全理解
(3)讨论中，大家说出了多少你之前不知道的重要消息？	①完全没有　②有一些　③比较多　④相当多　⑤非常多

问卷项目	选项
(4)讨论中，你是否主动对他人的观点做出评价？	①从没有　②偶尔有　③有时有　④经常有　⑤总是有
(5)你在多大程度上主动参与到这次话题的讨论中？	①从不　②偶尔　③有时　④经常　⑤总是
(6)讨论过程中你是否有机会平等地表达你的观点？	①从没有　②偶尔有　③有时有　④经常有　⑤总是有
(7)你发表观点时，是否担心自己的观点受到他人指责？	①从没有　②偶尔有　③有时有　④经常有　⑤总是有
(8)决策结果是否符合你个人的需求？	①完全不符　②比较不符　③说不好　④比较符合　⑤完全符合
(9)你是否会配合这次讨论结果的执行（或实施）？	①一定不会　②大部分不会　③说不好　④大部分会　⑤一定会
(10)这次讨论中，大家说出了多少对决策有重要作用的信息？	①完全没有　②有一些　③比较多　④相当多　⑤非常多
(11)大家谈论的内容和商讨的事情有关，没有跑题？	①总是跑题　②经常跑题　③有时跑题　④偶尔跑题　⑤从未跑题
(12)大家在讨论过程中是否踊跃地建言献策？	①从没有　②偶尔有　③有时有　④经常有　⑤总是有
(13)讨论过程中大家是否存在不同观点的争论？	①从没有　②偶尔有　③有时有　④经常有　⑤总是有
(14)讨论中，每个人的发言机会平等吗？	①非常不平等　②比较不平等　③说不好　④比较平等　⑤完全平等
(15)领导鼓励大家表达自己不同的观点和意见吗？	①非常不鼓励　②不太鼓励　③说不好　④比较鼓励　⑤非常鼓励
(16)为了和多数人保持一致，是否有些人有不同的想法也不说？	①完全没有　②有一些　③比较多　④相当多　⑤非常多
(17)你对这次群体讨论得出的结论满意吗？	①完全不满意　②比较不满意　③说不好　④比较满意　⑤完全满意
(18)讨论结束后，大家的关系是否和谐融洽？	①非常不和谐　②比较不和谐　③说不好　④比较和谐　⑤非常和谐

为了保证自评测量方法的客观准确性，该问卷还区分出自我评价和群体评价两个子问卷。其中，自我评价子问卷（表5-1中的1~9题）是每个成员对自己决策过程和结果的评价；群体评价子问卷（表5-1中的10~18题）是成员对整个决策群体状况的评价。两个子问卷的测量结果彼此呼应，应呈较高的正相关关系，即当群体成员对自我的评价较积极时，对整个群体的评价也应该相对积极。

(三)录像他评法

使用录像他评法进行决策质量评估需要对群体决策过程全程录像，并进行录像的文本转录和编码。操作步骤如下。

步骤一，录像文本转录。将待评估的群体决策视频中的音频逐字转录为文本，保留音频中的自然停顿、重复、口误等原始信息。视频中的重要非言语信息（如制止他人的手势、点头等）在转录文本的相应位置做出文字说明。转录文本应区分每个成员的发言内容、发言时长并将转写文本导入 EXCEL 文件中便于后续的分类标记、观点汇总等工作。

步骤二，分类标记。以群体成员在决策讨论中的不间断发言为单位，每个发言单位均对应标记相应的发言者编号和所用时间。据此可以提取出整个群体的互动总次数、每个成员的互动次数、每个成员在群体决策过程中的发言总量和发言总时长、每个议题的讨论时长等指标信息。

步骤三，观点汇总及分类。逐句阅读转写文本，标记决策过程中提及的所有观点（无论这个观点是否被最终采纳）并将观点列在 EXCEL 文件的对应位置上，由此可得到群体决策观点总库。而后，请两位以上未参与评估研究的专业人员对观点总库中的所有观点进行讨论分类，为建构观点树做准备。

步骤四，建构观点树。将观点总库中的所有观点按照概括程度区分成三层：主干、大枝和小枝。其中，主干能反映讨论过程中观点所涵盖的领域范围；每个主干下包括若干大枝，大枝反映的是主干领域中的观点类型；每个大枝下又包含若干小枝，小枝体现每个大枝观点分类中不同的具体观点。相同观点的不同表达方式均作为并列观点，纳入同一个小枝中。观点树的具体建构过程见本章第二节的研究实例。

步骤五，互动内容编码。逐句阅读转写文本，根据每个句子、发言之间的关系判断讨论过程是否可以划分阶段，每个阶段中讨论的议题是否唯一，针对每个议题是否有不同观点和建议，是否有反馈、回应、理解错误等问题，是否存在观点交锋，是否得出统一结论，讨论进程如何推动，是否出现跑题现象，讨论是否有规则可循（如轮流发言等），互动中是否出现领导，群体领导发言在讨论进程中的作用，群体氛围如何，是否出现小团体讨论等现象。通过标记这些不同类型的人际互动现象，为人际互动过程分析做准备。

步骤六，编码结果汇总复核。将上述文本编码内容进行汇总，同时检查并排除重复计数、编码类型不互斥等情况。

利用上述文本编码信息可以测量和评估图 5-1 模型中的决策信息加工、人际互动和客观结果三个方面。首先，对信息加工过程的评估。在上述观点汇总与分类的基础上建立观点树，对决策过程中所产生的观点广度和深度进行定量测量。其次，对人际互动过程的评估。在上述文本编码分析的基础上，对群体决策过程的总互动次数、个体发言次数、领导角色、讨论进程等方面进行定量和定性分析，以评估人际互动过程。最后，决策任务的客观结果评定。采用决策时长和最终决策方案的质量等指标来评估。其中决策最终方案质量评估仍借助观点树计算观点的广度和深度指标。

录像他评法对群体决策质量的评估能够保证评估的客观性，满足了可反复观察、多次评估的需求。同时，录像他评法对决策过程的评估可与群体决策自评问卷中的过程评价内容互为印证。例如，对应自评问卷项目"讨论中，每个人的发言机会平等吗"，可以根据录像转写文本中个体的发言数量占总体发言数量的比率进行核对；又如"这次讨论中，大家说出了多少对决策有重要作用的信息"，可与录像转写文本中的有效观点数量进行对比。

第二节　群体决策质量评估方法在大学生中的应用

我们基于所提出的群体决策质量"过程—结果模型"开发的问卷自评法和录像他评法被应用于大学生真实问题解决的群体决策质量评估(池丽萍，辛自强，孙冬青，2020)。研究结果显示群体决策质量自评问卷效度良好，适合作为群体决策质量的自评工具；录像他评法与问卷自评法结果相互印证能够全面地反映群体决策质量，有望用于更广阔的社会治理领域中。

一、研究问题、样本与群体决策任务

我们将基于"过程—结果模型"建构的群体决策质量评估方法应用于大学生群体决策中，以考察群体决策质量的问卷自评法和录像他评法的应用效果。

研究采用大学校园公开招募的形式邀请 49 名中央财经大学在校大学生围绕真实的"宿舍空调使用问题"进行群体决策(该校不久前刚为学生宿舍安装了空调)。选取 2 男 3 女共 5 人组成 10 个"临时"决策小组(其中一组由 4 人组成)。

实验者向每个决策小组成员发放决策任务材料。材料描述了夏季宿舍空调使用过程中，由于床位距离空调的位置不同、每个人的舒适体表温度不同、电费分摊意见分歧影响了宿舍同学的关系。决策小组需要共同商讨出今后空调的使用方案，解决空调什么时间开，温度为多少，费用如何分配等问题，且该方案将作为未来全校统一的使用标准，不得更改。这一决策任务结合了该校宿舍空调安装的真实背景，因此任务真实、小组成员带入感强。决策小组成员需要完成三个任务：(1)结合任务材料和自己在宿舍空调使用问题上所面临的困扰，独立思考可能的解决办法并简单写出方案，限时 5 分钟；(2)小组共同商讨，制定出符合大家需求的空调使用方案，限时 30 分钟(此时段全程录像)；(3)根据小组讨论情况填答群体决策质量自评问卷。

二、大学生群体决策质量的问卷自评结果

所收集的 49 人自评问卷数据全部有效，可进行统计分析。首先，对问卷内部进行相关分析，结果表明自我评估子问卷($M=3.69$，$SD=0.40$)和群体评估子问卷($M=3.85$，$SD=0.35$)得分存在中等程度的正相关 $r=0.56$，$p<0.01$。这一结果符合问卷编制的理论构想，说明评估问卷的整体结构合理。

其次，计算每个决策小组的自评问卷得分并进行排序。自评问卷计分包括"自我分"(即自我评价子问卷总分除以题目数 9)和"群体分"(即群体评价子问卷得分除以题目数 9)。表 5-2 呈现了每个决策小组的得分及排序情况。结果显示，第 7 组群体决策质量自评问卷的自我分和群体分均最高，即决策质量最高；第 8 组自评问卷的两个分数都为最低，即决策自评最差。10 个小组的自我分和群体分的排序虽然有差别，但整体模式大致相同。根据问卷编制构想，群体分应为更客观的决策质量评估指标，而自我分可能受到成员自我效能感、自我保护心理的影响，评价未必那么客观。因此下文将 10 组

群体决策质量的"群体分"排序作为比较对象。

表 5-2 不同小组决策质量评估得分的描述性统计($M \pm SD$)

组别	1	2	3	4	5	6	7	8	9	10
群体分	3.93± 0.46	3.67± 0.00	3.71± 0.39	3.82± 0.28	3.89± 0.24	3.67± 0.45	4.24± 0.30	3.58± 0.18	3.89± 0.35	4.07± 0.20
排序	3	8.5	7	6	4.5	8.5	1	10	4.5	2
自我分	3.89± 0.53	3.72± 0.33	3.56± 0.08	3.62± 0.19	3.82± 0.33	3.60± 0.70	4.00± 0.32	3.42± 0.36	3.53± 0.41	3.71± 0.38
排序	2	4	8	6	3	7	1	10	9	5

最后，为验证群体决策质量自评问卷的有效性，邀请两名心理学专业研究生作为评估者（均不知道群体决策自评问卷的得分排序）观看这 10 个小组决策过程的录像并对 10 段录像的决策质量进行排序，排序结果见表 5-3。对两名评估者（A、B）的排序进行斯皮尔曼等级相关分析，$r = 0.83$，$p < 0.01$，说明这两名评估者的评定较为一致。根据问卷编制假设，"群体分"能更客观地反映决策质量，因此将 10 组群体决策质量的"群体分"排序作为比较对象。结果显示，决策质量排序前三名均为第 1 组、第 7 组和第 10 组，后三名基本为第 6 组、第 8 组、第 4 组，除第 2 组和第 5 组不同评估者排序略有出入外，决策质量评估问卷的群体分排序和评估者排序基本吻合。对表 5-3 中的 3 个评分排序计算出的肯德尔和谐系数 $W = 0.92$（$\chi^2_{(9)} = 24.74$），$p < 0.01$，说明问卷自评顺序和评估者他人评定较为一致，即群体决策质量自评问卷有效。

表 5-3 评估者对各组群体决策质量排序

组别	1	2	3	4	5	6	7	8	9	10
评估者 A 排序	1	5	8	6	7	9	2	10	4	3
评估者 B 排序	3	7	6	8	4	9	1	10	5	2
问卷群体分排序	3	8.5	7	6	4.5	8.5	1	10	4.5	2

三、大学生群体决策质量的录像他评结果

采用录像他评法比较 10 个小组决策的信息加工过程、人际互动过程和客观的任务完成情况。

(一)对决策信息加工过程的评估

对决策信息加工情况的评估采用观点树评分。参照郑全全和李宏(2003)的方法,我们首先对宿舍空调使用方案决策过程中的观点建立了观点树,具体建立程序如下。

步骤一,观点汇总。在转写文本的编码过程中将 10 个小组的群体决策过程及结果所产生的观点汇总,共获得 146 条观点。

步骤二,观点分类建库。邀请 3 名心理学系的学生(未参加此实验)对所有观点进行讨论分类,将针对相同问题的观点进行归类,同时将相同观点在不同组别中出现的不同表达列举出来作为并列观点。

步骤三,构建观点树。针对宿舍空调使用问题建立了一个三层的观点树。其中包含主干、大枝和小枝。我们通过数字符号来进行标记,例如"1.2.3"表示此观点位置是主干一(温度设置问题)的第二个大枝(设置差异温度)的第三小枝"区分昼夜设置温度"。根据 10 组讨论涉及的各种观点,我们把全部的观点分为 11 个主干(包括温度设置、时间控制、费用分配、风向与风速、宿舍及床位、遥控器管理、保养维护、监管惩罚、使用原则、矛盾分歧解决和温馨提示等 11 个问题),38 个大枝(每个主干下有 2~7 个大枝),以及更多小枝。

然后,对群体决策产生观点的广度进行评估。观点广度的计分采用如下方法:只要涉及了某一主干中的任一观点(无论是在哪一大枝或小枝中),则记为 10 分,各主干不重复计分,最高 110 分。得分越高表示决策产生的观点越广泛。将每个决策小组提及的观点和

观点树对照计算其观点广度。10 个小组的群体决策观点广度分数如图 5-2 所示。

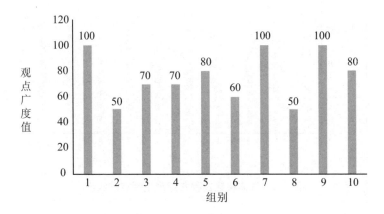

图5-2 群体决策过程各组产生观点的广度

由图 5-2 可以看出，第 1、7、9 组决策观点范围最广。举例来说，第 7 组观点涉及的 10 个主干分别为空调使用的时间、温度、费用、风向、宿舍床位、遥控器、监管惩罚、使用原则、矛盾分歧解决以及温馨提示。而第 2、6、8 组观点范围较小。例如，第 8 组的讨论中，仅涉及空调使用的时间、温度、费用、使用原则以及温馨提示 5 个主干，未涉及其他相关问题。

而后，对群体决策过程产生的观点深度进行评估。观点深度指标的计分方法为只要提及大枝或小枝中任一观点，则记 10 分，最高 380 分(10×38)。分值越高表明决策产生的观点深度越大。据此计分方法，10 组群体决策方案中观点的深度评估分数如图 5-3 所示。

由图 5-3 结果可以看出，其中第 7、9、10 组决策观点深度值最大，而第 2、3、6、8 组观点深度值较小。结合图 5-2 中观点广度的评估，其中第 7 组群体决策产生的观点不仅范围广还较为深入，说明其产生的观点质量最好，该小组在群体决策质量自评问卷中的"信息加工维度"得分也最高($M=3.20$，$SD=0.32$)；而第 8 组群体决策

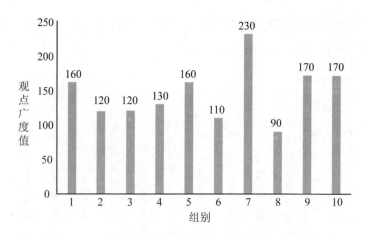

图 5-3　群体决策过程各组产生观点的深度

产生的观点广度较窄，同时较为表面，该组在群体决策质量自评问卷的"信息加工维度"得分最低（$M=2.64$，$SD=0.39$）。这说明录像他评法与问卷自评法在决策信息加工方面所得评分结果基本一致。

(二)对人际互动过程的评估

首先，对人际互动过程进行定量评估。定量评估以录像转录文本中群体总发言次数来表示群体互动次数，以每个成员（分别标为成员1、2、3、4、5)的发言次数来反映群体互动过程的话语分布并辅以雷达图直观体现群体发言机会是否均等。由表5-4可以看出，在限时30分钟的讨论中，不仅各小组互动总次数不同，小组内成员的发言次数也不平均。

表 5-4　各组人际互动过程的描述统计

组别	互动次数	成员 1	成员 2	成员 3	成员 4	成员 5
1	206	66	41	11	7	81
2	115	26	42	16	31	缺
3	100	40	12	4	33	11
4	312	82	63	55	46	66
5	333	·5	77	91	45	115

组别	互动次数	成员 1	成员 2	成员 3	成员 4	成员 5
6	202	28	6	89	33	46
7	325	71	60	85	81	28
8	238	11	92	54	70	11
9	238	50	48	1	70	69
10	184	29	47	45	42	21

然后，将每组成员发言次数制成雷达图（图 5-4）。雷达图中 1、

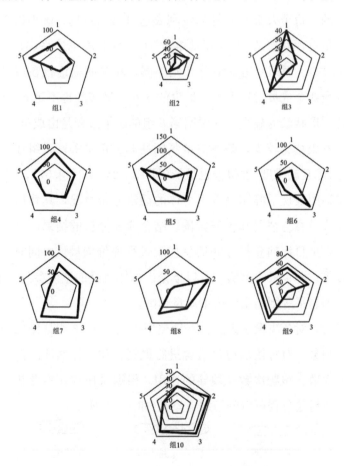

图 5-4　各决策小组各成员发言次数雷达图

2、3、4、5 表示群体讨论中的 5 位成员，五边形中心点为发言 0 次，中间圈为 50 次，外圈为 100 次，最外圈 150 次（各成员发言次数均少于 50 次的小组，雷达图五边形的中心点为发言 0 次，中间圈为 20 次，外圈为 40 次，最外圈 60 次）。雷达图形状越饱满则表示群体发言机会越均等，而且发言次数越多。

由图 5-4 我们可以清晰看出，第 7 组的成员发言次数雷达图较为饱满，除成员 5 发言次数较少外，成员 1、2、3、4 发言次数较多，且四人的话语分配比重近似，由此可以说明第 7 组的决策过程是平等公平的，每个人都有同等的权利表达自己的意见；该小组在群体决策质量自评问卷的"人际互动维度"上得分的确也最高（$M=4.33$，$SD=0.42$）。而第 6 组话语分布则不同，较多的话语权在成员 3 身上，其余四个成员发言很少，最少的 6 次，最多的也不足 50 次，因此雷达图形状较为扁平，这说明第 6 组的决策过程是由成员 3 主导，其他人发表意见较少，整体决策氛围并非公正平等；该组在自评问卷的"人际互动维度"上得分也最低（$M=3.64$，$SD=0.57$）。

雷达图展现了群体决策中个体的话语分布情况，其背后代表的是群体成员参与情况和决策氛围。结合前面分析的结果，第 7 组群体决策质量自评问卷得分和信息加工过程评价均最佳，同时成员发言次数雷达图也最为饱满，可以推论出群体成员的整体参与度越高、决策氛围越平等则做出的决策质量越高。

最后，对各决策小组进行互动类型描述。对 10 组详细的讨论进程进行划分，对每段的讨论内容进行概括归类，并统计出群体讨论提问题次数、跑题次数、领导的作用。根据录像和文本分析，我们认为群体讨论过程可以分为以下三类（如图 5-5 所示）：

循序渐进型　　　　两步一回头型　　　　随机漫步型

图 5-5　群体讨论类型

第一类为循序渐进型。该类型是指，整体的讨论过程分为多个小讨论，每次小讨论针对一个议题进行讨论并得出结论，然后再开启下一个议题的讨论，每个议题讨论后不再重复，如此下去直到所有讨论结束。我们用三个相连有序的椭圆表示，其中每个椭圆表示针对某一主题的讨论。第1、3、7、10组大致可归为这一类，虽然每组的具体表现仍有所差别。

第二类为两步一回头型。该类型是指，整体的讨论过程依旧可以分为多个小讨论，每次讨论针对一个议题进行，然后再开启下一个议题，值得注意的是，该类型下小讨论过程也许并未得出明确结论就开启了下一个议题，因此讨论过的议题可能再次重复，于是整体的讨论过程部分呈现前进几步后退一步的缓慢前进形式。我们用多个互相交叠的椭圆表示该过程，交叠表示重复讨论某个讨论过的议题，但讨论整体趋势是在推进。属于这类的是第2、5、9组。

第三类为随机漫步型。该类型是指，群体的整个讨论过程几乎没有明确的小讨论的划分，呈现出散乱的随机漫步形式，即讨论者说到哪里就说到哪里或者讨论过的问题循环讨论。我们用一个大椭圆里面包含独立散乱的小椭圆，或包含交错循环的小椭圆来表示。例如第4、8组的讨论较为发散，第6组则是循环讨论。

对各组决策过程录像进行反复观看并编码分析，将各组人际互动特点列在表5-5中。通过横向比较10组群体决策过程，我们可以发现多数决策小组的整体讨论过程均可以分为多个阶段，每个阶段间的关系呈现出该组的互动类型。其中大部分小组都是小组成员针对问题依次轮流发言。此外，虽然每组在开始前都通过自荐或他荐的形式选出小组长，但并非每组的小组长都能胜任"领导"的角色，来组织开展并不断推进本次讨论。

表 5-5 各组群体决策互动特点分析

组别	讨论阶段数	互动类别	是否轮流发言	是否有领导者	特点
1	10	循序渐进	是	是	3人主要发言，空调使用经验丰富
2	8	两步一回头	是	是	无讨论交锋，每人负责一项单独决定；缺一人
3	6	循序渐进	是	是	讨论太表面，没有深入展开
4	无	随机漫步	否	否	讨论无主线，整体散乱，目标不明确
5	11	两步一回头	否	是	新点子多，时间感强
6	8	随机漫步	否	是	组长讲话具有攻击性、褒贬色彩严重
7	14	循序渐进	否	是	思路清晰、讨论充分，后期有跑题
8	无	随机漫步	否	否	有群体思维症状：避免矛盾、无理由妥协；一人迟到
9	10	两步一回头	是	是	时间富裕，存在小圈子讨论现象
10	11	循序渐进	是	是	交锋充分，多次征询意见

　　通过对群体互动类别的划分以及各组互动特点的分析，我们发现较好的群体决策过程都是循序渐进型，整体讨论被划分为数个小讨论逐项解决，每一阶段的讨论都很具体深入，有明确结论；群体讨论过程中是否存在每位成员轮流表态并不是决定群体决策质量的关键因素；群体讨论中无明显领导角色的小组决策质量往往不佳，

说明领导在决策中的组织作用是相当重要的。

（三）对决策结果的客观评估

衡量决策任务完成情况的客观指标包括决策所用时间长短、发言总字数和最终决策方案的质量。由于本研究的决策任务完成是限定时间的，因此各组任务完成的时间差别不大，用时最短 23 分 38 秒，最长 36 分 40 秒。决策用时越长，发言总字数越多，因此这两个指标并非本研究中评估决策结果的有力指标。我们将每个决策小组最终决策方案中的观点与观点树对照，计算其观点广度和深度，具体结果见表 5-6。第 1、3、7、10 组的最终决策方案无论是在观点广度还是深度上得分都相对较高，而第 4、6、8 组方案的观点广度和深度得分均较低。对照表 5-5 的群体互动特点分析结果可以得出明确结论：循序渐进型且有明确领导者的小组所得到的最终决策方案涉及观点丰富、讨论深入；而随机漫步型并且无领导者或领导角色胜任度不佳的群体所得最终方案质量较差，存在较多观点遗失，条理性也较差。

表 5-6　不同决策组最终决策方案的广度和深度得分

组别	1	2	3	4	5	6	7	8	9	10
广度	70	40	80	30	50	30	70	40	50	70
深度	120	50	110	50	50	60	110	60	50	80

综上，在大学生群体决策质量评估中，群体决策质量自评问卷得分可以有效判别群体决策质量，同时与基于录像的第三方评估、录像他评法中的观点树评估及互动评估结果一致，三者互证可表明评估方法的有效性。

第三节　社区群体决策质量评估及促进

社区议事会是我国社区体现现代"治理"理念的典型工作模式，其本质是一种群体决策。要促进社区议事实践的改进，就要加强对这种群体决策质量的评估，寻求可行的干预思路。我们(池丽萍，辛自强，孙冬青，2020)将基于大学生样本开发的群体决策质量评估方法和工具进一步应用到社区居民中，并进行了干预研究。

一、社区群体决策研究的背景与问题

传统的社区管理依循"行政管控"思路，社区上报存在的问题，上级行政力量下沉，由政府出面直接帮助社区解决问题，甚至包办社区事务。而现代治理理念则强调政府、居委会、居民、社区工作者等多元主体共同参与社区建设，尤其要突出社区居民的主体地位，树立起协商理念，建立居民参与、共同协商的机制，促进居民之间的横向互动，引导居民参与社区事务，实现"与民服务""与民共治"(辛自强，2018a)。

建立社区居民议事平台，组织社区居民议事会、社区协商会等活动成为许多地区推进社区治理现代化的一个新尝试。例如，2017年颁发的《北京市社区议事厅工作指导规程(试行)》(京民基发〔2017〕34号)文件提出，"社区居委会要树立协商的理念，将协商作为开展社区工作的创新方式和方法，通过开展社区协商，使社区居民参与到社区各项事务中，成为社区管理服务创新的参与者、实施者和受益者"。虽然各地社区议事或协商平台的命名不同，但实质内容类似。社区议事会是由社区党组织、居委会、居民、驻社区单位、社区社会组织、物业服务企业及其他利益相关方作为协商主体，围绕家庭邻里纠纷、社区各类公共设施设置的改造与管理、各类扰民事件、各类社区秩序公约的制定与落实、公共区域与绿地的规划和使用等问题的解决展开协商的平台，是社区居民参与社区管理、反映个人现实诉求的途径之一。

社区居民议事会本质上是一种典型的群体决策实践，然而由于缺少科学的评估方法，社区群体决策的优劣无法及时判断，造成部分失误的决策实施后产生了不良社会影响。我们将基于"过程—结果模型"的群体决策质量评估方法应用于社区，一方面希望了解社区居民议事现状，展示评估方法如何在社会治理实践工作中应用；另一方面通过对社区居民进行议事规则的干预培训及培训效果检验，探寻提升社区群体决策水平的途径。

二、研究方法与干预方案

在北京市北下关街道下属的三个社区（A、B、C）开展研究，其中 A 和 B 为实验组，C 为控制组（该社区在前测中群体决策表现最好）。每个社区招募 10 人（含 2~3 名社区干部，其余为社区居民，含居民代表、社区志愿者及普通居民），最终有效样本 24 人。被试年龄最大 81 岁，最小 30 岁，平均 61.10 岁（$SD=13.19$）。

研究采用有前后测的实验组对照组设计。自变量为议事规则培训，是被试间变量，实验组有培训，控制组无培训；因变量为社区居民群体决策质量。前、后测通过"群体决策质量自评问卷"进行自评，同时采用决策过程的录像他评法测量。前测、干预、后测三次活动时间间隔均为 1 个星期。

选择"社区居民占用楼道堆放杂物问题"和"促进社区居民节约用水、用电"两个议题作为社区群体决策议题。这两个议题是通过向街道社区建设科的领导、多位居委会主任征询，并由居委会主任从 5 个和社区密切相关的议题中选出的。为控制议题内容对群体决策会议效果的影响，在前测中为实验组 A 社区安排的议题为"占用楼道堆放杂物问题"，实验组 B 社区安排的议题为"节水节电问题"，控制组 C 社区安排的议题为"占用楼道堆放杂物问题"。后测时，每个社区安排未曾讨论过的那个会议议题来讨论。

每个社区群体决策的前后测均控制会场座位形式、群体决策时长、参与成员保持不变，其实施程序包括分发议题相关材料、阅读材料并准备发言、集体讨论 30 分钟、填写群体决策质量自评问卷，其中集体讨论全程录像。

针对前测发现的社区议事存在的问题，对实验组 A 和 B 进行社区议事规则的培训。社区议事会是实现社区事务共商共治的主要途径，然而前测结果及以往研究（赵春飞，2016）均显示当前的社区议事会往往缺乏科学的议事规则，经常出现"跑题""一言堂"等现象，各方信息无法有效沟通，居民利益无法在决策中体现，也达不到集中智慧、共同协商解决实际问题的目的，因此我们的干预重点在于议事规则的介绍和演练，以引导居民"学会开会"。

目前被国际公认最有影响力和科学实用性的会议规则是由美国陆军将领罗伯特（Henry M. Robert，1837—1923）于 1876 年出版著作提出的通用议事规则，因为其巨大影响力，后来该书被命名为《罗伯特议事规则》。它是专门为了在各方利益存在冲突的竞争环境中有效、公正地平衡和维护各参与方的利益而设计的，遵照该规则可以保证各议事方的利益得到平衡，实现真正的民主决策。

罗伯特议事规则是教人如何开会的规则，它的设计尊重了多数者、少数者、缺席者三方的基本权利，即少数人服从多数人的意见，但同时也要尊重少数人的意见，会议召开需通知所有人并达到法定人数。该规则具体包括五项基本原则：原则一，为保障并实现权利平等和自由而设立的一人一票原则；原则二，为实现充分论证和对话性交流而设立的一时一件原则；原则三，避免决议的事项重复讨论的一事一议原则；原则四，多数票通过原则；原则五，表决生效需达到法定人数原则（罗伯特，2014）。

该规则将议事过程划分为动议、附议、陈述议题、讨论、表决、宣布结果等 6 个具体步骤。第一，动议。所谓动议是指参会人员提出的需要讨论的建议，一般来说，好的动议包括时间、地点、人员、经费、行动及效果六因素。第二，附议。附议即是否同意谈论。有人提出议题，有人附议才可在会议中继续讨论。第三，陈述议题。有人提议并得到其他至少一人附议，主持人宣布议题并提交会议讨论。第四，讨论。讨论需紧密围绕讨论的议题，同时规定每个人的发言时间和次数。第五，表决。只有主持人有权发动表决，或无人想再发言时才表决。主持人须提出两次表决，一次是正方（同意者），一次是反方（不同意者）。第六，宣布结果。表决结束后由主持人宣布结果（罗伯特，2014）。

目前，罗伯特议事规则已被我国借鉴用来完善人大常委会议事、人大会议表决等制度，并广泛地应用到行政司法、企事业管理、学校管理、社区管理等多个实践领域中。对于罗伯特议事规则在社区的应用，最典型的当属"罗伯特议事规则下乡"的实践（寇延丁，袁天鹏，2012）。2008 年夏天，袁天鹏将议事规则介绍到安徽省南塘兴农合作社，开始了"南塘实验"。针对南塘村合作社开会中存在的三大问题：跑题、一言堂、野蛮争论，袁天鹏等人制定了"南塘十三条"，即在当地改造后的议事规则，并通过生动形象的方式对当地农民进行议事规则的系列培训，最终有效解决了开会中的问题。

本次研究对实验组 A 和 B 进行议事规则培训的内容包括：（1）为居民播放关于"争执""跑题"和"一言堂"内容的教学短视频，播放随机截取的社区居民前测议事过程录像 1 分钟，引导居民发现自己社区议事中出现的问题和不足；（2）介绍罗伯特议事规则（罗伯特，2014），并结合"南塘十三条"（寇延丁，袁天鹏，2012）展开具体讲解；（3）组织居民练习如何提出一个有效的动议，其他人如何附议；（4）设置"机智问答"活动，让居民判断给出的议事情境表现是否正确并说明理由，进一步强化议事规则学习成果。培训时间为 30 分钟左右。

对照组 C 社区的居民在培训时段仅观看上述(1)中的教学短视频和 1 分钟前测议事过程录像，然后随意发言，未接受专门的培训。

三、社区居民群体决策现状及干预结果

(一)录像他评结果

我们首先采用录像他评法客观描述当前社区居民议事现状，并对比培训前后两次议事状况以检验培训是否有效。

第一，对群体决策信息加工过程的分析。按照前文介绍的转录文本编码方法和步骤，对社区居民围绕"楼道堆放杂物问题"和"节水节电问题"的讨论过程分别建立了观点树。其中，关于"楼道堆放杂物问题"的讨论可汇总、建构成含 6 个主干(包括宣传教育、宣传方法、处理方式、监管工作、政府作为、其他方法)，以及 20 个大枝(每个主干下包括 2～6 个大枝，如普法、榜样、贴条、举报等)的观点树。根据"节水节电问题"讨论所产生的观点构建出的观点树也含有 6 个主干(包括节水、节电、教育、政策、宣传、科技助力等)，以及 20 个大枝(每个主干下包括 1～5 个大枝，如水的多次利用、环保电器使用等)。可见，两个议题产生的观点广度最大值均为 60 分，深度最大值均为 200 分，结合对社区居民有关这两个议题的难度判断、了解程度、解决能力的问卷调查结果，可以认为两个议题具有

相似性和可比性。三个社区前、后两次议事会议的观点广度和深度见表5-7。对比每个社区前后两次议事情况可以发现，实验组A决策产生观点的广度和深度在培训后得到明显提高；实验组B产生观点的广度和深度变化并不明显，培训后反而有轻微下降；控制组C变化并不明显，第二次议事有轻微下降。

表5-7　各社区前后两次议事会议决策观点广度、深度与自评问卷($M\pm SD$)得分

组别	人数	前测广度	前测深度	后测广度	后测深度	前测问卷	后测问卷
A 社区	9	30	90	60	180	4.09±0.38	4.31±0.26
B 社区	7	60	150	50	130	4.25±0.42	4.03±0.52
C 社区	8	60	160	50	120	4.50±0.29	4.33±0.30

　　第二，对群体决策人际互动过程的分析。对第一次社区居民议事会议互动状况的分析显示，每个社区的问题表现不同（具体情况见表5-8）。实验组A第一次群体会议持续30分44秒，其中有19分26秒均有2人及2人以上同时发言，相当于三分之二的群体讨论过程混乱无章，难以听清在场发言者的观点。情况最严重时有4人同时发言，大家不断提高自己的音量以求自己的观点可以被他人听清。A社区议事会另一个明显的现象即为小团体讨论，2～4人组成会议的小团体，小团体经常脱离整体会议而各说各的。经过培训后，实验组A的第二次议事会在议事程序、氛围上有了明显改善，表现在如下三个方面。第一，举手发言。在培训后的社区会议中，居民能够主动举手，得到主持人同意后才开始发表自己的见解和观点。第二，一次只有一人发言。社区居民能牢记一次只能一个人发言的规定，在议事过程中会主动制止其他试图插话的居民。通过举手发言的规定，在30分钟的会议讨论中，多人同时发言的现象不足1分钟，小团体"各说各的"现象较第一次社区议事时明显减少。第三，发言机会均等。通过培训，A社区整个议事过程中每个人都获得了

相同的发言机会，除 2 名社区干部发言 1~2 次外，其余成员每人至少发言 4 次，最多 10 次，而不像第一次社区议事时，发言次数最多的高达 17 次，最少的全程没有说过一句话。

表 5-8　各社区第一次议事会（前测）现状

组别	时长	发言字数	总发言次数	跑题次数	多人同时发言		一言堂	
					时长	占比	发言次数	占比
A 社区	30′44″	3626	114	4	19′26″	62.91%	17	14.91%
B 社区	30′12″	6824	155	5	2′01″	6.68%	48	30.97%
C 社区	28′18″	5757	134	2	1′46″	6.42%	17	12.69%

实验组 B 在第一次议事中较为严重和明显的问题有两个。其一是"一言堂"现象。在整体的 155 次发言中，某位社区干部发言达 48 次之多，相当于全部发言次数的 31%；该组发言转录文本字数共 6824 字，此干部发言字数 2435 字，占总体的 36%。其二是"跑题"现象。例如，有居民花约 5 分钟（议事时间的六分之一）描述自家如何帮助楼上邻居解决漏水问题；另外，讨论最后 5 分钟大家更多围绕社会宏观的节水问题讨论，如商业租户如何规范用水、农田如何节水、森林公园建设蓄水池等问题，这些均非社区节水主题应详细讨论的内容，因此视为跑题。经过培训后，实验组 B 可以做到举手发言，但是"一言堂"改善效果并不明显，社区干部在讨论过程中依旧占据主要话语权，在 26 分 22 秒的讨论中，该干部占用最后的 9 分钟（讨论总时间的三分之一）阐述自己的观点并针对其他人提出的问题给出解决建议；转录文字统计显示这位干部发言字数仍占总话语量的 36%。除此之外，实验组 B 的其他成员均能就议题轮流发言，说明自己面临的问题及观点，议事氛围较好，且紧紧围绕议题展开，跑题现象明显减少。

相较于前两个社区，控制组 C 的第一次议事会在社区居委会主任的主持下进行得井然有序。参与社区议事的居民依次表达自己的观点，并结合自己的实际经验针对本次议题提出可行的解决方案。在 28 分钟多的讨论中，多人同时发言的现象出现 7 次，总时长仅 1 分 46 秒，议事成员说话最多的 17 次，除了 1 名社区干部未发言外，最少的发言 5 次，可见议事氛围较为平等。讨论结束后，社区干部根据会议记录总结了大家发言的要点，大家表示一致认同。因为控制组 C 未接受干预，其第二次讨论模式基本无变化。第二次 19 分 10 秒的讨论中有 1 分 17 秒是多人同时发言，与第一次讨论几乎相同。对于第二次讨论中群体决策观点深度和广度的减少，主要是由于议事时间较短（不到 20 分钟），讨论不充分。整体来说两次讨论无本质差异。

（二）问卷自评结果

最后采用自评问卷评估三个社区的决策质量及干预效果。选择完整参加了前测议事、干预和后测议事的 24 个居民作为有效被试，对其前测和后测填答的群体决策质量自评问卷进行统计分析。鉴于自评问卷的"群体分"相对更为客观，下文问卷自评指标均采用群体分。采用单因素方差分析比较三个社区前测时自评问卷的群体分，结果显示三个社区群体分差异达到边缘显著，$F(2, 21) = 2.70$，$p = 0.09$，$\eta^2 = 0.21$，事后检验表明实验组 A 与控制组 C 得分差异边缘显著（C 更好），其他得分之间差异不显著（见表 5-7）。对实验组 A、B 进行培训之后，再次利用单因素方差分析比较三个社区的"群体分"，结果显示 A、B、C 三个社区的群体分数不存在显著差异，$F(2, 21) = 1.58$，$p > 0.05$，$\eta^2 = 0.13$，具体的描述统计结果见表 5-7。为考察每个社区在群体决策质量自评问卷的前测和后测分数上是否存在差异，以群体分为因变量进行配对样本 t 检验，三个社区的检验结果稍有差异：实验组 A 接受培训之后群体分提高，与前测群体分数的差异达到边缘显著，且效果量达到中等水平，$t(8) = 2.12$，

$p=0.07$，$d=0.68$；实验组 B 虽然接受了培训，但是前后测分数差异不显著，$t(6)=0.27$，$p>0.05$，$d=0.47$；控制组 C 没有参加培训，前后测分数不存在显著差异，$t(7)=0.54$，$p>0.05$，$d=0.58$。

四、结论与意义

综上所述，社区居民群体决策研究得到两个主要结论：第一，群体决策质量的录像他评法和问卷自评法均能够客观描述当前社区议事会的现状，有效区分社区群体决策优劣。由于客观条件所限社区议事小组取样较小，且对实验组的培训干预次数和总时长不足，导致实验组 B 群体决策质量自评问卷的前测和后测差异未达到显著水平，但录像他评法结果有力地支持了实验组 A 自评问卷后测成绩有所提高的结果。第二，议事规则的培训能够部分改善社区议事中存在的程序、方法上的问题。本研究中，议事规则培训在 A 社区效果很明显，而在 B 社区效果并不太突出，这可能与议事规则培训内容的特定性和培训时长有关。议事规则的培训主要针对的是议事程序和形式上的问题(如举手发言，一次一人发言，每人发言次数和机会平等)，A 社区议事最主要的不足恰恰是此类议事程序和形式问题，因此培训干预效果明显。而对于 B 社区长期形成的长官"一言堂"现象，则不是简短培训就可以改善的，可能需要经过一定时期的系列培训，才能改变社区干部根深蒂固的"权威"思维。本研究的社区议事规则培训仅开展了一次，且只有 30 分钟，不足以从根本上改善居民议事状况。将来若采取长期、持续的培训和实践演练有可能全面改善和提升城市社区议事会的决策质量。

综合本节与第二节的内容，群体决策质量的问卷自评法和录像他评法能够全面、有效评估大学校园以及城市社区里一些真实问题的群体决策质量，这也证明了我们提出的群体决策质量评估的"过程—结果模型"的合理性。基于该模型，就社区议事会而言，对其群体决策质量的评估需要综合考虑决策过程特征和决策的主观、客观结果。一方面，对会议决策过程的评估既要看到讨论过程中议事会成员提出的建议、观点是否丰富、有效，表达是否准确，又要关注讨论过程中议事成员参与的主动性、发言的平等开放性、反馈的及时性、领导的民主性等特征。另一方面，对决策结果的评估不能只注重客观硬性指标，如讨论所耗费的时间、投票轮数、决策方案数量，还要考察居民对最终决策的主观感受，如对决策的满意度、认可程度、执行的意愿等。毕竟决策过程中居民的参与感、被尊重感等心理感受也是决策贯彻执行的关键影响因素。

不仅是社区治理，该模型和评估方法对更广泛的社会治理也是必要的。我国的社会心理服务体系建设强调社会治理要遵循心理规律，做到在政策制定和实施过程中，用心理学的理论和方法指导精细化的社会治理(辛自强，2018b)。我们的群体决策质量评估模型与方法能够通过评定决策过程中的信息加工水平、人际互动模式、决策成员的主观心理感受及决策方案质量，在决策实施前了解决策讨论是否充分，是否有重要信息遗漏，决策是否保证了各利益方诉求的充分表达，并提前预判最终方案的成熟度、创新度、实用性、可执行性和群众拥护度，防止失误或是错误决策的实施，减少决策失误造成的物质和人力资源浪费，避免其对社会心态、社会稳定产生负面影响。

第六章　由心而治

社会治理和管理不能只听凭管理者的主观意志，若让"任性的权力"肆意而为可能会招致恶果。就像自然世界存在独立于人的主观意志之外的客观规律，社会世界也是如此。无论就人类的自然属性，还是社会属性而言，都有其客观的心理与行为规律。我提出的"由心而治"这一概念，就是要强调按照人类心理与行为规律来解决问题，尤其是实现社会的善治。我们不仅要建立由心而治的理论，更要推动它融入政策设计和社会治理实践。

第一节　由心而治的理论

笼统来说，整个心理学科的目的就是寻求心理与行为规律并加以应用。然而，真正专门地、明确地强调基于心理与行为规律开展社会治理的理论并不多，国外学者提出的"助推"和"促进"理论可算是代表，而"由心而治"理论是在更一般性的意义上强调这一点，整合了先前的思想。

一、助推思想及其应用

2017 年的诺贝尔经济学奖颁给了美国芝加哥大学布斯商学院的塞勒(Richard H. Thaler，1945—　)，以表彰他对行为经济学做出的贡献。他虽名为经济学家，但用的全是心理学思想和方法。他将心理学的现实主义假设纳入经济决策分析中，通过探索有限理性、社会偏好和自控力缺乏等因素引起的后果，揭示了这些人类特性如何系统地影响个人决策以及市场结果。此外，塞勒提出了"助推"(nudge)的概念，用以改善人们的经济决策和社会决策。传统的社会治理研究都是从政治学、公共管理学、社会学等学科角度出发，限定在制度、结构等宏观层面的分析，塞勒的助推思想为社会治理提供了一条可行的心理学路径。

2008 年塞勒与桑斯坦(Thaler & Sunstein，2008)合作出版《助推》一书，助推思想迅速升温。"助推"的原意是用胳膊肘或身体其他部位轻推别人，以提醒或引起别人注意，在行为经济学领域被借用来表示保留人们的选择自由的同时引导人们朝特定方向行动的非监管性和非货币性的干预。简单说，它是一种既不使用"大棒"(行政强制)，也不使用"胡萝卜"(经济激励)的干预方法，该方法灵活运用人们的心理规律来改变行为(被称为"第三条道路")。人类的心理系统是不完善的，在认知和动机上存在缺陷，如思维惯性、拖延和损失厌恶，所以会做出许多不理性的行为。助推旨在通过控制人们认知和动机上的缺陷，"局部修复"其在特定情境下的自主偏差，纠正错误，引导其朝着合适的方向行动。塞勒(2016，p.360)曾说"因为人们都是普通人，而不是理性的经济人……所以他们都会犯一些可预测的错误。如果我们能够预测到这些错误，就能设计出相应的政策去减少错误发生的概率"。

助推思想应用于社会治理的一个典型例子是塞勒在 2004 年提出的"为明天储蓄"的养老金储蓄项目。美国人并不爱储蓄，甚至为了今天的生活透支未来的财富，"为明天储蓄"项目通过简单而精巧的助推设计大幅度提升了人们对养老金账户的储蓄率。例如，为减少人们对损失的厌恶情绪，建议企业员工在涨工资时提高储蓄率，这样员工的损失感不是那么强烈，更容易接受建议。此外，助推项目运用了人们的思维惯性。例如，员工入职填表时，若问其"是否愿意从工资中拿出一部分投保养老保险"，很多人未必愿意。塞勒建议公司将表格上的默认选项，从原来的默认"不参加"改为默认"参加"：默认"不参加"时，参加需要申请；默认"参加"时，退出需要申请。由于人们多倾向于默认选项（思维惯性）——"许多人会做的事就是什么也不做"，懒得主动做出新的选择，因此，表格上这一简单的改变或设计，显著提高了参保率。这种对决策任务或环境的"人为设计"，并没有剥夺决策者选择的自由，但是因为利用了其心理规律，而促使人们朝社会期望的方向表现自己的行为。

"助推"思想不只体现在这个案例中，它已经在西方国家广泛运用。例如，桑斯坦曾担任美国前总统奥巴马第一个任期的白宫信息与规制事务办公室副主任，为政府效力 4 年，负责评估政府制定的新规对经济的影响，并力图将助推思想用于政府工作；塞勒长期向英国当时的卡梅伦政府提供政策咨询，他们成立了"行为洞察力小组"，将助推思想用于英国的税收政策设计、住房阁楼新增保温层补贴等项目上。实际上，包括助推在内的各种行为科学成果，被很多国家的政府重视并使用。英国国家经济和社会研究委员会 2014 年发布的报告显示，全球共有 136 个国家将行为科学融入其公共政策，有 51 个国家"制定的中央政策受到了行为科学的影响"（引自塞勒，2016，p.380）。塞勒进一步解释到，像他所在的行为洞察力小组主要使用的是心理学以及行为经济学的成果，他曾在书中坦陈：他们的"小组采用的工具以及借鉴的成果主要来自心理学以及其他社会科学(塞勒,2016,p.381)"。

二、促进方法及其应用

除"助推"理论外,"促进"(boost)理论也可以为社会治理提供可行的心理干预路径。2016年瑞典皇家理工学院的格鲁恩-雅诺夫(Till Grüne-Yanoff)和德国马普人类发展研究所的赫特维希(Ralph Hertwig)提出了干预人类行为的另一种方法——促进。

"促进"指通过培养人们的能力来帮助人们自主选择的干预方法(Grüne-Yanoff & Hertwig,2016)。促进的干预目标是能力,而非像助推理论那样侧重即时的行为。目标能力既可以是某一领域的特定能力,也可以是一般性的能力。通过发展已有的能力或培养新的能力可以让人们做出特定的行为,但干预的重心在于保护和行使人们的自主选择权。促进思想假定人们的认知和动机过程是可锻造和值得发展的。它将人的思维当成受生态理性启发的适应性工具箱,在经验的指导下人们使用工具箱里的各种启发式策略作为工具适应不同的环境。因此,促进方法关注外部环境(如信息的呈现或物理环境)和内部认知能力(决策的策略、程序化路线、自动化过程)的提升以及两者的结合。相比于前文所提的助推,促进干预的效果较为持久,甚至是永久的、难以逆转的,而且能力的培养需要获得人们的合作意愿,相对更加透明,更能保障人们选择的自由性。

促进的干预已经在各个领域得以运用。同样以养老金储蓄为例,我们可以使用两个已被证实有效的促进方法来为提升养老金储蓄设计可行的方案。第一个是"简单启发式"模型。比起某一特定领域的专业知识的教导,促进方法侧重于通过"经验法则"培养个体处理该领域问题的能力。养老金储蓄的专业知识包括了复利、通货膨胀和风险分散等，但促进方法可将这些知识简化为"养老储蓄是多元化的风险分散投资中的一种"这一经验法则，帮助人们增强对养老金储蓄的直观理解，使其易于操作。第二个有效的促进方法是培养人们在"当下自我"和"未来自我"之间建立心理联系的能力。人们产生对现在回报的偏好而不愿意为未来储蓄，是因为人们较难感受到未来的自己是今天储蓄的接受者这一事实。可以通过给人们呈现外貌随时间变化的图片，或者让人们写一篇关于想要后代如何记住他们的短文，来增强人们感受到的当前自我和未来自我的连续性，由此可以帮助人们在养老金储蓄时自主做出更理智的选择。

三、由心而治的理念及其应用

在我看来，虽然"助推"和"促进"的理念有所差异，但都强调了按照心理规律来解决实际的社会治理问题，它们只是"由心而治"概念的两个特例，我们可以在更广阔的范围内应用心理学规律改进公共管理，助推社会治理，实现"由心而治"。

就目前所知，"由心而治"（governance based on mind）这个表述在汉语和英语中都很少见到，它是我人为创造出的一个词语。2016年10月29日"由心而治：社会心理与社会治理论坛"在中央财经大学举办，这次论坛是由我们筹办并确定主题的，在思考会议主题时我想出了"由心而治"一词来表达我希望表达的意思。这次会上我作了"社区心理建设的方向与思路：由心而治"的报告，阐述了"由心而治"的基本思想：从心理建设这一内容或目标着手开展社会建设和社区建设，而且要按照心理与行为规律开展社会建设和社会治理。《心理科学进展》杂志 2018 年的第 1 期以主编特邀形式刊发了我的长文《社会治理中的心理学问题》（辛自强，2018b），该文提出，心理学研究者应该关注社会治理的"内生"心理学问题，最终建立社会治理心理学的理论体系,并开展"由心而治"的国民心理建设实践和社会治理实践。此后,我在多篇文章中反复阐述过这一思想(辛自强,2018c,2019a)。我撰写的《由心而治:提升社会软治理能力》政策咨询报告,还入选北京市社会科学基金《成果要报》(2018年第1期),并得到中央政治局委员、北京市委书记蔡奇的批示。

"由心而治"的理念是由社会治理的心理本质决定的。社会治理的核心是"人"的问题,无论是治理的主体、客体,还是治理过程都涉及各种心理问题或心理学问题,那么问题解决之道就是开展面向人的心理建设,实现"由心而治":把现实社会心理问题作为社会治理的对象;把提升治理主体的社会治理能力作为改进社会治理的前提条件;把改善群体决策质量作为社会治理干预的核心内容;依循心理学规律开展各项社会治理实践;把心理学方法和技术作为社会治理的工具选项。

"由心而治"的理念符合社会治理方式的发展趋势。当前社会治理方式发展的新趋势是从硬治理转向软治理,软治理则要"由心而治"。硬治理主要依赖行政、司法等硬性命令方式,开展自上而下的统治和管控;软治理主要借助民主协商、文化濡染、制度规训、道德教化、社会认同、意识形态引导等软性方式开展社会管理。当今以人民为中心的发展思想,要求社会治理在方式上更多诉诸软治理、巧治理,减少那种简单粗暴的硬治理。为此,要善于遵循并运用心理与行为规律,采用心理学方法和技术来开展社会治理,即"由心而治"。社会治理若能尊重并遵循人类心理与行为规律,则事半功倍,使治理效果"入脑入心",并赢得人们的理解与支持;相反,那种见物不见人,单纯基于行政强制和利益诱导的治理方式经常会引发新的矛盾并带来巨大的治理成本。

"由心而治"的理念已经被用于社会治理和社区治理实践。我们课题组(曲映蓓,辛自强,2017)曾在北京市海淀区花园路街道的一个社区，通过"影像发声法"这种行动研究方法干预居民一种特定的社区参与行为——垃圾分类行为，让居民拍摄有关社区垃圾分类问题的照片（"影像"），并以小组为单位讨论照片（"发声"）。结果表明，影像发声法的干预（3次照相与讨论活动）改善了居民对垃圾分类的认识和行为意向，增加了一般的社区参与行为、邻里互动和社区认同。这一干预过程中，研究者并没有直接指令社区居民应该如何做垃圾分类，而是由居民自己作为行动者自主定义问题并寻求问题解决之道，最后取得了良好效果。这一做法尊重了社区居民的首创性和积极性，利用了群体成员之间彼此施加"社会影响"的原理，让问题发现者和行动者统一在一起，自主寻求对问题本质的理解并采取实际行动改变现状。

四、"由心而治"的四层含义

在社会治理过程中，如何由心而治呢？这应该属于我们倡导建立的社会治理心理学这一新兴学科的重要研究问题。我2019年在《光明日报》理论版发表文章指出，在社会治理中"由心而治"至少包括如下四个层面的含义（辛自强，2019a）。

一是尊重人性和心理规律。心理学是研究人类心理和行为规律的科学。笼统地说，它研究的是人性问题，无论是先天的本性，还是后天的习性。如前所述，社会治理要"以人为中心"，这一主张的首要含义是，社会治理过程中，我们要做到尊重人，尊重人性，尊重人的尊严和权利。举例来说，少数基层干部相信"人民内部矛盾要用人民币来解决"，这一观念背后的假定是人的尊严和价值都是可以交换或交易的。实际上，几乎每个人心底都有一些"要保护的价值观"，这些价值原则是绝对要捍卫的，"不是你想买就能卖"；若不能充分认识这一点，可能带来严重的负面后果。又如，创新的动机问题。学习和工作(如科研工作)的动机可区分为内生动机和外生动机，内生动机出于对任务本身的兴趣、热爱、好奇心、挑战精神，外生动机则源自对任务结果的追求，如追求奖励和回报，试图赢得认可与名声。我们(李丹，辛自强，2010)的一项研究发现，在内生动机上学业优秀的学生显著强于普通学生，但外生动机上两类学生没有差异；而且这两类学生在数学任务上的理解水平都与内生动机有正向关系，而与外生动机无关。实际上，心理学家一再证明，无论是对于学生，还是科学家，真正激励其持续钻研和探索的力量是内生动机，而非外生动机。然而，滥用物质奖励往往会削弱这种宝贵的内生动机，因为奖励和回报都属于外生动机。推而言之，当前名目繁杂的人才"帽子"工程，未必能激励研究者发自内心地从事艰苦的创造性研究，却制造了一种喧嚣的名利环境，让人们急功近利。人才"帽子"工程的大量资金若用于改善科研环境，用于让研究者过上体面的、无后顾之忧的生活，或许他们更能安心从事自己热爱的科研工作。"政之所兴，在顺民心，政之所废，在逆民心"，国家和社会的治理必须尊重人性和普遍的心理与行为规律，不可背道而驰。

二是理解心理规律。人有自由意志，加之个体差异以及影响因素的复杂性，我们很难准确预测某个人特定的心理行为特点，但在统计意义上依然可以确定一般性的心理与行为规律。心理学以及更广泛的行为科学，就是在通过实验和调查等手段研究人类的心理与行为规律。虽然我们不能要求每个社会管理者都亲自做研究，但至少要通过学习和个人体悟，尽量去了解、理解这些心理与行为规律。例如，放学后家长迟迟不来接孩子，是令学校管理者头疼的事情。两位学者(Gneezy & Rustichini，2000)在以色列的日托中心做了个实验，对那些接孩子时迟到的家长进行罚款，结果发现，在接下来的日子里，罚款不但没有减少本欲抑制的迟到行为，反而使之增加了。迟到的家长本会内疚，但是罚款无异于给其错误行为定价，一种不符合社会规范的行为一旦有了价码，就成了可以交易的商品。因为可以拿钱来买，家长心中的那点内疚、自律就荡然无存了，迟到也无所谓，心想不就是罚钱吗。在社会生活中，滥用即时等价交换的市场逻辑，经常会带来糟糕的后果。如果社会管理者多了解一些心理与行为规律，可能会更好地反思要制定的社会治理政策和措施。

三是依循心理规律。"由心而治"的核心内容是依照心理与行为规律开展社会治理，注重心理学方法和技术的应用。下面的例子很能说明问题。在肯尼亚，许多家庭表示因为缺乏现金而无法投资购买卫生防疫用品（如杀虫剂、蚊帐），然而只是发放现金似乎不能有效解决问题。两位学者（Dupas & Robinson，2013）的研究发现，只要给人们提供一个可上锁的金属盒、一把挂锁和一个标明需购买的卫生防疫用品名称的账本，人们对这类商品的投资就会提高66%～75%，这有效推进了当地的卫生防疫工作。这一做法背后的原理是"心理账户"——人们往往在心里把不同来源的资金放在不同的账户上，分别用于不同类型的消费。金属盒、锁和带标签的账本，实际上利用了"心理账户"这种自动思维方式，让人把钱放在专门用于购买卫生防疫用品的心理账户上，而不是混入一般的日常生活开支中随意花掉。这一做法对我国开展精准扶贫很有启发，扶贫之"精准"可以体现在按照"心理账户"这类原理，精准投放扶贫资金，购买种子、种苗的资金要放在"发展农业生产"的心理账户上，而不是放在家庭日常消费的一般账户上。又如，我们（Xin，Liu，Yang，& Zhang，2016）的一项研究表明，给参与"投资游戏"的大学生、海关官员呈现以"倒三角形"样式排列的三个黑点时，他们给对方投了更多的钱，这代表他们更信任对方。这三个黑点是以最简化的方式呈现的"注视之眼"，作为一种"他人在场"的细微社会线索被参与投资游戏者无意识地加工，而促使他们表现得更为慷慨和信任。这种"注视之眼效应"可以在很多场合用于激活人们去关注社会规范要求，进而表现出更多的道德行为或亲社会行为。

四是开展心理建设。人们的心理行为特点未必都符合社会要求和价值追求，因此需要调适、干预、促进、改善。简言之，社会治理的一项重要内容是开展国民心理建设。心理建设的内容既可以是面向个体心理的，如开发智力、促进心理健康、提升幸福感，也可以是面向整体社会心态的，如提高社会信任、树立良好的社会价值观、减少社会戾气。例如，我们近年来的一系列研究发现，我国的社会信任(人际信任)水平总体呈下滑趋势，其中可能的原因之一是市场化过程激活了人们的"经济人信念"(认为人都是精于"计算"和"算计"的)，使其不再相信他人的"人性本善"，故不敢轻易信任他人和社会(Xin & Liu, 2013；Xin & Xin, 2017；Zhang & Xin, 2019)。如能建立严密的征信体系以及公正的社会规范，则能惩戒失信者，保护信任者。要重建社会信任，就要做好相关制度建设，赢得人们对制度的信任，从而提升人际信任。类似地，面向特定主题和人群的各类心理建设，都要优先考虑制度设计问题，然后再考虑直接面向个体的心理干预。中华民族的伟大复兴，离不开良好的国民心理素质，离不开良好的社会心态，开展心理建设就是一项为民族复兴而凝心聚力的系统工程。总之，我们要在制度和人的层面开展心理建设，尊重、理解并依循心理与行为规律开展社会治理，实现"由心而治"。

五、总结与建议

助推、促进和由心而治这三种社会治理的心理学思想，都通过心理学以及其他行为科学对人性的了解来引导人们做出合适的行为，从而推动对社会的"善治"。就像有人指出的那样，基于助推等思想的行为干预策略展现了令人欣喜的应用价值，有效地帮助各级政府和各类组织制定和实施公共政策，继而更好地达成社会治理目标（张书维，梁歆佚，岳经纶，2019）。

这三种思想也略有不同。助推和促进两种思路都侧重于社会治理的方法取向，关注实现特定目标的具体心理学策略的运用。然而，"由心而治"的理念不仅强调社会治理的方法取向，即通过遵循心理与行为规律的路径来做好社会治理，将心理学具体的方法和技术作为社会治理的工具选项，而且还强调心理建设是社会建设和社会治理的内容或目标，甚或将心理建设上升为国家战略，与社会建设等"五大建设"并列相待，通过做好心理建设（如社会心态培育、国民心理素质提升）这个内容促进社会等其他方面的建设（这也可以理解为一种更宏观意义上的方法和策略）。就概念外延而言，"由心而治"可以包含"助推"和"促进"这些特例。今后在社会治理的政策设计和具体实践中，可综合应用这些思想。为提升社会治理的"由心而治"水平，兹提出如下建议。

第一，在公务员培训中引入"社会治理的心理学方法"的课程模块。在各级党校、行政学院的干部培训中，很少涉及"心理学"知识模块，即便有，也只是停留在领导力提升和干部心理减压这类主题上，没有认识到心理学知识对于社会治理的重大工具价值。因此，培训中要结合社会治理实践，通过案例教学介绍行之有效的心理学理念、方法，让公务员理解"由心而治"思想，掌握必要的心理学规律。

第二，各级政府要适当增加向心理学专家和行为科学家进行政策咨询的环节和渠道。例如，可聘请有心理学及相关学科知识背景的政府顾问、政策咨询专家，或者委托他们开展课题调研和政策论证。

第三，加强公共管理心理学和社会治理心理学的学术研究。目前，心理学在管理中的应用研究主要面向商业和企业领域，即面向工商管理，而面向政治和公共管理领域的心理学研究十分薄弱，公共管理心理学、社会治理心理学、政治心理学在国内尚没有独立成明确的学科领域。因此，建议在各级社会科学基金项目中设置选题，引导心理学、经济学、管理学、社会学、政治学等方面的行为科学家投入这方面的研究，以发挥社会科学资政济世的作用。

第四，加强"公共管理心理"和"社会治理心理"的智库建设。例如，奥巴马担任美国总统时设立了专门的行为科学家小组，作为其政策智囊；英国卡梅伦政府曾设立了"行为洞察小组"顾问团队，开展智库研究。我国也需要设立"公共管理心理"和"社会治理心理"的智库，让心理学等学科专家针对政府需求开展研究，提出政策建议。

第二节　由心而治理论的应用

社会治理涉及众多主题和领域，不宜泛泛来谈如何由心而治。本节以环境保护和舆情管理领域为应用场景，说明"由心而治""助推"等思想如何应用于促进垃圾分类行为以及更广泛的环保行为，如何做好舆情危机的处置。希望大家能举一反三，思考如何在其他主题和领域中做到由心而治。

一、垃圾治理中的由心而治

(一)垃圾问题是人的问题

垃圾分类成为当前全民热议、政府高度关注的话题，折射出我国人民日益增强的环保意识。2019 年 6 月，住建部等 9 个部门联合印发通知，要求在全国地级及以上城市全面开展生活垃圾分类工作。2019 年 7 月 1 日起，《上海市生活垃圾管理条例》正式实施，上海市开始普遍推行强制垃圾分类，没有做好垃圾分类投放的个人和单位将会被罚款。罚款无疑是落实垃圾分类的有力措施之一，此外，我们还要关注垃圾分类的心理学问题。生活垃圾因人而产生，其分类投放和回收的主体也是人，我们要从人性和心理的角度探讨人与垃圾的关系，寻求破解问题的心理学路径，实现"由心而治"。生活垃圾的管理包括源头减量、投放、收集、运输、处置、资源化利用等一系列环节，前端的源头减量和分类投放是整个管理工作的基础。由此，我们提出，推动垃圾分类工作不能光靠罚款这类经济手段，还要营造垃圾减量的社会文化心理，善用心理学策略促进人们的垃圾分类行为(辛自强，2019c)。

(二)培育垃圾减量的社会文化心理

垃圾是人类在生产生活中制造的废弃物，垃圾的产生有深刻的社会历史根源，要做到垃圾减量必须培育新的社会文化心理。

首先，制造垃圾是现代工业生产和城市化生活带给人们的"原罪"，因此我们要以赎罪之心做好垃圾减量和分类回收。通过工业生产人类超越自然限制，同时制造了大自然的异物，其中很多物品是有害的、难以降解的，从而成为自然界的累赘和负担。城市化让生活更高效便捷，产生了规模化效益，但由此带来的人口聚集使得垃圾也规模化聚集，从而难以为当地狭小的自然环境所稀释、消纳和降解。工业化和城市化正是通过创造自然界的对立物或对立性的生存方式，使得人类在很多方面站在了自然界的对立面。垃圾就是人类制造的自身与自然之间的屏障，是非自然性生存方式的后果。今天的人类必须认识到是"我们"亏欠了自然界，我们应该对自然界充满歉意和内疚。工业生产和城市生活在为人类创造福祉的同时，也造成了人类的"原罪"——我们一生下来，在享受工业和城市文明的同时，总是或多或少地在破坏自然。因此，我们一生都要敬畏自然，对自然充满歉意，通过行动去救赎自己的原罪。必要的行动包括倡导个人物质生活的简约主义，尽量少制造垃圾，做好垃圾分类，促进循环利用，最终减少个人生存对自然的破坏。例如，给每次出差所带的洗漱包里装上梳子这类物品，就不用打开宾馆里的梳子包装。对于一个经常出差的人而言，每年可能少浪费十几到几十把梳子。"源头减量"是环保的根本所在。政府在舆论宣传中应该引导公众形成对垃圾制造的"原罪"文化和"原罪"心态，通过低碳生活方式和持续的环保行动减少自己对自然的亏欠和伤害。

其次，制造垃圾是在制造自我和自然的对立，因此我们要通过减少垃圾与自然重归于好，实现自我成长。工业生产制造了大量物质产品来满足人类的物欲，城市生活的高效便捷满足了人们对自身舒适的欲求，商业文化在制造过度消费和超前消费的快感，然而，生命的意义感和价值感未必相应提升，甚至不断打折乃至丧失。意义感、价值感来自我们和他人的联结，来自我们和自然的联结，这种联结好比镜子，映照了我们存在的意义和价值。如果说垃圾是我们和自然建立联结的障碍，那么少制造垃圾就是要恢复我们和自然本应该有的联结。相比于人类漫长的进化史，现代工业文明和城市文明只是短暂的一瞬，人类在生理和心理上本已适应自然中的生活。如果能意识到我们要少制造垃圾，就意味着我们和自然形成了更强的联结感、一体感，那种将自己置身自然怀抱，与万物心有戚戚焉的状态，那种天人合一的状态，能为个体带来更大的内心平静，带来深刻的意义感和价值感，带来持久的幸福体验。总之，时常想到要少制造垃圾，有助于建立自我和自然的关联，让自我不再局限于狭小的个体世界，而延伸至整个自然和生态，那将是"天地与我并生，而万物与我为一"的更为饱满的"大我"。

最后，制造垃圾是人格结构中本我的表达，而减少垃圾并分类回收是个体完满人格的表现。拉什杰（W. L. Rathje，1945—2012）是美国亚利桑那大学的考古学家，他主要通过分析垃圾来研究人类的行为，从而创立所谓"垃圾学"。在他看来，垃圾学就是人学，"了解一个人的唯一方法是看他扔掉了什么"。垃圾制造是人类的行为，这种行为是一个人的人格表达，也反映了人格健康状况。心理学家弗洛伊德（S. Freud，1856—1939）把人格系统分成本我、自我和超我三个方面。本我就是先天的本能与欲望，我们就是在满足饮食之需时制造了厨房垃圾，也制造了厕所垃圾。糟糕的是，现代人类因为对物质和奢侈的无节制追求，而制造了更多本不应该出现的垃圾，比如繁复精美的商品包装，在商品被打开的一刹那就变成了垃圾。本我难以意识到现实世界的约束，而是非理性地寻求本能的直接满足。一个本我和物欲强烈的人，可能制造出更多的垃圾。自我的存在是为了帮助本我的欲望以现实的、无危险的方式得到满足，否则就推迟本能的满足。我们人类必须建立足够发达的自我（遵循现实主义）以及超我（追求理想主义），认识到现实的约束和物质资源的有限性，为子孙后代考虑，为天人和谐考虑。人类总有本我要满足，所以我们不得不制造垃圾，但一个没有节制的本我是危险的，会无谓地制造不必要的垃圾。认真做好垃圾分类投放和回收的人，更可能是有良好自我和超我的人，是一个本我、自我和超我协调运作的人，是一个人格健康的人。

综上，我们要在全社会形成一种特定的文化心理——制造多少垃圾，就代表我们对自然界亏欠了多少，故此我们要以赎罪之心做好垃圾减量，让自我和自然和解。记住，我们对待垃圾的态度折射着自己的人性和人格。

（三）促进垃圾分类的心理学策略

第一，建构合理的垃圾分类图式。垃圾合理分类的方法有不同的版本，繁简程度也不相同。例如，在日本，生活垃圾被分为可燃物、不可燃物、资源类、粗大类、有害类等，而有的城市执行了更详细的分类，如横滨市要求居民将垃圾分为十类；我国目前通常将生活垃圾分为有害垃圾、可回收物、湿垃圾（厨余垃圾）和干垃圾（其他垃圾）四类。究竟分成多少类别，以及如何划分，不仅是科学问题，还要符合人们通常的认知结构或图式。最容易的分类是两类。例如，很多居民，尤其是老年居民，往往将废旧报纸、易拉罐等可回收物品单独挑拣出来定期卖掉，其余垃圾没有再进行分类，这实际上将垃圾区分成了可回收的（可卖钱的）和不可回收的（无人收购的）。有的居民则习惯于将垃圾分为厨余垃圾（有机垃圾、湿垃圾）和其他垃圾（无机垃圾、干垃圾）两类。我们调查发现，有的居民习惯于根据场所来对垃圾进行分类：厨房垃圾、厕所垃圾、阳台（或杂物间）垃圾（多为可回收物）。对于家庭而言，将垃圾区分为两类或三类，比较容易做到；若要区分更多类别或者在家设置更多垃圾桶，往往不习惯、不方便（没地方放）、不容易（分类太烦琐）。总体而言，我国常用的垃圾四类划分大致是可行的，居民稍微努力就可做到。过于精细的划分或许科学，但不太可行，不符合人们习惯的类别数量和分类方式。在垃圾分类的宣传教育中，要通过生动形象的方式让居民大致掌握每个类别的含义，但似乎没必要一定让每个居民为湿纸巾属于哪类垃圾而纠结。

第二，让垃圾分类者体会到价值感而不是遭受"惩罚"。作为现代社会公民，人们大多有垃圾分类的意识，他们之所以这么做，并不是为了得到别人的赞美，也不是为了换取积分。对于这些人而言，一定要让其体会到做好垃圾分类的价值感和意义感——坚持垃圾分类，确实保护了环境。然而，当人们正想将分好类的垃圾各自投放进社区垃圾桶时，却看到垃圾清运车将不同类别垃圾倾倒在一起，这可能是对他们最大的惩罚。因此，政府和环卫部门要做好垃圾的分类运输和处置，不让垃圾分类者受心灵伤害。还有的社区保洁员为了清运垃圾时自己省力，平时总是只打开四个垃圾桶中一个的盖子，居民若要分类投放，就要自己打开其他垃圾桶，这种看似微小的"不便"就阻止了很多人的分类投放。相反，我们应该为垃圾分类者提供足够的便捷。例如，社区垃圾站安装一个便民洗手池，就可以让人们不因害怕弄脏手而将盛放厨余垃圾的塑料袋一并扔进厨余垃圾桶。

第三，巧用环境线索促进垃圾分类。环境特征可以告诉人们在该环境下什么才是适宜的行为，即告诉人们与环境要求匹配的行为规范。例如，环卫人员每天把垃圾桶擦得锃光瓦亮的，就是在告诉人们要爱护环境、准确投放垃圾；反之，哪怕只有少量垃圾被随意丢弃在垃圾桶附近，这似乎就在暗示其他人也可以这样做。在丹麦的哥本哈根市开展的一项试点研究发现，在人行道上画上引至垃圾箱的脚印可以鼓励路人减少乱扔垃圾的行为。在垃圾箱上贴上由三个大黑点组成的倒三角形（类似"注视目光"面孔）可能在无意识层面提醒垃圾投放者注意自己的行为，因为注视目光是一种监督和道德规范存在的提示。我们在垃圾管理的全流程中，尤其是垃圾桶和垃圾站的设计中要善于使用这类环境线索，暗示人们做好垃圾分类。

第四，将垃圾分类视作我们所认同群体的身份象征。20 世纪 80 年代，美国得克萨斯州（得州）居民存在严重的乱扔垃圾问题，尤其是开车时随意在路上丢垃圾。后来，得州政府请学者塞尔克（Dan Syrek）来解决这一问题。依据塞尔克的研究，得州政府批准了一项以"别给得州抹黑"为口号的宣传计划，并找来当地家喻户晓的运动员和音乐人拍摄系列广告，告诉人们把垃圾扔进箱里是"很得州的事"。该计划在当时大获成功，5 年时间，得州路边的可见垃圾减少了 72%（希思，希思，2007，p. 178）。该计划之所以取得成功，是因为它激发了人们的社会认同，用人们对某个群体身份的认同和珍视来规范其行为。做好垃圾分类是现代公民的行为规范，是自己作为某城市的居民的身份象征，我们在宣传中要将垃圾分类行为作为我们所认同群体的身份象征。

第五，组织居民发现社区垃圾分类存在的问题并开展行动。如前文所述，我们（曲映蓓，辛自强，2017）曾通过"影像发声法"干预居民的垃圾分类行为，让居民拍摄有关社区垃圾分类问题的照片（"影像"），然后以临时小组为单位讨论照片（"发声"），如此进行三轮照相与讨论活动，三轮活动的主题分别是"社区垃圾分类现状""阻碍垃圾分类的原因及可能的解决方法"及"帮垃圾找到家"。在这项社区实验里，并没有告诉居民应该如何垃圾分类，也没有直接要求他们。我们通过让居民自己用手机去拍摄社区里的垃圾分类行为而发现问题，通过小组讨论去澄清认识，并相互启发与激励，从而大家一道推动社区垃圾分类工作。总之，居民是垃圾分类工作的行动者，让行动者自己组织起来去讨论和相互教育，是开展垃圾分类教育的有效途径，这比直接的说教更容易深入人心。

当前，一场治理垃圾的全国运动已经徐徐开启大幕。管理者不仅要想到罚款这类简单而直接的手段，更要深入思考如何营造垃圾减量的社会文化心理，如何善用心理学策略促进人们的垃圾分类行为（辛自强，2019c）。"由心而治"或许是一种比罚款更根本、更持久，而且成本极低的问题解决之道。即便用经济手段，也可以正面使用，给那些认真做好垃圾分类的居民，特别是环卫和保洁人员适当奖励。

二、环保行为的助推

(一)环保行为的特点与助推的切入点

上述垃圾分类行为只是一种特定的环保行为，实际上我们可以在更广泛的意义上应用助推等思想改善人类的环保行为。环保行为是个体(也包括机构和组织)避免环境破坏或解决环境污染的行为。近年来，"助推"这些由心而治的思想被越来越多地用于应对气候变化与生态环境治理实践，成为促进人们环保行为的有效干预策略。我们(傅鑫媛，辛自强，楼紫茜，高琰，2019)曾专门撰文系统梳理了这一领域的研究和实践进展，下面展开介绍。

助推的基本原理是：由于人类的心理系统并不完善，在认知和动机上存在不足，比如思维惯性、损失厌恶和短视等，因此会做出各种不理性的行为，而助推所提供的选择架构可以有效规避人们在认知和动机上的不足，引导其朝着合适的方向行动(Thaler & Sunstein，2008；陈鸿菲，辛自强，2018；刘永芳，范雯健，侯日霞，2019)。人类的环保行为特点恰好契合助推的基本原理。

一方面，人类在环保领域存在认知局限。例如，很多人往往错误地认为，只要减少排放，温室气体就能很快消失，但事实上大部分温室气体在排放后的几十年甚至几百年里都会持续使地球表面变暖。人们还经常把"气候"变化与"天气"变化等同起来，觉得自己能抵御恶劣天气(如主动带伞以防下雨)，也就能有效应对气候变化(如全球变暖)，而根本没有认识到气候恶化的真正风险及其应对或控制的困难程度。由于生态环境的恶化和气候的改变都是相对漫长且抽象的过程，人们对此的直接经验和相关知识非常有限，在缺乏足够知识的情况下，就无法做出理性的、符合逻辑的判断和决策，这时只能凭直觉和一些未必正确的经验想当然地进行决断，实际上这样的决策往往存在偏差和错误，容易产生不合理行为。

另一方面，人类在环保行为上存在动机不足。环保行为的成本与收益存在"当下—未来"和"个人—社会"两个方面的不对称，这使得人们缺乏足够的环保行为动力，即存在动机不足。举例来说，若某人决定每天要绿色出行，乘坐公共交通工具去上班，这一做法的好处是减少碳排放，然而这种做法对环境的积极影响是短期内看不到的，气候环境并不会因为一个人坚持一两年的绿色出行就马上改观。环保行为的收益在未来很长时间之后，但为绿色出行这类环保行为付出的成本却是眼前的事情，如不开车影响通勤效率，乘坐公共交通工具不是那么舒适和体面，因此个体往往不愿意为了遥远的未来某种不确定的收益而在当下就付出成本。此外，环保行为的成本往往是个人承担，但收益是属于全社会的，成本和收益并不对等。总之，环保行为的成本是当下的、确定的、个人的，而其收益是未来的、不确定的、社会的，此种成本与收益之间的不对称，加之人们普遍存在的损失厌恶心理，导致人们缺乏做出环保行为的动力。

因此，可以从环保行为的上述两个特点切入，来设计助推策略。一是聚焦不合理行为产生的认知局限，通过助推策略避免决策者出现认知偏差与选择不当，从而达到促进其环保行为的目的；二是从动机这一视角入手，合理设计选择架构以符合个体利益和社会福祉，激发人们的行为动机，进而促进其环保行为的发生（傅鑫媛等，2019）。

（二）认知视角的环保行为助推策略

第一，设置好默认选项以助推环保行为。默认选项，最初是一个计算机术语，是指在不经人为选择的情况下，计算机系统对于应用软件或程序的参数进行的自动选择。推广而言，默认选项是个体没有明确偏好时系统对于选项的自动设置和选择。生活中，人们往往出于思维惰性而维持现状，懒得主动选择，因此从环保的角度事先设置好默认选项，将可以引导人们自然而然地做出环保行为。例如，美国罗格斯大学只是简单地将其校园内打印机的默认选项由"单面打印"换成"双面打印"，一个学期下来就节约了700万页纸，相当于少耗费约620棵树。又如，一个关于"碳补偿"的默认选项实地研究发现，与在呈现机票价格之外询问乘客是否愿意额外支付一笔碳补偿费相比，当航空公司将需支付金额默认设置成包含碳补偿费但告知乘客可以选择退出时，消费者更有可能支付碳补偿费（Araña & León，2013）。

第二，利用框架效应助推环保行为。对于一个客观上相同的问题做不同的描述，即使用不同的问题表述结构或框架后，人们的判断和决策可能因此而不同，这时就出现了"框架效应"。假设政府要在机票中加征碳排放税，如果将这个税种命名为"碳排放税"，这就构成一种"损失框架"，其逻辑是谁引起碳排放谁就得交税，这显然对乘客是一种惩罚；若命名为"碳补偿费"，这就构成一种"获益框架"，其逻辑是大家集资用于植树等环保项目以抵消碳排放，减缓全球变暖，这是一种公益行为。在获益框架下，消费者更愿意选择更贵的包含"碳补偿费"的产品或服务。对于同一种税目，命名不同，人们判断的参照系有所不同，就有了"得"和"失"两种不同的感受。又如，研究表明，计算油耗的框架（X加仑/100英里）比计算油耗效率的框架（Y英里/加仑）更能帮助消费者直观明了地在节能车型和其他车型之间进行横向比较，从而更有可能选择购买节能车型（Allcott，2011）。

第三，使用示范性规范助推环保行为。环境保护方面的行为规范，可以做规定性的描述，即陈述应该或必须如何做的指令或规定，也可以做示范性的描述，即描述在某一特定情境中大多数人的典型做法。在美国一家连锁酒店里开展的为期 80 天的现场实验考察了两种环保规范的不同影响（Goldstein，Cialdini，& Griskevicius，2008）。一种是提供示范性规范信息，顾客被告知在过去 3 个月里，这家酒店共有 75％的顾客参与了"入住期间毛巾循环使用"的活动；另一种是提供常规环保宣传口号——"请支持环保行为，在入住期间重复使用酒店提供的毛巾"，这是一种规定性的描述。结果发现，两种情况下循环使用毛巾的顾客比例分别为 44.1％和 35.1％。很显然，示范性规范信息更能促使人们在类似情况下采取大多数人的做法，因为示范性规范让人们更容易卷入情境中做社会比较，并感受到遵从群体规范的压力，而规定性的描述较为抽象，难以形成群体规范压力。

（三）动机视角的环保行为助推策略

第一，激发家国动机以助推环保行为。人们之所以经常做出不利于生态环境的行为，是因为短视，看不到一个更长远的未来，因而缺乏投入环保行为的动机。或许对于个体而言，眼下在环保行为上付出的成本自己一生都来不及获得收益，但是放在民族和国家层面来看就不同了，因为它们会存在到更久远的未来，今天我们个人的付出是对我们国家子孙后代有益的，我们民族的下一代在将来可以享受到环保的成果。因此，在环保宣传中，要激发人们的家国情怀或家国动机，让其对民族和国家的未来产生更多的关切、忧虑和责任感，通过在国家层面建立当下付出和未来收益的直接关联，而更愿意投入到环保行动中。比如，凸显人们对国家悠久历史的感知，可以让个体在更长的"时间轴"上思考问题，助推人们看向更远的未来，进而更愿意对未来环境进行当下的投资。

第二，激发遗产动机以助推环保行为。与激发国家动机的作用机理类似，提升人们对未来社会，即子孙后代利益的关注有可能促进其环保行为。人们为子孙后代留下积极遗产的内部动力，可以称为"遗产动机"。有研究发现，激发遗产动机可以有效提升人们的环保意愿和行为（Zaval，Markowitz，& Weber，2015）。在这项研究中，实验组的被试要思考并写出"有哪些途径可以对子孙后代产生积极影响"的一段文字（以激发遗产动机），控制组的被试则直接跳过这一写作环节。紧接着，所有被试填答测量其环保行为意愿的题目（如"在接下来的一个月购买绿色环保产品"），最后，所有被试都有机会选择将其参与实验所得报酬的一部分捐给某环保组织。结果表明，激发遗产动机的实验组比控制组所报告的环保行为意愿更强烈，捐给环保组织的钱也更多。这个研究解释了"保护生态环境，造福子孙后代""保护环境，功在当代，利在千秋"这类环保宣传口号起作用的道理。

第三，激发获益动机以助推环保行为。消费者常常过于简单地将市场上的产品区分为对立的两类——"绿色环保但价格昂贵的"和"不够环保但价格便宜的"。然而，这只是消费者过于关注产品的初始购买成本的结果，而事实可能并非如此。与传统产品相比，许多生态创新产品尽管初始购买成本更高，但其在使用生命周期内的运行成本更低，因而其总成本更低。例如，商店里的普通白炽灯泡往往比节能灯泡标价更便宜，但从使用的角度来看，节能灯泡更省电、更亮。总体来看，节能灯泡的总成本更低，用起来更划算。而且更困难的是，很多产品总体的成本和收益关系并不像灯泡那样容易理解。例如，高能效的冰箱到底多省电，大部分消费者并没有一个清晰的认识。因此，在产品能效标示以及成本收益描述方面，一定要使用更直观的、好懂的方式来呈现，让消费者从购买和运行总成本的角度来衡量成本，而非只是计较购买成本就选择不环保的产品。简言之，要以合理的框架描述产品购买和使用的总成本，激发消费者的获益动机，促进其购买绿色环保产品。

第四，激发自主动机以助推环保行为。有研究者要求 24 名养老院的老人签署一份为期 4 周的集体承诺，承诺回收再利用废纸。在承诺干预期间，参与者比往常多回收利用了 47% 的纸张，且在承诺期结束后的 4 周仍保持在同一回收率水平（Wang & Katzev，1990）。"承诺"之所以能有效促进相应行为的发生，是因为人们趋向于保持认知与行为的协调一致，即人们在做出承诺后只有履行承诺才能更好地减少认知冲突，在这个过程中，人们倾向于认为他们的行为是自愿而非被迫的，进而得出结论：他们是自己做出相关决策的，其行为反映了他们真实自主的动机（Guadagno & Cialdini，2010）。依据这一理论观点，人们做出的生态环保承诺可以诱发他们的自主环保动机，进而做出更多的环保行为。

三、高校舆情事件的研判与应对

（一）舆情事件背景及形势研判

与上述环保领域不同，这则真实的案例是要说明，在一次舆情事件中如何注重各方的心理特点，按照心理与行为规律做好危机管理。这里先来介绍一下这次事件的背景。

有这样一所高校，其老校区在城里，新校区在郊区，两校区相距几十公里。2018 年 2 月底至 3 月，该校部分师生在两校区功能定位和学院搬迁问题上表达出了明显不同的观点和一定的群体情绪，甚至形成了特别值得关注的舆情事件。2018 年 3 月 15 日左右，我们开始关注这件事。我们专门查看了网络上的一些帖子，与部分学生进行了座谈交流，向个别负责学生工作的老师了解了情况。基于这几天收集的各种渠道的信息，我在 3 月 16 日晚撰写了咨询报告，对当时的舆情形势做出如下三点研判。

首先，当前(3月16日)舆情大致处于"胶着"阶段。这次舆情事件大体经历如下阶段。一是初始期。2月底(2月28日前后)有关学校对两校区功能重新定位的信息开始传播，部分师生有所耳闻，并私下议论，在微信群里讨论。二是发展期。3月6日在与该高校关系密切但并非高校官方主办的一家知名"公众号"上，有人发帖调查该校师生及校友等对两校区功能定位的看法，使得很多学生误以为是学校官方调查，信息快速传播，观点聚集，不良情绪迅速积聚。三是高潮期。3月13日学校正式发布关于两校区功能定位的公文，之前的民间说法得到证实，学生感觉被忽视于整个决策过程之外，明确意识到自己搬迁后可能面临的不利因素，焦虑和愤怒情绪急涨。四是胶着期。3月13日晚6点后，学校迅速采取应对措施，开始多次与中层干部、教师和学生沟通，讨论解决方案。截至3月16日，学生情绪虽然依旧高涨，但已经进入问题解决通道。因此，我们当时的研判是：总体而言，在当前的舆情胶着阶段，只要不出现新的明显的突发事件和不可控因素，舆情压力可能会在随后几日慢慢降低，并最终平复。

其次，舆情风险基本可控。之所以在当时认为舆情风险基本可控，主要是因为如下几点：一是学校已经开始和学生沟通，会逐渐缓解学生的焦虑和不满；二是这次搬迁计划中，各学院之间、学生之间的利益诉求并不一致，意见存在非常明显的"异质性"，似乎不易形成统一的、更大的"意见群体"；三是目前的学生为全日制学生，总体较为理性客观，不太会出现不计后果的行为。

最后，依然存在多种风险源。一是学校和学生的沟通不足，尤其是学生对两校区功能划分的原因和依据的认知度不高，不了解学校决策的过程，依然对学校决策的合理性存在质疑；二是极少数学生、已毕业的校友和教师存在过激言论，有很强的误导性；三是依然存在舆情事态扩散或被社会人员利用的风险。

后来情况的发展证明，上述研判是准确的。在 3 月 16 日之后的一两天，舆情形势很快缓和下来，校园生活逐渐恢复原有的秩序和氛围。

(二)舆情事件中的心理疏导策略

针对当时的舆情态势，我们召集专业教师进行了简要的讨论，最后从心理学角度提炼出一些可能的对策。

第一，在充分共情的基础上，准确、坚定地宣讲学校决策的合理性。目前的两校区功能定位方案，突出强调了学院集中一地办学，其核心意义在于：通过合并两校区办公室，减少空间浪费，确保教师有工位甚至独立办公室（这可赢得教师认可），让学院有可能的空间为学生开辟自习室、研讨室、机房等学习场所，教师可以更多驻校办公，为师生交流、本硕博教育联通、朋辈互学创造了客观条件（这是对学生最大的红利）；而且学院集中一地办学，可以形成学院文化传统和学术氛围，充分发挥学院作为基本办学单元在文化和环境育人方面的功能。

限于篇幅，学校公文只是单纯地公布了决策结果，而没有阐明所确定的方案给大家带来的收益和决策的过程合理性。由此，我们在调研中发现，很多师生并未认识到上述明显的好处，因此要加强宣讲、宣传工作。既要在学校层面，更要在学院层面向广大师生阐明目前方案的价值。这种宣讲和沟通，应该建立在充分与学生"共情"的基础上，"共情"就是设身处地地理解学生的情感诉求，尤其是焦虑来源。学生的情绪问题恰恰是未能充分理解学校决策的合理性所至。此外，学校可以承认目前决策的"公布过程"存在不足，但必须坚定捍卫决策内容的不可动摇性，不要让大家以为"闹一闹"就可以改变学校的决定。

第二，向师生还原决策全过程，弥补其参与感的不足。在学校公文中提及，曾依据几年前的一项调查结果而制定决策，这是让很多学生不满的原因之一。他们觉得，当下他们的存在和意见被忽视了，普遍感到缺乏决策参与感，因此，学校要充分向学生说明政策制定的全过程。学校并非只是依据这一项调查结果，只是限于公文篇幅不能全面描述各方面的决策依据，尤其是历次调查、座谈中来自学生的意见。让学生认识到，他们不是没参与，只是贡献没有在文件中被明文肯定而已。另外，还要向学生指出，最后的决策权在学校党委常委会，在决定正式公布前，保密是必要工作，不是故意隐瞒；而发布时间滞后，是因为要上报签批。

第三，建构共同愿景，提升学生看问题的视角。学生的主要诉求是自己在搬迁后个体的利益得失。例如，去新校区后进城实习不方便，来老校区后住宿洗澡条件不够好，针对这些问题，学校可以在力所能及的范围内承诺解决方案。但是，不能只就事论事，学校要提升学生看问题的视角，即多用"望远镜"仰望星空，少用"显微镜"放大自己的得失，这样有助于纾解其在自我利益层面的不满情绪。

为此，要在如下方面采取措施：一是帮学生了解学校建设世界一流大学、一流学科、一流专业的愿景，将自己的发展置于这一宏大的共同目标下，通过共同愿景凝聚师生的心力。二是营造外部压力，增强内部团结。选择一些对学校不利的大学排名、学科排名结果，并告知学生，使其产生忧患意识、竞争意识，认识到学校的地位关乎自己的自信和自尊，使其认识到尽快落实两校区功能定位正是破解困局的必须举措，全校师生必须全力合作，共渡难关。以往的研究已经证明，如果两个群体有不同意见、不同目标、不同诉求，且针锋相对，这时就要想办法构筑超级目标或共同目标，找到需要两个群体合作才能实现的"大目标"。这个共同目标就是学校的整体长远发展，包括学校发展、学科发展、师生发展等。

第四，改变决策的参照框架，减少"损失厌恶感"。反对学校方案的师生，绝大部分倾向于维持现状。其原因之一是他们总以当下的情况作为参照系，来计量实施新方案后自己可能的损失：要离开新校区的学生，觉得失去了良好的图书馆和校内环境，而没有看到老校区的优势在"校外"——更多的社会资源（如跨校讲座、实习机会）；要离开老校区的学生，则只看到自己要失去便利的交通和热闹的城市生活，而看不到新校区校内环境条件的优势。同学们都是基于现在所拥有的东西，来计算自己"改变后"可能面临的损失，故"损失厌恶感"严重，不愿意接受学校的新方案。对此，学校可以直接指出学生这种认知偏差，引导其关注改变后的所得和无限的可能性，理性地权衡得失，鼓励他们改变现状，尝试新机遇。

第五，开展"植入正能量"的校园活动，转移师生的注意力。当时两校区的功能定位问题，几乎成了所有教师、学生见面时和网上必聊的话题。在没有"更加刺激"的校园新闻或活动出现之前，师生的注意力容易固着在当前的事件中。为此，学校应该设法分散或转移其注意力。例如，制造校园新热点（如邀请名人作讲座），转移话题和注意力。又如，通过在两校区向学生播放当时热映的正能量电影（如《无问西东》《厉害了我的国》《红海行动》），激发他们更深沉的爱国主义情感和担当精神，有效抑制其计较当下的小情绪，即用"大情感"掩蔽"小情绪"。

第六，注重与学生沟通的技巧，避免造成新的对立情绪。例如，座谈会上，减少与学生"对面而坐"的情况；给与会学生发放必要的学校文化用品，如发言记录时用学校稿纸，发校徽等带有学校标识的物品，以"共同符号"营造"共同体"氛围；校方可适当邀请一两名"老同志"参与座谈，用历史视角阐明当下决策的必要性和紧迫性；学校先介绍情况，再让学生发言，而非放开让学生抱怨，甚至穿插必要的引导性发言。此外，要发挥年轻教师的作用，尤其是让辅导员、团委干部以及其他学工口教师多做工作，他们年龄与学生接近，更容易沟通。

最后，在学校的正确决策和各方的积极努力下，这次校园舆情事件迅速解决，广大师生又回归到积极有序的校园生活中。

参考文献

毕鹏程(2010). 领导风格对群体决策过程及结果的影响. *经济管理*，*32*(2)，80-84.

常硕峰，伍麟(2013). 风险的社会放大：特征，危害及规避措施. *学术交流*，(12)，143-147.

陈鸿菲，辛自强(2018). 助推，促进，由心而治——社会治理的三种心理学路径. *中国社会科学报*，3 月 19 日第 6 版.

陈明榴(2015). 群体决策综述. *科教导刊：电子版(上旬)*，(1)，187-187.

陈社育，余嘉元(2002). 行政职业能力倾向测验效度的研究报告. *心理科学*，*25*(3)，325-327.

陈漱渝(2008). 中国当代公务员的心理建设问题. *湖南文理学院学报(社会科学版)*，*33*(4)，16-22.

陈婷，孙晓敏(2016). 团队决策中的共享信息偏差：基于隐藏文档范式的机制，影响因素探究. *心理科学进展*，*24*(1)，132-142.

陈小异(2006). 中国城市社区建设的心理化策略论. *重庆大学学报(社会科学版)*，*12*(1)，18-21.

陈雪峰(2018a). 用第三方评估促进社会心理服务体系建设. *心理技术与应用*，*6*(10)，583-586.

陈雪峰(2018b). 社会心理服务体系建设的研究与实践. *中国科学院院刊*，*33*(3)，308-317.

成伯清(2009). 从嫉妒到怨恨——论中国社会情绪氛围的一个侧面. *探索与争鸣*，(10)，49-52.

成都市温江区民政局，成都市温江区社会工作协会(2018)．成都市温江区优秀社会工作服务案例集．内部资料．

池丽萍(2018)．对社会心理服务体系建设实践的反思．心理技术与应用，*6*(10)，588-589．

池丽萍，苏谦(2012)．青少年的地方依恋：测量工具及应用．中国健康心理学杂志，*19*(12)，1523-1525．

池丽萍，辛自强(2019)．社会心理服务体系建设的应然与实然：基于全国 12 个试点地区的评估．心理科学，*42*(4)，978-987．

池丽萍，辛自强(2020)．各类人群社会心理的时代变迁．心理技术与应用，8(2)，95-103．

池丽萍，辛自强，孙冬青(2020)．群体决策质量评估方法及其在大学生和社区居民中的应用．心理科学进展，*28*(1)，41-54．

道尔顿等(2010)．*社区心理学：联结个体与社区*(王广新等译)．北京：中国人民大学出版社．

邓伟志(2005)．和谐社会笔记．上海：上海三联书店．

丁诺舟，张敏(2017)．日本公民馆社会功能的重新审视与评价．*日本问题研究*，*31*(1)，34-40．

董德坤，陆亚萍，张俐(2018)．业主委员会成立困难原因及对策研究——以青岛市黄岛区为例．*价值工程*，*37*(22)，1-4．

董扣艳(2017)．"丧文化"现象与青年社会心态透视．*中国青年研究*，(11)，23-28．

董颖红，陈浩，赖凯声，乐国安(2015)．微博客基本社会情绪的测量及效度检验．心理科学，*38*(5)，1141-1146．

费孝通(1993)．中国城乡发展的道路——我一生的研究课题．*中国社会科学*，(1)，14-21．

傅小兰(2017)．加强社会心理服务体系建设．人民论坛，(S2)，124-124．

傅小兰，蔡华俭(2016). 心安国安，心治国治：把握时代心理脉搏，提升国家凝聚力. 中国科学院院刊, *31*(11), 1224-1236.

傅鑫媛，辛自强，楼紫茜，高琰(2019). 基于助推的环保行为干预策略. 心理科学进展, *27*(11), 1939-1950.

葛鲁嘉，陈若莉(2005). 新时期女性的心理成长与心理建设. 中共长春市委党校学报, (2), 57-60.

古丽扎伯克力，辛自强(2011). 地方依恋量表的修订及其在维吾尔族大学生中的应用. *Proceedings of Conference on Psychology and Social Harmony (CPSH 2011)*. USA：Scientific Research Publishing.

古丽扎伯克力，辛自强(2012). 基于地方依恋原理的乌鲁木齐国际大巴扎人群研究. 人文地理, (2), 73-77.

古丽扎伯克力，辛自强，李丹(2011). 地方依恋研究进展. 首都师范大学学报(社会科学版), (5), 86-93.

关信平(2014). 当前我国增强社会组织活力的制度建构与社会政策分析. 江苏社会科学, (3), 83-89.

郭靖(2009). 公务员工作价值观量表的初步编制. 中国临床心理学杂志, *17*(3), 303-308.

韩朝华(2007). 利益多元化与社会治理结构转型. 中国特色社会主义研究, (1), 49-54.

侯佳伟，黄四林，辛自强，孙铃，张红川，窦东徽(2014). 中国人口生育意愿变迁：1980—2011. 中国社会科学, (4), 78-97.

侯佳伟，辛自强，黄四林，张梅，窦东徽(2015). 横断历史元分析的原理、方法及人口学应用. 人口研究, *39*(1), 104-112.

侯玉波，沈德灿(2000). 时间、目的与行为特征对群体决策绩效的影响. 心理科学, *23*(2), 172-174.

胡鞍钢，魏星(2009). 治理能力与社会机会：基于世界治理指标的实证研究. *河北学刊*, *29*(1), 118-121.

黄希庭, 郑涌, 毕重增, 陈幼贞(2007). 关于中国心理健康服务体系建设的若干问题. *心理科学*, *30*(1), 2-5.

黄耀杰, 刘喆, 王蕾(2012). 政府部门领导行为信任与组织承诺关系研究——以某市工商行政管理局为例. *武汉理工大学学报(社会科学版)*, *25*(5), 706-710.

黄毅, 文军(2014). 从"总体-支配型"到"技术-治理型":地方政府社会治理创新的逻辑. *新疆师范大学学报(哲学社会科学版)*, *35*(2), 35-43.

纪江明, 陈振营, 赵毅(2013). 新生代农民工"二元化"消费方式与身份认同研究——基于 2010 年上海市外来农民工的调查. *人口与发展*, *19*(2), 2-9.

姜晓萍(2014). 国家治理现代化进程中的社会治理体制创新. *中国行政管理*, (2), 24-28.

蒋丽, 于广涛, 李永娟(2007). 团队决策及其影响因素. *心理科学进展*, *15*(2), 358-365.

金盛华, 郑建君, 辛志勇(2009). 当代中国人价值观的结构与特点. *心理学报*, *41*(10), 1000-1014.

金耀基(1997). 行政吸纳政治——香港的政治模式. 见金耀基(主编), *中国政治与文化*(pp. 21-45). 香港:牛津大学出版社.

景怀斌(2011). 政府决策的制度-心理机制:一个理论框架. *公共行政评论*, *4*(3), 32-66.

景怀斌(2016). *政府决策的制度-心理机制*. 北京:中国社会科学出版社.

寇延丁, 袁天鹏(2012). *可操作的民主:罗伯特议事规则下乡全纪录*. 杭州:浙江大学出版社.

蓝刚, 蒲瑶(2016). 社会情绪语境下微政治的结构与价值研究. 安徽师范大学学报(人文社会科学版)，44(2)，194-200.

乐国安，薛婷，陈浩(2010). 网络集群行为的定义和分类框架初探.
中国人民公安大学学报(社会科学版)，(6)，99-104.

勒庞(1895/2007). 乌合之众：大众心理研究(冯克利译). 桂林：广
西师范大学出版社.

黎昕(2018). 关于新时代社会治理创新的若干思考. 东南学术，
(5)，124-131.

李超，吴宇恒，覃飙(2016). 中国农民工工作满意度变迁：2003—
2013年. 经济体制改革，(1)，77-84.

李丹，辛自强(2010). 小学数学学优生和普通生的学习动机与表征
水平的关系. 心理研究，3(4)，74-80.

李德明，陈天勇，李贵芸(2003). 空巢老人心理健康状况研究. 中
国老年学杂志，23(7)，405-407.

李涤非，许可纯(2014). 大学生贫困救助政策实施现状的调查与思
考——基于广州大学城六所高校的调研. 教育观察(上旬刊)，
(9)，37-39.

李宏(2002). 观点产生任务中CM与FTF群体决策质量比较研究.
硕士学位论文，浙江大学.

李培林(2005). 社会冲突与阶级意识——当代中国社会矛盾研究.
社会，(1)，7-27.

李珊，于戈(2012). 移居老年人的社会关系与心理健康问题研究.
现代预防医学，39(13)，3273-3275.

李伟南，陈玉梅(2010). "向政府泄愤的群体性事件"的生成机理研
究. 武汉科技大学学报(社会科学版)，12(4)，44-48.

李献云(2018). 研究先行与角色转变. 北京观察，(9)，22-23.

李晓敏，韩布新(2012). 城市老年人抑郁症状检出率随年代的变化
趋势. 中国老年学杂志，32(16)，3496-3499.

李须，陈红，李冰冰，廖俊，杨挺，刘舒阳(2015). 社区感：概念、意义、理论与新热点. 心理科学进展，23(7)，1280-1288.

李远行(2013). 从社区走向组织：中国乡村社会秩序重构的结构基础. 华中师范大学学报(人文社会科学版)，52(3)，1-8.

梁莹(2012). 公民治理意识、公民精神与草根社区自治组织的成长. 社会科学研究，(2)，32-37.

林敏，王冬榕，黄燕腾(2010). 我国未成年人社区心理建设的模式探索. 福建医科大学学报(社会科学版)，11(3)，19-22.

刘璐，谢耘耕(2018). 当前网络社会心态的新态势与引导研究. 新闻界，(10)，77-81，100.

刘敏岚，邓荟(2018). 社区心理服务：一种社会精细化治理的路径. 天津行政学院学报，20(1)，61-66.

刘娜(2009). 日本公民馆与公共精神的培育. 日本问题研究，23(2)，44-47.

刘庆，陈世海(2015). 随迁老人精神健康状况及影响因素分析——基于深圳市的调查. 中州学刊，(11)，73-77.

刘永芳，范雯健，侯日霞(2019). 从理论到研究，再到应用：塞勒及其贡献. 心理科学进展，27(3)，381-393.

刘玉侠，尚晓霞(2012). 新生代农民工城市融入中的社会认同考量. 浙江社会科学，28(6)，72-76.

柳媛(2008). 论和谐社会的社会心理建设. 求实，(7)，83-85.

龙书芹(2010). 转型期中国人的社会心态及其阶层差异性——基于2006CGSS的实证分析. 南京师大学报(社会科学版)，9(6)，32-37.

楼苏萍(2010). 地方治理的能力挑战：治理能力的分析框架及其关键要素. 中国行政管理，(9)，97-100.

卢志平(2010). 群体决策过程的复杂性及其演化. 科技管理研究，

30(14)，264-268.

罗伯特(2014). 罗伯特议事规则(袁天鹏，孙涤译). 南京：江苏科
学技术出版社.

吕小康，汪新建(2018). 中国社会心理服务体系的建设构想. 心理
科学，41(5)，1026-1030.

马广海(2008). 论社会心态：概念辨析及其操作化. 社会科学，
(10)，66-73.

马广海(2012). 从群体性事件看转型期社会心态. 中国海洋大学学
报(社会科学版)，(6)，71-79.

奈，J. (2005). 软力量：世界政坛成功之道(吴晓辉，钱程译). 北
京：东方出版社.

彭红玉，张应强(2007). 20世纪90年代以来我国高等教育规模发展
的政策文本与实施效果分析. 清华大学教育研究，28(6)，32-39.

渠敬东，周飞舟，应星(2009). 从总体支配到技术治理：基于中国
30年改革经验的社会学分析. 中国社会科学，(6)，104-127.

曲映蓓，辛自强(2017). 影像发声法的设计思路及在心理学中的应
用. 心理技术与应用，5(8)，493-499.

塞勒(2016). "错误"的行为(王晋译). 北京：中信出版社.

桑志芹，夏少昂(2013). 社区意识：人际关系、社会嵌入与社区满
意度——城市居民的社区认同调查. 南京社会科学，(2)，63-69.

沙勇忠，陆莉(2016). 一种基于会话文本的群体决策冲突检测方法.
图书情报知识，(1)，108-115.

史斌(2018). 建立健全社会心理服务体系的宁波探索. 宁波日报，
12月20日.

史娜(2010). 改革开放以来我国社会经济价值观的嬗变报告. 前沿，
50(2)，51-55.

舒晓虎，陈伟东，罗朋飞(2013). "新邻里主义"与新城市社区认同

机制：对苏州工业园区构建和谐新邻里关系的调查研究. 社会主义研究，(4)，147-152.

宋晓明(2012). 论社会管理创新进程中的和谐心理建设. 政法学刊，29(3)，49-53.

宋晓星，辛自强(2017). 增进身份认同　提升随迁老人幸福感. 中国社会科学报，7 月 11 日第 3 版.

宋晓星，辛自强(2019). 随迁老人和本地老人的群际接触与其幸福感的关系. 心理发展与教育，35(5)，615-623.

孙冬青，辛自强(2017). 群体决策的研究范式及决策质量评估方法. 心理技术与应用，5(10)，628-637.

孙立平，晋军，何江穗，毕向阳(1999). 动员与参与：第三部门募捐机制个案研究. 杭州：浙江人民出版社.

孙立平，王汉生，王思斌，林彬，杨善华(1994). 改革以来中国社会结构的变迁. 中国社会科学，(2)，47-62.

孙晓莉(2005). 西方国家政府社会治理的理念及其启示. 社会科学研究，(2)，7-11.

唐钧(2015). 关于社会治理和政社分开. 党政研究，(1)，97-101.

瓦戈(2007). 社会变迁(王晓黎等译). 北京：北京大学出版社.

万斌，章秀英(2010). 社会地位、政治心理对公民政治参与的影响及其路径. 社会科学战线，(2)，178-188.

汪大海，魏娜，郇建立(2012). 社区管理. 北京：中国人民大学出版社.

汪新建，吕小康(2011). 意义失落加剧西方社会认同危机. 人民论坛，(9)，20-21.

王爱平，周尚意，张姝玥，陈浪(2006). 关于社区地标景观感知和认同的研究. 人文地理，(6)，124-128.

王洪涛(2018). 治病要在未病时. 北京观察，(9)，20-21.

王俊秀(2013). 社会情绪的结构和动力机制：社会心态的视角. 云南师范大学学报(哲学社会科学版)，45(5)，55-63.

王俊秀(2014). 社会心态：转型社会的社会心理研究. 社会学研究，(1)，104-124.

王俊秀(2015). 从社会心态培育到社会心理建设. 北京工业大学学报(社会科学版)，15(4)，1-6.

王俊秀(2017). 中国社会心态研究30年：回顾与展望. 郑州大学学报(哲学社会科学版)，50(4)，10-16.

王俊秀(2018). 社会心理学如何响应社会心理服务体系建设. 心理技术与应用，6(10)，579-589.

王俊秀，杨宜音(2013). 社会心态蓝皮书. 北京：社会科学文献出版社.

王敏，王乐夫(2001). 公共事务的责任分担与利益共享——公共事务管理体制改革与开放的思考. 学术研究，(11)，73-78.

王浦劬(2014). 国家治理、政府治理和社会治理的基本含义及其相互关系辨析. 社会学评论，2(3)，12-20.

王晓钧，张文慧，王海平(2012). 价值观取向理论结构及实证. 应用心理学，18(1)，56-66.

卫琳，焦妍，赵定涛，梁樑(2007). 我国不同级别公务员心理契约的差异性分析. 公共管理学报，4(4)，83-91.

吴群刚，孙志祥(2011). 中国式社区治理：基层社会服务管理创新的探索与实践. 北京：中国社会出版社.

西蒙(2002). 生活在跨学科的空间. 见曾伯格(主编)，经济学大师的人生哲学(pp. 261-276；侯玲，欧阳俊，王荣军译). 北京：商务印书馆.

希思，希思(2007). 让创意更有黏性(雷静译). 北京：中信出版社.

夏建中(2012). 中国城市社区治理结构研究. 北京：中国人民大学

出版社.

肖莉娜, 何雪松(2019). 社会想象的嬗变: 理解中国社会转型的认知社会学视角. 浙江学刊, (1), 38-41.

肖林(2013). 业主社区的兴起及其自主治理. 中国治理评论, (2), 42-64.

肖瑛(2014). 从"国家与社会"到"制度与生活": 中国社会变迁研究的视角转换. 中国社会科学, (9), 88-104.

辛素飞, 明朗, 辛自强(2013). 群际信任的增进: 社会认同与群际接触的方法. 心理科学进展, 21(2), 290-299.

辛自强(2014a). 经济心理学的历史、现状与方法论. 北京师范大学学报(社会科学版), (1), 44-52.

辛自强(2014b). 经济心理学经典与前沿实验. 北京: 北京师范大学出版社.

辛自强(2015). 社区心理现状与建设思路: 基于对北京市 G 街道的调研. 北京行政学院学报, (4), 99-104.

辛自强(2016). 心理建设: 社区治理新方向. 人民论坛, (27), 68-69.

辛自强(2017a). 心理建设或可上升为国家战略. 民主与科学, (6), 34-35.

辛自强(2017b). 改变现实的心理学: 必要的方法论变革. 心理技术与应用, 5(4), 245-256.

辛自强(2018a). 观察中国社会治理的理论视角及其超越. 中州学刊, (5), 68-73.

辛自强(2018b). 社会治理中的心理学问题. 心理科学进展, 26(1), 1-13.

辛自强(2018c). 社会心理服务体系建设的定位与思路. 心理技术与应用, 6(5), 257-261.

辛自强(2018d). 社会心理服务不等同治病救人. 北京观察, (9), 16-17.

辛自强(2019a). 加强社会心理服务体系建设是社会治理之需. 光明日报(理论版), 1 月 18 日第 11 版.

辛自强(2019b). 社会想象的三大维度及嬗变. 人民论坛, (29), 61-63.

辛自强(2019c). 垃圾分类的心理学问题探究. 人民论坛, (22), 65-67.

辛自强, 池丽萍(2008a). 社会变迁中的青少年. 北京: 北京师范大学出版社.

辛自强, 池丽萍(2008b). 横断历史研究: 以元分析考察社会变迁中的心理发展. 华东师范大学学报(教育科学版), 26(2), 44-51.

辛自强, 池丽萍(2020). 当代中国人心理健康变迁趋势. 人民论坛, (1), 46-50.

辛自强, 凌喜欢(2015). 城市居民的社区认同: 概念、测量及相关因素. 心理研究, 8(5), 64-72.

辛自强, 辛素飞(2013). 增进群际和谐的社会心理学路径. 心理技术与应用, 1(2), 13-15.

辛自强, 辛素飞(2014). 被信任者社会身份复杂性对其可信性的影响. 心理学报, 46(3), 415-426.

辛自强, 张梅(2009). 1992 年以来中学生心理健康的变迁: 一项横断历史研究. 心理学报, 41(1), 69-78.

辛自强, 张梅, 何琳(2012). 大学生心理健康变迁的横断历史研究. 心理学报, 44(5), 664-679.

辛自强, 周正(2012). 大学生人际信任变迁的横断历史研究. 心理科学进展, 20(3), 344-353.

徐浩(1992). 探索"深层"结构的历史——年鉴学派对心态史和历史

人类学研究评述. 学习与探索，（2），121-130.

徐玖平，刘雪梅（2009）．汶川特大地震灾后社区心理援助的统筹优选模式. 管理学报，*6*(12)，1622-1630.

徐林，吴咨桦（2015）．社区建设中的"国家-社会"互动：互补与镶嵌——基于行动者的视角. 浙江社会科学，（4），76-82.

徐勇，吕楠（2014）．热话题与冷思考：关于国家治理体系和治理能力现代化的对话. 当代世界与社会主义，（1），4-10.

闫志民，李丹，赵宇晗，余林，杨逊，朱水容，王平（2014）．日益孤独的中国老年人：一项横断历史研究. 心理科学进展，*22*(7)，1084-1091.

阎云翔（2006）．私人生活的变革：一个中国村庄里的爱情、家庭与亲密关系 *1949—1999*（龚小夏译）．上海：上海书店出版社.

杨波（2017）．"社会工作＋"融合思维下社会心理共享服务体系建设——以厦门市希望社工危机干预项目为例. 管理观察，（23），63-65.

杨宜音（1998）．社会心理领域的价值观研究述要. 中国社会科学，（2），82-93.

杨宜音（2006）．个体与宏观社会的心理关系：社会心态概念的界定. 社会学研究，（4），117-131.

杨宜音（2012）．社会心态形成的心理机制及效应. 哈尔滨工业大学学报(社会科学版)，（6），2-7.

杨玉芳，郭永玉（2017）．心理学在社会治理中的作用. 中国科学院院刊，*32*(2)，107-116.

杨中芳（1994）．中国人真的是集体主义吗？——试论中国文化的价值体系. 见杨国枢（编），中国人的价值观——社会科学观点（pp. 321-434）．台北：桂冠图书公司.

姚远，任羽中（2013）．"激活"与"吸纳"的互动：走向协商民主的中国社会治理模式. 北京大学学报（哲学社会科学版），*50*（2），141-146.

衣新发，赵倩，胡卫平，李骏（2014）．中国教师心理健康状况的横断历史研究：1994—2011. 北京师范大学学报（社会科学版），*59*（3），12-23.

于建嵘（2009）．从刚性稳定到韧性稳定：关于中国社会秩序的一个分析框架. 学习与探索，（5），113-118.

于泳红，汪航（2008）．群体决策中非共享信息加工的影响因素研究进展. 心理科学，*31*（4），1007-1009，1013.

余安邦（1996）．文化心理学的历史发展与研究进路. 本土心理学研究，*6*（2），2-60.

俞国良（2017）．社会转型：社会心理服务与社会心理建设. 心理与行为研究，*15*（4），433-439.

俞可平（2000）．治理与善治. 北京：社会科学文献出版社.

俞可平（2014）．推进国家治理体系和治理能力现代化. 前线，（1），5-13.

张静如，张世飞（2007）．论加强中国共产党的心理建设. 理论学刊，（10），20-23.

张康之（2014）．论主体多元化条件下的社会治理. 中国人民大学学报，*28*（2），2-13.

张磊（2008）．国有独资公司董事会决策机制研究. 博士学位论文，首都经济贸易大学.

张伶婵（2018）．社会心理服务体系助力干部心理健康. 文化创新比较研究，（3），174-175.

张书维，梁歆佚，岳经纶（2019）．行为社会政策："助推"公共福利的实践与探索. 心理科学进展，*27*（3），429-438.

张玉磊（2014）．多元主体评估模式：重大决策社会稳定风险评估机制的发展方向. *上海大学学报(社会科学版)*，*31*(6)，124-132.

赵春飞(2016). 社区治理现状浅析. *中国经贸导刊*，(4)，70-72.

赵刚(2018). 新时代治理群体性事件的路径选择：借力社会心理服务体系建设. *大连干部学刊*，(8)，36-41.

赵国祥，申淑丽，高冬东(2003). 180 名处级党政干部领导能力研究. *心理科学*，*26*(3)，553-565.

赵婕(2013). 农村随迁老人城市融入的社区性机制研究——以南京市为例. *安徽理工大学学报(社会科学版)*，(3)，45-49.

赵志鸿(2008). 从四个维度看影响农民工身份认同的原因. *重庆科技学院学报(社会科学版)*，(8)，66-67.

赵志裕，温静，谭俭邦(2005). 社会认同的基本心理历程——香港回归中国的研究范例. *社会学研究*，(5)，202-227.

郑杭生(2012). 中国社会管理和社区治理的新特点新趋势：从社会学视角看地方经验的持续贡献. *广州公共管理评论*，(1)，3-14.

郑杭生(2014). "理想类型"与本土特质：对社会治理的一种社会学分析. *社会学评论*，*2*(3)，3-11.

郑全全，李宏(2003). 面对面和计算机群体决策在观点产生上的比较. *心理学报*，*35*(4)，492-498.

郑全全，郑波，郑锡宁，许跃进(2005). 多决策方法多交流方式的群体决策比较. *心理学报*，*37*(2)，246-252.

郑全全，朱华燕(2001). 自由讨论条件下群体决策质量的影响因素. *心理学报*，*33*(3)，264-269.

周根才(2014). 走向软治理：基层政府治理能力建构. *学术界*，(10)，34-42.

周晓虹(2009). 中国人社会心态六十年变迁及发展趋势. *河北学刊*，*29*(5)，1-6.

周晓虹(2014). 转型时代的社会心态与中国体验——兼与《社会心

态：转型社会的社会心理研究》一文商榷. *社会学研究*，（4），1-23.

周义程，梁莹(2009). 公民参与态度与公民法治意识之成长. *社会科学*，（10），16-24.

祝卓宏(2019). 从政策语境视角试析社会心理服务体系建设的功能定位. *心理学通讯*，*2*(1)，11-16.

Allcott，H.（2011）. Consumers' perceptions and misperceptions of energy costs. *American Economic Review*，*101*(3)，98-104.

Allport，G. W.（1954）. *The nature of prejudice*. Cambridge，MA：Addison Wesley.

Araña，J. E.，& León，C. J.（2013）. Can defaults save the climate? Evidence from a field experiment on carbon offsetting programs. *Environmental and Resource Economics*，*54*(4)，613-626.

Bai，L.（1998）. Monetary reward versus the national ideological agenda：Career choice among Chinese university students. *Journal of Moral Education*，*27*(4)，525-540.

Beggan，J. K.，& Allison，S. T.（1994）. Social values. *Encyclopedia of Human Behavior*，*4*，253-262.

Blackhurst，J.，Wu，T. T.，& Craighead，C. W.（2008）. A systematic approach for supply chain conflict detection with a hierarchical Petri Net extension. *Omega*，*36*(5)，680-696.

Burtscher，M. J.，& Meyer，B.（2014）. Promoting good decisions：How regulatory focus affects group information processing and decision-making. *Group Processes & Intergroup Relations*，*17*(5)，663-681.

Chavis，D. M.，Hogge，J. H.，McMillan，D. W.，& Wandersman，A.（1986）. Sense of community through Brunswik's lens：A first look. *Journal of Community Psychology*, 14(1), 24-40.

Cohen, J. (1977). *Statistical power analysis for the behavioral sciences*. New York: Academic.

Commission on Global Governance (1995). *Our glo-neighbourhood*. Oxford: Oxford University Press.

Deiglmayr, A. , & Spada, H. (2010). Collaborative problem-solving with distributed information: The role of inferences from interdependent information. *Group Processes & Intergroup Relations*, 13 (3), 361-378.

Devine, D. J. , Clayton, L. D. , Philips, J. L. , Dunford, B. B. , & Melner, S. B. (1999). Teams in organizations: Prevalence, characteristics, and effectiveness. *Small Group Research*, 30 (6), 678-711.

Dingwerth, K. , & Pattberg, P. (2006). Global governance as a perspective on world politics. *Global Governance*, 12(2), 185-203.

Dupas, P. , & Robinson, J. (2013). Why don't the poor save more? Evidence from health savings experiments. *American Economic Review*, 103(4), 1138-1171.

Gneezy, U. , & Rustichini, A. (2000). A fine is a price. *Journal of Legal Studies*, 29(1), 1-17.

Goldstein, N. J. , Cialdini, R. B. , & Griskevicius, V. (2008). A room with a viewpoint: Using social norms to motivate environmental conservation in hotels. *Journal of Consumer Research*, 35 (3), 472-482.

Goudy, W. J. (1990). Community attachment in a rural region. *Rural Sociology*, 55(2), 178-198.

Graham, J. , Amos, B. , & Plumptre, T. (2003). Principles for good governance in the 21st century. *Policy Brief*, *15*(1), 1-6.

Grüne-Yanoff, T. , & Hertwig, R. (2016). Nudge versus boost: How coherent are policy and theory? *Minds and Machines*, *26*(1/2), 149-183.

Guadagno, R. E. , & Cialdini, R. B. (2010). Preference for consistency and social influence: A review of current research findings. *Social Influence*, *5*(3), 152-163.

Han, J. (2016). The emergence of social corporatism in China: Nonprofit organizations, private foundations, and the state. *China Review*, *16*(2), 27-53.

Howell, J. (2012). Civil society, corporatism and capitalism in China. *Journal of Comparative Asian Development*, *11*(2), 271-297.

Hsu, J. Y. J. , & Hasmath, R. (2014). The local corporatist state and NGO relations in China. *Journal of Contemporary China*, *23*, 516-534.

Janis, I. L. (1972). *Victims of groupthink: A psychological study of foreign-policy decisions and fiascoes*. Boston: Houghton Mifflin.

Janis, I. L. (1982). *Groupthink: Psychological studies of policy decisions and fiascoes*. Boston: Houghton Mifflin.

Jin, Q. (2002). The secularization of modern Chinese youth. *Chinese Education & Society*, *35*(6), 24-32.

Knack, S. , & Keefer, P. (1997). Does social capital have an economic payoff: A cross-country investigation. *The Quarterly Journal of Economics*, *122*(4), 1251-1288.

Kojima, K. , Choe, J. Y. , Ohtomo, T. , & Tsujinaka, Y. (2012). The corporatist system and social organizations in China. *Management* and Organization Review, *8* (3), 609-628.

Lam, S. S. , & Schaubroeck, J. (2011). Information sharing and group efficacy influences on communication and decision quality. *Asia Pacific Journal of Management*, *28* (3), 509-528.

Lauer, R. H. , & Thomas, R. (1976). A comparative analysis of the psychological consequences of change. *Human Relations*, *29* (3), 239-248.

Liu, D. , & Xin, Z. Q. (2015). Birth cohort and age changes in the self-esteem of Chinese adolescents: A cross-temporal meta-analysis, 1996—2009. *Journal of Research on Adolescence*, *25* (2), 366-376.

Long, D. A. , & Perkins, D. D. (2003). Confirmatory factor analysis of the sense of community index and development of a brief SCI. *Journal of Community Psychology*, *31* (3), 279-296.

Long, D. A. , & Perkins, D. D. (2007). Community social and place predictors of sense of community: A multilevel and longitudinal analysis. *Journal of Community Psychology*, *35* (5), 563-581.

Markus, H. R. , & Kitayama, S. (1991). Culture and the self: Implications for cognition, emotion, and motivation. *Psychological Review*, *98* (2), 224-253.

McMillan, D. W. , & Chavis, D. M. (1986). Sense of community: A definition and theory. *Journal of Community Psychology*, *14* (1), 6-23.

Morgan, P. (2010). Towards a developmental theory of place attachment. *Journal of Environmental Psychology*, *30* (1), 11-22.

Obst, P. L. , & White, K. M. (2004). Revisiting the sense of community index: A confirmatory factor analysis. *Journal of Community*

Psychology, *32*(6),691-705.

Obst,P. L. ,& White,K. M. (2007). Choosing to belong: The influence of choice on social identification and psychological sense of community. *Journal of Community Psychology*,35(1),77-90.

Perkins,D. D. (2009). International community psychology: Development and challenges. *American Journal of Community Psychology*,44(1),76-79.

Perkins,D. D. ,Florin,P. ,Rich,R. C. ,Wandersman,A. ,& Chavis, D. M. (1990). Participation and the social and physical environment of residential blocks: Crime and community context. *American Journal of Community Psychology*,18(1),83-115.

Pettigrew,T. F. (1998). Intergroup contact theory. *Annual Review of Psychology*,49,65-85.

Podoshen,J. S. ,Li,L. ,& Zhang,J. (2011). Materialism and conspicuous consumption in China: A cross-cultural examination. *International Journal of Consumer Studies*,35(1),17-25.

Puddifoot,J. E. (1996). Some initial considerations in the measurement of community identity. *Journal of Community Psychology*, 24(4),327-336.

Rilling,J. K. ,& Sanfey,A. G. (2011). The neuroscience of social decision-making. *Annual Review of Psychology*,62,23-48.

Rosema,M. ,Jost,J. T. ,& Stapel,D. A. (2008). Social psychology and the study of politics. In L. Steg,A. P. Buunk,& T. Rothengatter(Eds.), *Applied social psychology: Understanding and managing social problems*(pp. 291-315). Cambridge: Cambridge University Press.

Rosenau,J. N. ,& Czempiel E. O. (1992). *Governance without gov-*

ernment: Order and change in world politics. Cambridge: Cambridge University Press.

Schmitter,P. C. (1974). Still the century of corporatism? *The Review of Politics*, *36*(1),85-131.

Simon,H. A. (1956). Rational choice and the structure of the environment. *Psychological Review*, *63*(2),129-138.

Spreng,R. N. ,& Andrews-Hanna,J. R. (2015). The default network and social cognition. In A. W. Toga(Ed.),*Brain mapping: An encyclopedic reference* (pp. 165-169). New York: Academic Press.

Stasser,G. ,& Titus,W. (1985). Pooling of unshared information in group decision making: Biased information sampling during discussion. *Journal of Personality and Social Psychology*, *48*(6),1467-1478.

Stoker,G. (1998). Governance as theory: Five propositions. *International Social Science Journal*, *55*(155),17-28.

Tajfel,H. (1974). Social identity and intergroup behavior. *Social Science Information*, *13*(2),65-93.

Tam,T. ,Hewstone,M. ,Kenworthy,J. ,& Cairns,E. (2009). Intergroup trust in Northern Ireland. *Personality and Social Psychology Bulletin*, *35*(1),45-59.

Taylor,D. W. ,Berry,P. C. ,& Block,C. H. (1958). Does group participation when using brainstorming facilitate or inhibit creative thinking? *Administrative Science Quarterly*, *3*(1),23-47.

Thaler,R. H. ,& Sunstein,C. R. (2008). *Nudge: Improving decisions about health, wealth and happiness*. New Haven,CT: Yale University Press.

Timmermans,D. , &Vlek,C. (1996). Effects on decision quality of supporting multi-attribute evaluation in groups. *Organizational Behavior and Human Decision Processes*, 68(2),158-170.

Totikidis,V. ,Armstrong,A. F. ,& Francis, R. D. (2005). *The concept of community governance: A preliminary review.* Paper presented at the GovNet Conference, Monash University, Melbourne,28-30th November.

Tuan,Y. -F. (1977). *Space and place: The perspective of experience.* Minneapolis,MN: University of Minnesota Press.

Twenge,J. M. (1997). Attitudes toward women, 1970—1995: A meta-analysis. *Psychology of Women Quarterly*, 21(1),35-51.

Twenge,J. M. ,Campbell,W. K. ,& Gentile,B. (2012). Changes in pronoun use in American books and the rise of individualism, 1960—2008. *Journal of Cross-Cultural Psychology*, 44 (3), 406-415.

Unger,J. ,& Chan,A. (1995). China,corporatism,and the East Asian model. *The Australian Journal of Chinese Affairs*, 33 (1), 29-53.

van Vugt,M. (2001). Community identification moderating the impact of financial incentives in a natural social dilemma: Water conservation. *Personality and Social Psychology Bulletin*, 27(11), 1440-1449.

Wang,H. ,& Rosenau,J. N. (2009). China and global governance. *Asian Perspective*, 33(3),5-39.

Wang,T. H. ,& Katzev,R. D. (1990). Group commitment and resource conservation: Two field experiments on promoting recycling. *Journal of Applied Social Psychology*, 20(4),265-275.

Williams,D. R. ,& Vaske,J. J. (2003). The measurement of place attachment: Validity and generalizability of a psychometric approach. *Forest Science*, 49(6),830-840.

Xin,S. F. , & Xin,Z. Q. (2016). Birth cohort changes of Chinese college students' loneliness and social support: One up,as another down. *International Journal of Behavioral Development*, 40(5), 398-407.

Xin,S. F. ,Xin,Z. Q. ,& Lin,C. D. (2016). Effects of trustor's social identity complexity on interpersonal and intergroup trust. *European Journal of Social Psychology*, 46(4),428-440.

Xin,Z. Q. , & Liu,G. F. (2013). Homoeconomicus belief inhibits trust. *PLoS ONE*, 8(10),e76671.

Xin,Z. Q. ,& Xin,S. F. (2017). Marketization process predicts trust decline in China. *Journal of Economic Psychology*, 62,120-129.

Xin,Z. Q. , & Zhang,Y. (2018). The impact of the number of a trustee's social identities on their trustworthiness. *Journal of Pacific Rim Psychology*, 12,e30.

Xin,Z. Q. , Liu,Y. H. , Yang,Z. X. , & Zhang,H. C. (2016). Effects of minimal social cues on trust in the investment game. *Asian Journal of Social Psychology*, 19(3),235-243.

Xin,Z. Q. ,Niu,J. H. ,& Chi,L. P. (2012). Birth cohort changes in Chinese adolescents' mental health. *International Journal of Psychology*, 47(4),287-295.

Xin,Z. Q. , Yang,Z. X. , & Ling,X. H. (2017). Interdependent self-construal matters in the community context: Relationships of self-construal with community identity and participation. *Journal of Community Psychology*, 45(8),1050-1064. .

Xin,Z. Q. , Zhang, L. , & Liu, D. (2010). Birth cohort changes of Chinese adolescents' anxiety: A cross-temporal meta-analysis, 1992—2005. *Personality & Individual Differences*, 48 (2), 208-212.

Yang,Z. X. , & Xin,Z. Q. (2016). Community identity increases urban residents' in-group emergency helping intention. *Journal of Community and Applied Social Psychology*, 26(6),467-480.

Yep,R. (2000). The limitations of corporatism for understanding reforming China: An empirical analysis in a rural county. *Journal of Contemporary China*, 25(9),547-566.

Zaval,L. ,Markowitz,E. M. , & Weber,E. U. (2015). How will I be remembered? Conserving the environment for the sake of one's legacy. *Psychological Science*, 26(2),231-236.

Zeng,R. , & Greenfield,P. M. (2015). Cultural evolution over the last 40 years in China: Using the GoogleNgram Viewer to study implications of social and political change for cultural values. *International Journal of Psychology*, 50(1),47-55.

Zhang,Y. & Xin,Z. Q. (2019). Rule comes first: The influences of market attributes on interpersonal trust in the marketization process. *Journal of Social Issues*, 75(1),286-313.

作者简介

　　辛自强，中央财经大学社会与心理学院院长、教授、博导。曾入选中央财经大学首批"龙马学者"特聘教授（全校8人）、教育部"新世纪优秀人才"、北京市中青年社科理论人才"百人工程"，担任国家社科基金重大项目首席专家。从事社会心理和经济心理研究，先后主持国家重大、重点以及一般课题6项，省部级等其他课题10余项，发表学术论文200余篇，被引用超过7000次；出版《心理学研究方法》《心理学研究方法新进展》等教材专著9部，其中4次获省部级奖励、1部入选国家级教材。目前担任教育部高等学校心理学类专业教学指导委员会委员、中国心理学会经济心理学分会主任、中国社会心理学会社会心理服务分会主任、《心理技术与应用》杂志主编等学术兼职。

图书在版编目(CIP)数据

社会治理心理学与社会心理服务/辛自强著. —北京：北京师
范大学出版社，2020.5
ISBN 978-7-303-25533-7

Ⅰ. ①社… Ⅱ. ①辛… Ⅲ. ①社会心理学－心理咨询－咨
询服务 Ⅳ. ①C912.6-0

中国版本图书馆 CIP 数据核字(2029)第 297466 号

营 销 中 心 电 话 010-58802181 58805532
北师大出版社高等教育与学术著作分社 http://xueda.bnup.com

SHEHUI ZHILI XINLIXUE YU SHEHUI XINLI FUWU
出版发行：北京师范大学出版社 www.bnup.com
　　　　　北京市西城区新街口外大街 12-3 号
　　　　　邮政编码：100088

印　　刷：鸿博昊天科技有限公司
经　　销：全国新华书店
开　　本：730 mm×980 mm 1/16
印　　张：17.25
字　　数：216 千字
版　　次：2020 年 5 月第 1 版
印　　次：2020 年 5 月第 1 次印刷
定　　价：98.00 元

策划编辑：何 琳　　　　责任编辑：何 琳
美术编辑：李向昕　　　　装帧设计：李向昕
责任校对：陈 民　　　　责任印制：马 洁